Architekten heute
Portrait
Frei Otto

Architekten heute
Band 2

**Karin Wilhelm
Architekten heute
Portrait
Frei Otto**

Mit einer Einleitung von Lisbeth Sachs
und autobiographischen Beiträgen von Frei Otto

Quadriga Verlag
J. Severin

CIP-Kurztitelaufnahme
der Deutschen Bibliothek

Wilhelm, Karin:
Portrait Frei Otto / Karin Wilhelm. Mit e. Einl.
von Lisbeth Sachs u. autobiograph. Beitr. von
Frei Otto. – Berlin: Quadriga-Verlag Severin,
1985
(Architekten heute; Bd. 2)
ISBN 3-88679-119-X

NE: Otto, Frei (Ill.); GT

© 1985 by Quadriga Verlag J. Severin
Verlagsbuchhandlung KG, Berlin
Gestaltung und Redaktion: Henning Rogge
Reproduktionen: Decker & Wahl, Berlin
Satz und Druck: Kösel, Kempten
Alle Rechte, auch das der fotomechanischen
Wiedergabe, vorbehalten
Printed in Germany 1985 / ISBN 3-88679-119-X

Inhalt

6   Vorwort

    Lisbeth Sachs
9   Begegnung

    Karin Wilhelm
15 Vom Dach zur Hülle zum Haus

16 Berlin – Amerika und zurück
    Berlin 16 / Amerika 18 / Berlin 20 / Das Kongreßhallensyndrom oder
    ›Die neuen Türme zu Babel‹ 20

38 Die Eroberung der Erde
    Heimatsuche 38 / Plädoyer für den Gebrauch 40 / Ausstellungsbauten
    – Verbrauchsarchitektur? 46 / The architecture is the message –
    Bauten für Weltausstellungen 68

81 Die Kultivierung der Erde
    Klimahüllen 81 / »Die wachsende Stadt« – Das Haus als Nest 98

112 Arabien und anderswo...

    Frei Otto
131 Subjektives und Kritisches zu dem, was andere als mein
    Werk bezeichnen
    Anfang 132 / Erfinden 134 / Schriftentwurf 135 / Kuppeln und
    Schalen 136 / Peter Stromeyer 142 / Rolf Gutbrod 142 / Gerhard
    Helmcke 143 / Umkuppelte Erde – Richard Buckminster Fuller 145 /
    Skulptur 146 / Fliegen 150 / Landfahrzeuge 152 / Vom Pneu zur
    Natur 154 / Dach und Landschaft 156 / Brücken 160 /
    Wasserfahrzeuge 161 / Sinnliche Architektur 162 / Bic 164 /
    Arabien 165 / Dogmen, Richter und Lehren 170

171 Anhang
    Bauprojekte 172 / Literatur 184 / Danksagung 184 /
    Abbildungsnachweise 186

Vorwort

In diesem Jahr ist Frei Otto sechzig Jahre alt geworden. Zu gleicher Zeit stand ein weiterer Geburtstag an: Der *Sonderforschungsbereich 64* zog Bilanz, jene Einrichtung, die mit Hilfe Fritz Leonhardts entstanden war, und die Frei Otto fünfzehn Jahre lang betreut hat, um erstmals im großen, interdisziplinären Rahmen die Grundlagen der *leichten Flächentragwerke* zu erforschen. Ein Jahr zuvor hatte man aus einem ähnlichen Anlaß feiern können, denn das Institut für leichte Flächentragwerke an der Universität Stuttgart bestand zwanzig Jahre. Grund genug für dessen Mentor Frei Otto, gemeinsam mit denen Rückschau zu halten, die dem Institut verbunden sind oder waren. In der für dieses Institut charakteristischen Manier tat man es auch diesmal in der Form eines Kolloquiums, das im Mai 1984 stattfand und dessen *Subjektive Standorte in Baukunst und Naturwissenschaft* kurze Zeit später als *IL-Mitteilung 36* veröffentlicht wurden. Für den unbefangenen Leser erscheint die darin enthaltene Vielfalt der Forschungsgegenstände zunächst verwirrend. Bei näherer Betrachtung jedoch läßt sich entdecken, was da mit Bienenemsigkeit erforscht, experimentell überprüft, gebaut und diskutiert worden ist, und von welcher Ausstrahlungskraft dieses Institut und sein Leiter gewesen sein müssen, wenn über sechzig Autoren mit unterschiedlichsten thematischen Gewichtungen hier versammelt werden konnten. Auf der Tagung hörte man beispielsweise Yona Friedman, der über die *Neue Anschauung des wissenschaftlichen Weltbildes* sprach, Bodo Rasch jun., der das *Mountain-tent* behandelte, Werner Nachtigall referierte über *Ansätze zur biomechanischen Untersuchung des Fischvortriebs*, Lothar Wessoly über *Brücken im Himalaya* und Frei Otto behandelte zwei Fragen: *Gibt es noch Architektur* und das Simple, was so kompliziert ist: *Natur – was ist das?* Im *IL-36* liest man ferner über *Computersimulation der funktionellen Anpassung des Knochens, Vom Wallring in Deutschland*, lernt *Zwei Konstruktionen Gaudis* kennen und auch Rob Kriers *Projekt Salzburg am Forellenweg*. All diese Themen sind in irgendeiner Form in den *IL-Mitteilungen* wiederzufinden, etwa in den Schwerpunktheften zu den *Minimalnetzen* (1969), zum Verhältnis *Biologie und Bauen* (1971, 72 u. 73), *Leichtbau und Energietechnik* (1978), zum Thema *Wachsende und sich teilende Pneus* (1979), *Diatomeen* (1984), aber auch im Heft zu den *Zelten* (1976) oder dem *Lufthallenhandbuch* (1983). Wenngleich hier nur ein kleiner Ausschnitt aus der langen Veröffentlichungsliste gegeben werden kann, das Spektrum der geleisteten Arbeit wird dennoch deutlich.

Eben diese erstaunliche Vielseitigkeit ist es auch, die Frei Ottos besondere Wertschätzung unter den Kollegen ausmacht. Wenn man mit ihm zusammenarbeitet, weiß man, daß er wissenschaftliche Genauigkeit mit der Fähigkeit verbindet, das Unmögliche zu denken, daß er neueste Forschungsergebnisse der Bionik ebenso einbringt wie technische Detailkenntnisse. Daß er nicht nur nebenbei auch Maler, Bildhauer und Designer ist, vervollkommnet seinen Arbeitsansatz und garantiert jenen ideellen Reichtum, der seinen Werken eigentümlich ist. Der große Ingenieur Ove Arup würdigte diese seltenen Gaben anläßlich des sechzigsten Geburtstages gewissermaßen ex negativo, indem er Frei Otto heraushob aus der Reihe jener Architektenelite, die dem Dilemma zwischen Form und Konstruktion nicht mehr gewachsen ist: *In meinen fünfzig Arbeitsjahren*, so schrieb er, *habe ich mit Architekten die Erfahrung gemacht, daß sie den Kontakt zum Herstellungsprozeß des Bauens verloren haben, zu dem, was in den Fabriken vor sich geht. Ebenso wie in den Viktorianischen Zeiten verfügten sie zwar über das* nötige Wissen, *aber sie wurden einfach nicht mehr mit den neuen Materialien und Bauvorgängen fertig, die die Zusammenarbeit vieler Spezialisten erforderten, das Hand-in-Hand-Arbeiten von Ingenieuren, Industriellen und Baumeistern. Sie haben sich in ihren Elfenbeintürmen zur Ruhe gesetzt und beschäftigen sich mit Architekturtheorien und Stilen, um herauszufinden, was gebaut werden sollte. Aber, wenn es eine Sache gibt, die ich weiß, so ist es die, daß Träume und Ziele allein nicht ausreichen, um irgendetwas zu bauen. Wir müssen uns ebenso versichern, daß etwas auch gebaut werden kann. In den meisten Fällen ist es darüber hinaus notwendig, im vorgegebenen Kostenrahmen zu bleiben. Das war stets die Maxime meiner Design-Philosophie.*

Sie gilt für Frei Otto gleichermaßen, wenn auch jener Schuß Träumerei in ihm immer wieder den Künstler offenbart, der er ebenso ist wie der klar abwägende Forscher und Ingenieur. Mit Bewunderung sprach Ove Arup denn auch von den Fähigkeiten des Kollegen, der wie kein anderer Explikationen, auch abstrakter Natur, zeichnerisch fixieren kann: *Um zu verstehen, wie die Natur baut, ziehe man die wundervollen Zeichnungen Freis zu Rate. Sie sind nicht eben reizend oder ästhetisch befriedigend zu nennen, aber sie sind entschieden informativer als es Worte je sein können. Ich wünschte, ich könnte so zeichnen; welch ein ungeheurer Gewinn würde es sein, wenn ich mit ein paar wohlüberlegten Linien das ausdrücken könnte, was Erklärungen nur schwer rüberbringen.*

Ottos zeichnerisches Talent ist auffallend, es ist allerdings reicher, als es hier von Arup beschrieben wird. Wie die Arbeit Ottos beständig zwischen Wissenschaft und Kunst hin und her pendelt, so auch die Zeichnungen, die einmal sachlich genaue Explikationen sind, ein andermal künstlerische Artikulationen – oft sind sie von beidem geprägt. Ottos Knochenstudien etwa oder seine Formdeformationsstudien, die er nach dem Vorbild d'Arcy Thompsons gezeichnet hat, zeigen jene Merkmale, die Arup schätzt: pointierte Genauigkeit in der Darstellung. Dieser Blickwinkel wird der vorherrschende im neu eingerichteten Sonderforschungsbereich *Natürliche Konstruktionen – Leichtbau in Architektur und Natur* sein. Daneben aber zeichnet Otto nach wie vor die zarten, knapp konturierten Architekturvisionen, in denen die phantastischen Welten der Architekturexpressionisten wiederaufleben, und die so seit jenen Tagen noch nicht wieder zu sehen waren. Hierin offenbart sich Ottos Weltanschauung am eindringlichsten, hier finden wir zur Harmonie gerundet, was sein Erfindergeist, sein Forscherdrang im einzelnen entworfen hat. Der forschende Scharfblick, gepaart mit einer beinahe romantisch anmutenden Ehrfurcht vor der Natur, kulminiert immer wieder in diesen Entwürfen der Hüllen und Dächer, die gebaut als Brennpunkte seiner weitumfassenden Arbeit erscheinen. In seinen Architekturen enthüllt seine fröhliche Wissenschaft ihren sozialen Kern. Die Kunstform Architektur wirkt im Falle Frei Ottos ganz individuell als wahre *Mutter der Künste*, die alle anderen Fähigkeiten dieses Mannes in ihren Bann und Dienst zu schlagen weiß. Der Hauch von Genialität, mit dem sein architektonisches Werk zuweilen umwoben wird, verfliegt zu jenem Bild der Einzigartigkeit, das wie bei allen Großen sich zusammensetzt aus den persönlichen, kollegialen, historischen, sozialen und natürlich *ästhetischen* Einflüssen und Erfahrungen, wenn man eben diesen Kontext bemüht. Erst so verdeutlicht sich das Thema *Architekten heute* und aus Frei Otto dem Biologen, Frei Otto dem Ingenieur, Frei Otto dem Maler und Bildhauer, wird Frei Otto der Architekt, der uns im Raumkonzept über alle diese Begabungen berichtet. Diese Bedeutung hat Lisbeth Sachs in ihrer feinen, atmosphärisch sinnenhaften Interpretation gefaßt:

Frei Otto versammelt in sich einen phantasievollen, pluralistischen Strauß innerer Anlagen. Dabei hilft ihm scharfe Beobachtungsgabe, technischer Erfindergeist, individuelles Gespür, Methodik der Arbeit und Humor – Qualitäten, die einen weiten Kreis von Freunden und Mitarbeitern anziehen. Bezeichnend ist die Gleichzeitigkeit verschiedenster experimenteller und wissenschaftlicher Untersuchungen in seinem Atelier und Institut. Sein Werk reicht vom Löffel zum Luftschiff, vom Stuhl zur Stadt, von der Initiative zur Erhaltung der Weißenhofsiedlung bis zu jener eines internationalen Jugendwettbewerbs »Natur und Bauen« – wie sollten Häuser und Städte sein, damit Menschen in Zukunft in Einklang mit der Natur wohnen, arbeiten und leben können. Seine Entdeckungen von Verwandtschaft zwischen Mensch, Pflanze, Tier und Gestein haben seiner Architektur, die in der diastolischen und systolischen Bewegung der leichten Flächentragwerke unserer Sehnsucht nach Raumerleben entgegenkommt, einen schlichteren Stellenwert gegeben. Der Hunger nach Raum drückt sich heute allenthalben aus: »Lo spazio umano« heißt eine philosophische Zeitschrift, »Renault-Espace« eine neue Automarke und »Women design space« lautete der Titel einer Ausstellung in einem amerikanischen Museum. Raum erleben wollen heißt wohl über die eigene Ecke hinaussehen wollen, heißt zu ganzheitlichem Denken unterwegs sein, heißt dafür Zeichen suchen. Denn Räume sind Orte von Gedanken. Sie vermögen das Denken in Bewegung zu setzen.

Die leichten Flächentragwerke sind es, die diesen neuen Ton des Raumes anschlagen. Mit ihren beschwingten und beschwingenden Formen erreichen sie jeden, und obwohl sie bisweilen immense Dimensionen haben, erscheinen sie nicht mächtig und bedrückend, sondern vermitteln dem Individuum Leichtigkeit, regen den Benutzer an. Das ist ihre Besonderheit, das ist das Zukünftige.

Lisbeth Sachs, Zürich 1985   Karin Wilhelm, Berlin 1985

Entwicklungsstätte für den Leichtbau, Berlin 1958

Begegnung

In Zehlendorf, am Rande von Berlin, fand ich Anfang der sechziger Jahre das Atelier von Frei Otto, Entwicklungsstätte für Leichtbau genannt. Ein länglicher, kubischer, vertikal gegliederter Stahl-Glas-Bau, im Grün versteckt. Die Walze mit der Dachhaut war per Post gekommen und soeben flach übers Haus gestülpt worden, dem innere Sonnenstores Schatten spenden. Eine doppelbündige Schrankpartie unterteilt den Raum in der Längsrichtung. Die Zeichentische, so scheint es, stehen wild umher, denn wegen der schief- und weitwinkligen Bauobjekte wird um sie herum und nicht im rechten Winkel zu ihnen gezeichnet. Und da, im Hintergrund, welch überraschender Anblick: Markt- oder Fischernetze hängen an der Unterseite eines Reißbretts, in denen Hunderte von Nägeln stecken. Sie ziehen das formlose amorphe Geschnür entlang der Schwerkraft nach unten, zur Form, eine Schale bildend, die, man spürt es gleich, umgedreht und aus festerem Material, Lasten, auch Schnee, zu tragen imstande wäre. Seit je geschieht die Arbeit Frei Ottos, seiner Mitarbeiter und Studenten vor allem am Modell, in der dritten Dimension, sowohl für die Grundlagenforschung als auch im Entwurf für neue Bauten. Daher die ungeahnte Phantasie der Konstruktionen und Formen.

Man habe keine Zeit für mich, die Besucherin, war unumwunden der Bescheid am Telefon gewesen. Tatsächlich herrschte in dem kleinen, strengen und doch maßstabsvollen Gehäuse eine stumme, aber Funken sprühende Atmosphäre, die, wie immer in Frei Ottos Anwesenheit, das Überflüssige abweisend, restlos gefangennimmt.

Mein zweiter Besuch galt dem Zipfelzelt auf einer Wiese im Außenquartier der Universität Stuttgart, wohin die Berliner Forschungsstätte indessen umgezogen war. Beide Bauten charakterisiert dieselbe Zierlichkeit des Ausdrucks, obwohl sie in ihrer plastischen Erscheinung, außen und innen, grundverschieden sind. Hier wie dort unverhüllte Konstruktion. Es ist aber die Qualität der Verhältnisse zwischen kleiner und großer Form, zwischen Einzelheit und Umriß des Ganzen, die wohl die ästhetische Grazie aller Werke Frei Ottos ausmacht. Ein schiefer Stahlrohrmast hält hier die Spitze, den Hochpunkt des Seilnetzes, das zwölf Ecken eines ovalen Grundrisses zu Verankerungen hin ziehen. Außen entstehen so elegant ausholende konkave Dachkonturen. Über den mit kräftigen Klemmen festgehaltenen Drahtseil-Maschen liegt eine Holzschalung, von innen sichtbar und außen geschützt durch eine Isolation samt Regen- und Schnee-Haut aus Eternitschindeln. Rhythmische Wölbungen neigen sich nach innen über eine weite Arbeitsebene gleich Vorhängen über einer Bühne, mit Terrassen in verschiedener Höhe, überall von emsigen Akteuren bevölkert, den Mitarbeitern und Studenten Frei Ottos, der dieses Institut für leichte Flächentragwerke seit 1964 leitet. Zuoberst ist offen die Bibliothek gelegen, die alles systematisch sammelt, was irgendwo auf der Welt zum Thema gehört. Auf dem Zwischenpodest trinkt man Kaffee und hält Sitzungen ab. Zuunterst, im Schwerpunkt der Hauptebene, als mehr oder weniger geschlossene Kuben, sind Dunkelkammer und Schrankpartien untergebracht. Oberlicht dringt von einer in der Dachhaut ausgesparten Linse ein, Seitenlicht durchs Fensterband aus Holz, das, über türhoch, in Schwingungen ringsumläuft und diesen einzigen großen Raum gegen die Grasmulde abgrenzt.

In seiner Mitte sehr hoch, an den Rändern niedrig, öffnet er sich zwischen sauren Wochen an Zeichen-, Meß- und Schreibtischen zu frohen Festen oder zu anregenden Symposien. Mittel aus Sonderforschungsbereichen ermöglichen die sorgfältige Vorbereitung solcher Gespräche auf wissenschaftlicher Ebene. Sie lassen, unter anderem, das bauliche Interesse auf die Biologie übergreifen, also auf Botanik, Zoologie und Anthropologie, ja auf gesamtökologische und philosophische Zusammenhänge. Ein seit jeher charakteristisches Streben Frei Ottos, für seine Bauten und Entwürfe so wenig Masse, so wenig Materie – oder Energie – wie nur möglich zu verwenden, also leicht zu konstruieren, führte ihn nicht nur zu einem neuen Baustil, sondern auch früh zu Beobachtungen an der lebenden und toten Natur – und umgekehrt. Eine in der Luft schwebende, selbständig fliegende Fasanenfeder faszinierte ihn als Bub und ließ den jungen Segelflieger bald neuartige Flugzeugmodelle bauen. Heute bilden die statische Grundlagenforschung an Diathomeenschalen oder an der inneren Knochenstruktur des Menschen Themen der Institutsarbeit und ihrer zahlreichen Publikationen. Über gründliches Spezialistentum hinaus ergeben sich hier auch für das Bauen wertvollste Querverbindungen und überraschende naturwissenschaftliche Erkenntnisse. Sie rühren meist von zufälligen Hypothesen her, etwa anhand von Studentenaufgaben in einem der lebendigen Montag-Seminare.

Bewegliches spielerisches Denken, gepaart mit exaktem, systematisch ordnendem Sinn erfüllt die schöpferische Luft des Hauses. Sie weht von dem um einige Waldstücke entfernten Atelier und Wohnhaus in Warmbronn her, wo Frei Otto, im Umfeld seiner Familie und mit einem lieben alten Werkstattfaktotum – je nach Bedarf vermehrt um einen kleineren oder größeren Helferstab – ständig Neues, Künstlerisches oder Technisches findet und probt, in freier Malerei oder etwa am Modell eines großen Luftschiffes.

Heute begreift Frei Otto Architektur und Mensch immer deutlicher als Teile einer Gesamtnatur. Fragen nach Wahrnehmung ihrer Ästhetik, ihrer Geschichte, dem Prozeß ihrer Veränderungen sind bedeutsame Anliegen des Nachdenkens.

Hülle solch reichen Fächers geistiger, von einer phantasievollen Variation plastischer Modelle begleiteten Anstrengung ist das beschriebene Zelt, der auch für winterliche Verhältnisse ausgestattete Prototyp oder Musterbau der deutschen Pavillonanlage für die Weltausstellung in Montreal 1968, das erstprämiierte Wettbewerbsresultat von Frei Otto und Rolf Gutbrod. Jene zur fröhlichen Gruppe aneinandergefügten Seilnetz-Zipfel, von einer opakdurchsichtigen Kunststoffhaut bedeckt, wirkten damals als spielerisch befreiender, unprätentiöser Gegensatz zu den mannigfaltigen, mehr kubischen oder streng geometrischen baulichen Manifestationen der übrigen Länder. Die Montage der in Kisten verpackt eingetroffenen Drahtseile und -maschen wurde zum aufregenden Happening und begeisterte Niki de Saint Phalle. Auch die Olympiadächer von München, für deren Konstruktion Frei Otto enger Berater war und deren Meßmodellen ich im Institut begegnet bin, sind Seilnetzhängedächer, mittels Masten hochgehalten. Feine, wundersame Drahtmaschen wurden mit Gewichten belastet und ihre Bewegung fotografisch gemessen.

Der 1953 in Berlin erschienenen Dissertation Frei Ottos *Das hängende Dach* waren Einladungen zu einer Reihe von Gastvorlesungen und -seminaren in Nord- und Südamerika gefolgt. Hätte Professor Fritz Leonhardt, der Leiter der Bauingenieurabteilung der Universität Stuttgart, die Genialität dieses Architekten mit visionärer Ingenieurbegabung nicht erkannt und ihn zur Gründung eines Instituts für leichte Flächentragwerke nach Stuttgart berufen, wäre die Ausstrahlung dieser Persönlichkeit auf Bauwesen und Naturwissenschaft dem europäischen Bereich wohl verlorengegangen.

Institut für leichte Flächentragwerke, Stuttgart, Innenansicht

Ihre pädagogische Wirkung auf eine junge, interessierte Generation, die ganzheitliches Denken mehr als ein allzu spezialisiertes anzieht, ist groß. Mich selbst begeisterte die immer wieder neu und anders angegangene, instruktive Darstellung und Lösung statischer Probleme.

Karin Wilhelm stellt das Werk Frei Ottos an seinen aktuellen architekturhistorischen Ort, ordnet es nach Inhalten und weist auf dessen kulturelle und soziale Quellen und Wirkungen hin, auch auf Beweggründe ihres Verfassers.

In autobiographischen Notizen, die ein lebhaftes Selbstportrait umreißen, schildert Frei Otto seinen eigenen Werdegang von Kind an, wo eine verständnisvolle Mutter den frühen Erfinder-Tick stützte. Wir lernen seine Tätigkeit von innen kennen, erfahren von seinen Mitarbeitern, seinen Begegnungen mit Ove Arup, Gerhard Helmcke und Peter Stromeyer, dem Zeltbauer, seinen Bewunderern und wesentlichen Teilhabern an den Werken der Baukunst und der Forschung. Er schildert, wie Erfolge und Mißerfolge, Fehler und Enttäuschungen gleichermaßen für seine Entwicklung wichtig wurden. Farbige und bisweilen dramatische Anekdoten machen neue Einsichten des Lehrens und Arbeitens als ein *Miteinander*, ohne Autorität, sichtbar. Auch eine Menschlichkeit wird deutlich, die von der Notwendigkeit der Nächstenliebe in der Architektur redet. Daher auch das Interesse an kleineren Aufgaben etwa des Wohnens: Erd- oder Sandhäuser unter Dachsegeln in der Wüste. Glasnester zwischen Felsen im Gebirge. Die eines mehrstöckigen Mehrfamilienhauses gleicht einem Baum, dessen Gezweig zu Ebenen verschiedener Höhe gewandelt, die selbstgebaute Wohnungen tragen. Eine Ausbildungsschule für Holzbau in England wird auf seine Anregung hin aus schmalen Rundhölzern zierlich gefügt und mit Hängedächern eingedeckt.

Nicht mittels Überdimensionierung imposant, sondern eben leicht zu konstruieren, ist das Motiv des neuen Bauzieles und seine Faszination. Nicht mehr nur Stützen, Unterzüge und Balken im rechten Winkel tragen ein Bauwerk, nein, Flächen tragen: Flächen aus Segeltuch, aus Holz- oder Metallgittern oder -netzen, als Schalen oder Hängewerke. Anstatt schwerer Mauern sind wassergestützte, hydraulische Membranen aus Kunstfaserstoff imstande, über die Ufer tretende Flüsse kurzfristig zu stauen. Luftgestützte, aneinandergefügte Schläuche oder Kissen bilden Dächer und Wände, pneumatische Gebilde, wie sie auch in der Natur, etwa als Schallblasen des Frosches vorkommen.

Es sind die Wölbungen und Höhlungen von Zugkonstruktionen, die ihr Tragvermögen ausmachen und ihre gewisse Elastizität gegenüber Druck, innen und außen, bewirken. Zum Beispiel gegen Winddruck. Sind es Bauten, die atmen?

Beispiele solcher Vielfalt baustatischer Machart zeigen das Phänomen ihres gemeinsamen Nenners, eine neue Formensprache, die sich, scheinbar zufällig, als eine besonders ästhetische ereignet. Nicht nur im Unbewußten ist Frei Otto, von seinen Vorfahren her, die Bildhauer und Steinmetze waren, ein Künstler von angeborener Sicherheit. Beide Komponenten, Konstruktion wie Kunst, führten hier zu unerwarteten Raumschöpfungen und Raumerlebnissen, wie sie uns, als etwas Metaphysisches, in der Antike, in der Renaissance, der Gotik und auch in manchen Beispielen der Moderne begegnen.

Ein großes breites Zelt spannt sich in der Wüste von Jeddah über Sportplätze und Tribünen, mit doppelter Haut zur Klimatisierung, gehalten von acht Masten über 7500 m². Es ist auch Versammlungsstätte, Auditorium maximum der Universität und wächst gleich einem weichen Gebirge aus der sandigen Ebene. Eine Zusammenarbeit Frei Ottos mit Rolf Gutbrod von 1980.

Projekte für arabische Verwaltungsgebäude bilden Kuppeln aus Stahlstäben, beispielsweise umgeben von ringförmigen, niedrigeren Wölbungen, wie von einem runden Seitenschiff. Baumartig verzweigte Stützen tragen es. Raffinierte kleine Schattensegel sitzen auf der Wölbung. Neue Raumkompositionen, neue Licht- und Schattenführungen, jenen in der Natur verwandt, etwa den durch Laubkronen dringenden Sonnenstrahlen.

Meist erscheinen die Silhouetten dieser Bauten als topographische Fortsetzung der Natur. Die pneumatische Erdüberdachung gleicht einer auf dem Boden angehefteten Wolke. Das Empfangszelt der englischen Königin bei Aberdeen, Schottland, für die Eröffnungsfeierlichkeiten von 1975 anläßlich der neuen Öl-Pipeline aus der Nordsee, war von Buckelstützen getragen, die eine wellenförmige Oberfläche von 3500 m² bildeten, wie bewegtes Wasser.

Diese geschwungenen, die Gedanken beschwingenden, meist unsymmetrischen Formen stellen Gesten des Geborgen- und Gehobenseins zugleich dar. Sie meinen aber auch Hinwendung zur Natur, deren Teil wir selber sind.

Jene immensen Spannweiten pneumatischer und Hänge-Konstruktionen über ganze Städte, Landstriche, sind sie nicht auch Zeichen des Brückenschlags großen Stils? In unserem Denken? Von Mensch zu Mensch? Von Land zu Land?

Die sichtbaren, zierlich und kraftvoll erscheinenden Konstruktionen zeigen Räume als Werkstätte des Lebens. Sie fordern das Schöpferische in uns heraus. Ein immer wieder neues Beginnen, die Veränderung. Natürlicher Impuls gegen das Verharren.

Wie viele sitzen und schwitzen in fremden vier Häuten. Die Wände unseres Gemaches aber sollten unser passendstes Kleid sein, sie sollten die Schrift unseres Atems tragen.   Else Lasker Schüler

Lisbeth Sachs, Zürich 1985

Frei Otto unterrichtet vor dem Institut für leichte Flächentragwerke

Augennetz und Dachkonstruktion des Instituts für leichte Flächentragwerke, rechts die Holzstabkonstruktion von Buckminster Fuller, ein Geschenk an das IL und seinen Leiter, Frei Otto

Institut für leichte Flächentragwerke, Stuttgart 1966/68 (ehemaliger Versuchsbau für den Montreal-Pavillon der EXPO '67), links das Modell einer Gitterschale

Vom Dach zur Hülle zum Haus

»Ein glänzender Mann, mehr Wissenschaftler als Künstler, voller origineller Ideen, in seinen Ansichten ausgeglichen und gedankenvoll.«
(Walter Gropius über Frei Otto, 1963)

Frei Otto hat ein Lieblingsspiel. Dem Besucher seines Instituts für leichte Flächentragwerke in Stuttgart-Vaihingen hält er, sobald sich eine gewisse Vertrautheit hergestellt hat, eine Fotografie vor Augen. Mit verschmitztem Lächeln weist er auf die Luftaufnahme des Universitätscampus und fordert auf: *Nun zeigen Sie mir mal mein Institut.* Und dann ist eine merkwürdige Odyssee mit dem Finger zu vollführen. Natürlich weiß man, wie das Gebäude aussieht, in dem man sitzt; es ist das 1:1-Modell zum Ausstellungspavillon von Montreal 1968, ein mit Eternitschindeln grau eingedecktes Zeltdach, hoch aufragend und eigentlich unübersehbar. Trotzdem, der Finger irrt zwischen Wald und Wiesen von einem klar zu erkennenden Betonklotz zum anderen, hier Orientierungen findet, weil das Gebäude mit der Mensa ausgemacht wird, in dem man schon mal zu Mittag gegessen hat, dort der in Bau befindliche neue Windkanal, unweit davon sollte Ottos Institut liegen. So kreist man ein, wird generalstabsmäßig, bis der Finger sich endlich festsetzt. An dieser Stelle muß es sein, das weiß man genau, und doch ... das Dach bleibt unsichtbar. Noch meint man der Schlappe zu entgehen, doch dann ein fragend verschämter Blick, der ihr Eingeständnis signalisiert. Statt der erwarteten Enttäuschung des Architekten jedoch bricht Lachen hervor, Frei Otto freut sich wie ein Kind, denn soeben hat man ihm das schönste Kompliment gemacht, das er sich vorstellen kann: Sein Bau ist nicht zu sehen. Freundlich weist er dann auf einen schwarzen, kleinen Fleck und ein: *Das ist doch nicht möglich,* bleibt der Kommentar des Befragten.

Es *ist* möglich und entspricht ganz der Erfahrung, die ich gemacht hatte, als ich den Weg zum ersten Mal in dieses Institut suchte. Mit dem Bild des hochaufragenden Zeltmastes im Kopf war ich zwischen grauen und austauschbaren Betongebirgen hindurchgeirrt, und nur die Kenntnis der Adresse hatte mich ans Ziel geführt. Hinter einer buschig gewachsenen Hecke wurde schließlich das Zeltdach sichtbar und schlagartig begriff ich das Raffinement der Planung: Ganz anders als die *Architekten* auf dem Campus, die den weichen Schwung der Hügel hart und kantig kontrastierten, verdoppelte dieser Bau, in eine kleine Mulde hineingesetzt, im sanften Fall des Daches das Auf und Ab der Landschaft, als wollte er sich seiner Umgebung adaptieren. Mit Ottos Credo vom *anpassungsfähigen Bauen* im Kopf stand ich hier einem Phänomen gegenüber, das in der Architekturgeschichte selten ist, das ein Programm tatsächlich in Material transformiert wird oder umgekehrt, ein Bau Programmatisches auch wirklich verkörpert.

In diesem Stuttgarter *Modellbau* hat man Frei Ottos Architekturauffassung klar und unverfälscht vor Augen: Es ist sein Wunsch nach einer Architektur, die nicht durch lautstarke Effekte die *natürlich gewachsene* Umgebung dominiert oder gar zerstört, sondern sich dieser anverwandelt, um gleichsam unsichtbar zu werden. Er vertritt damit einen Begriff von Architektur, der Scharouns Konzept des Dominanten-Setzens eine naturgebundene Variante hinzugesellt hat, die manchem zweifelhaft scheint und die heute, in Zeiten wetteifernder Fiktionen, aus der offiziellen Diskussion beinahe verschwunden ist. Allerdings hat sie in einer lange Zeit belächelten oder beargwöhnten, zuweilen der Subkultur zugerechneten Bewegung Bedeutung erlangt; auch Ökologen haben aus dem Bestreben heraus, sich dem Landschaftsbild anzupassen, dem Bauen mit natürlichen Materialien wie Holz, Lehm und Sand neue Impulse gegeben. Heute bereits ist deutlich geworden, daß zwischen diesen Positionen einer *Kunst-* oder *Natur-*Architektur sich mehr als ein Geschmackswettstreit vollzieht; es sind Gesellschaftsmodelle, die miteinander konkurrieren und die zwei Referenzsysteme menschlicher Kreativität behaupten. Da ist zum einen die Architektur, die sich des von Otto verpönten *als ob* bedient, jener Partikel der Fiktion, die der Philosophie einst Hilfsmittel war, um dem Denken die Ebene des Nicht-sein-könnens zu erschließen, und die der nachmodernen Architektur dazu dient, architekturhistorische Ewigkeitswerte – Archetypen – zu postulieren. Mit deren Hilfe meint sie im Verweis auf angeblich ursprüngliche Empfindungswerte von Bauformen, die durch Rationalität verschütteten Wege unserer Phantasie freizuschaufeln. Und dann gibt es da ein anderes, man möchte sagen alternatives Bauen, eine Architektur, die sich regionalisiert, die sich vorgefundener Baumaterialien bedient, die baubiologische Überlegungen diskutiert, vor allem aber die Fähigkeiten des Selbermachens für sich reklamiert und damit Phantasie im konkreten Erfahrungszusammenhang behauptet. Gegen den Intellektualismus einer Ästhetik der Innerlichkeit, die im Künstlersubjekt Kreativität als kulturhistorisches Wissen behauptet und darin ein autoritäres Verhältnis fortschreibt, stellt sich ein Sensualismus der Unmittelbarkeit, der im spontanen Lernprozeß Geschichtlichkeit aktualisieren möchte und damit die Kreativität des einzelnen von Fall zu Fall zu aktivieren weiß. Die Bedeutung dieser Auffassung, die Frei Otto prinzipiell immer vertreten hat, ist mit der Grenzerfahrung der Naturausbeutung gewachsen. Historisch wiederkehrend ist sie im übrigen in Notzeiten zu beobachten.

Frei Otto hat diesen Arbeitsansatz stets als ein Bemühen um eine menschliche Architektur verstanden, die sich für ihn durch die Bindung an die Natur konstituiert. In dieser behaupteten Wechselbeziehung von Artefakt und Natur haben sich zwei Charaktereigenschaften niedergeschlagen: sein Wunsch nach künstlerischem Gestalten und seine naturwissenschaftliche Neugier. Beides zusammen macht die Spezifik seiner Arbeit aus. Otto, der so gerne Städtebauer geworden wäre und aus Verzweiflung über den Zustand des Nachkriegsstädtebaus Zeltbauer wurde, und damit zum Bauwissenschaftler, zum Bauhistoriker, zum Biologen, ja eigentlich zum Allround-Talent, hat sich frühzeitig die Mittel und Voraussetzungen geschaffen, die ihm solche Vielfalt der Beschäftigung bis heute ermöglicht haben. Zu den notwendigen Forschungsarbeiten versammelte Otto frühzeitig Mitarbeiter, die mit ihm als Team zusammenarbeiten, und kaum eines seiner Projekte, die fast immer eine Reihe neuartiger Probleme mit sich bringen, also aufwendige experimentelle Untersuchungen erfordern, ist als singuläre Einzelleistung zu betrachten. Umfangreich und mit den Jahren immer länger ist die Liste der Namen, die sich mit den einzelnen Projekten verbinden. Ottos Begabung, Ideen zu produzieren, zu präzisieren, zu insistieren, beharrlich immer wieder auszuprobieren, bis die beste Lösung gefunden ist, seine Fähigkeit, sich von einem Problem jederzeit einem anderen mit gleicher Intensität zuwenden zu können, hat in den 50er Jahren in der *Entwicklungsstätte für den Leichtbau* in Berlin, später im Stuttgarter *Institut für leichte Flächentragwerke* zu einer aufsehenerregenden Produktivität geführt. Bauhistorische, bauphysikalische Untersuchungen, Entwurfsprobleme, Modellbauten und eine kaum noch zu überblickende Anzahl wissenschaftlicher Publikationen zu den unterschiedlichsten Themen sind inzwischen Beweis eines know-how, das Ottos Institut als ein kollektives Künstlersubjekt erscheinen läßt. Daher erklärt sich, daß Frei Otto neben eigenen Projektarbeiten vielfach zu beratenden Tätigkeiten aufgefordert wird, die nur durch den Organismus dieses Instituts zu leisten sind.

Der geistigen Ruhelosigkeit Frei Ottos, Motor seiner unglaublichen Produktivität, entspricht eine gewisse Halsstarrigkeit, die allerdings der Geradlinigkeit seines Charakters entspringt. Kurios erscheint noch manchem seine Beharrlichkeit, den deutschen Pavillon der Weltausstellung in Montreal von 1968 nur als Landschaftsgarten gestalten zu wollen und die Spitzenprodukte der Industrie daraus zu verbannen. Schließlich, so Ottos Argument, sei auf diese Weise der friedliche Charakter der Bundesrepublik Deutschland am besten zu demonstrieren – eine Meinung, die von Seiten der Industrie als Vorschlag eines vollkommen weltfremden Spinners angesehen wurde. Hat das den listigen Frei Otto 1970 auf die ernstgemeinte Idee gebracht, ein *Spinnerzentrum* zu fordern, das die Probleme der Welt und der Architektur lösen sollte?

Tendenzen zur Verabsolutierung aber gehören zu diesem Mann dazu, und aus der Hingabe an ein Problem, an eine Idee, an einen Wissenszweig, entstehen zuweilen Denk- und Theorieansätze, die stutzig machen. Das trifft vor allem für seine sozialdarwinistische These von der Ästhesie des Ästhetischen zu, die Phänomene ästhetischer Modelle, wie die Symmetrie, den Goldenen Schnitt, die Perspektive und anderes mehr aus einer biologisch determinierten Wahrnehmungsstruktur heraus erklären möchte und sich dabei einem Biologismus verschreibt, der soziale Interaktion als Wirkungsfaktor nicht mehr zu reflektieren versteht. Wenngleich insistierend, Frei Otto hat aus solchem Denken niemals ein Dogma gemacht, die Diskussion seiner Wissenschaftsbegriffe, Theorien und Architekturen war für seine Arbeit immer wesentlich. Seit 1950 hat er sein architektonisches Werk solchen Einflüssen ausgesetzt, stets auf der Suche nach anderen, besseren Möglichkeiten, und deshalb auch finden wir ihn heute auf der Seite der Ökologen, nicht nur, weil die natürliche Umwelt des Menschen hier wieder zur Debatte steht, sondern weil der heute 60jährige von Natur ein Mann des Aufbruchs ist.

Berlin – Amerika und zurück

»Brennende Städte sind ein harter Einführungskurs für junge Architekten.« (Frei Otto, 1978)

Berlin

Man schreibt das Jahr 1947. Dem Blick auf brennende Länder und Städte ist der Gang auf verbrannter Erde gefolgt, der distanzierten Fernsicht des Fliegers Frei Otto, die Nahsicht des Kriegsheimkehrers. Berlin, die Stadt in der er aufgewachsen ist, will sich nur durch Erinnerungsarbeit dem geistigen Auge zum vertrauten Bild fügen. Jedoch zwei Jahre später ist auch der Wunsch nach Wirksamkeit solcher Imaginationen enttäuscht, es gibt nun einen West- und einen Ostteil der Stadt, und politisch ist fixiert, daß der Wiederaufbau der ehemaligen Reichshauptstadt auf getrennten Wegen verlaufen wird. Als ideologisches Ost-West-Verhältnis betreibt man Vergangenheitsbewältigung im Wiederaufbau konkurrierender Staatssysteme. Vor allem die Westsektoren der Stadt müssen, um einen gesamtstädtischen Zusammenhang zu wahren, neue stadträumliche Prioritäten setzen, denn die gemeinsamen Wiederaufbauprogramme, etwa das *Bandstadtkonzept* des Planungskollektivs von 1946, wie die Ideenskizzen *Berlin im Aufbau* von Max Taut (1946) sind hinfällig geworden. Mithin deren geplante Citybildung, die trotz der ansonsten vollzogenen Auflösung des alten Stadtkörpers im innerstädtischen Bereich des Schlosses, und damit im Ostteil, verblieben wäre. Im Westen pocht man zwar auf dieses Zeichen von Gemeinsamkeit, trägt auch seinen guten Willen zur Schau, denn als *Berlin-Mitte*, dem Stadtgebiet um den Leibziger Platz herum, wird ein topographisch weithin sichtbares Wiedervereinigungssymbol geschaffen, indem das Gebiet jahrzehntelang vom einseitig orientierten Wiederaufbau ausgespart bleibt. Ansonsten jedoch wird der Westteil zügig zu einer eigenständigen Großstadt mit neuen attraktiven Geschäftszentren rund um den Kurfürstendamm aufgebaut. Daß die städtebaulichen Konzepte der späten 20er Jahre von Martin Wagner und Martin Mächler damit Realität werden, erscheint jetzt wie ein bitterböser Winkelzug der Geschichte.

Der Zug nach Westen – dieser metaphorisch verbrämte Satz mythisch-legendärer Aufbruchsstimmungen, jetzt wird er Alltag-prägend und symbolträchtig in Berlin; denn nicht weniger als die Geisteshaltung der jungen bundesdeutschen Republik soll sich darin formen. Austauschprogramme für junge Deutsche, worin die Kollektivschuldthese von einst in praxi verworfen wird, sind die komplementäre Form des Goodwill-Programms der Siegermächte, denn was demokratisch Denken und Handeln heißt, ist am besten in den Ländern der westlichen Demokratien selbst zu vermitteln. Eben davon profitiert der junge Frei Otto, der als Architekturstudent an der Technischen Hochschule Berlin zu jenen 200 Auserwählten des Landes gehört, die einen dreimonatigen Studienaufenthalt in Amerika verbringen dürfen. Der junge Mann, der sich bereits Baumeister nennen darf, eine Auszeichnung, die er der ebenso traurigen wie zeittypischen Aufgabe verdankt, während der Kriegsgefangenschaft Gefallenenfriedhöfe geplant zu haben, verläßt also ein Land, das dem amerikanischen *way-of-life* folgen wird und dessen geistige Elite an Ort und Stelle Anschauungsunterricht erhält. So reist Frei Otto 1950 mit dem nicht gerade vertrauenerweckenden Dampfer *Argentina* über Cannes und Barcelona in die USA. An der altehrwürdigen *University of Virginia* in Charlottesville gedenkt er sein Architekturstudium fortzusetzen, doch herb ist die Enttäuschung, als er erfährt, daß die Universität zwar über eine kleine Architekturfakultät verfügt, das Studium von Entwurf und Konstruktionen, Stil- und Baugeschichte jedoch nicht im Ausbildungsprogramm der jungen Deutschen vorgesehen ist. *Political and social sciences* werden gelehrt, was als Unabhängigkeitsverheißung in der Atmosphäre des klassizistischen Campus von der Hand des legendären Präsidenten und Architekturautodidakten Thomas Jefferson durchaus glaubwürdig wirkt. Dennoch, reduziert auf ein politisches Erziehungsprogramm, sinnt Otto auf Abhilfe. Nach einem zweimonatigen Aufenthalt bittet er den Dekan, eine Reise durch die Vereinigten Staaten machen zu dürfen, auf der er die Heroen der modernen Architektur besuchen möchte. Dieser Wunsch wird ihm gewährt, und Frei Otto ist einer der ersten nachkriegsdeutschen Globetrotter durch die USA. Damit erfüllt sich ihm ein Traum, den viele junge Deutsche träumen, denn in der Sehnsucht nach Ferne und fremden Ländern können die Entbehrungen der Kriegsjahre Kompensation finden. Für Frei Otto allerdings wird ein Privileg lebensbestimmend.

Während der viermonatigen Reise durch die Vereinigten Staaten ist er auf der Suche nach Stadt- und Siedlungskonzepten, die sich beim Wiederaufbau der bombenzerstörten Heimat auswerten lassen: Wohnraumbeschaffung ist das vordringliche Problem der jungen Bundesrepublik. Bereits 1948 hat Otto im *Bauhelfer* Vorschläge unterbreitet, wie die erste Not zu lindern sei.

Wir haben in unseren zerstörten Städten als Baustoff für den Wiederaufbau nur den Trümmerziegel in genügenden Mengen. Die Bindemittel sind derart knapp, daß wir uns einen guten Außenputz meist nicht leisten können. Wir können dafür den sauber abgeputzten Trümmerziegel nach außen hin sichtbar lassen... Welch Leben liegt in diesen Ziegeln! Alle Farben wechseln in zufälliger Weise und verkörpern eindringlich die Seele der Mauer. Nicht neu kommt diese in die Welt, um aus stofflich gleichen Steinen häßlich, gleichförmig zu altern. Hier hat jeder Ziegel ein volles Leben hinter sich. Er starb schon einmal. Wir, die wir ihn aus den Trümmern hervorsuchen, geben ihm das Leben wieder. Im Gesicht der Mauer sei unser Gefühl und Wollen verankert. (Der Bauhelfer 1948, S. 615)

Die Duplizität der Ereignisse verblüfft, denn genau 28 Jahre zuvor, 1919, hatte Walter Gropius das hohe Lied des Holzes angestimmt, das er mit expressionistischem Pathos und aus eben demselben Grund materieller Not und Baustoffnot zum *Urstoff des Menschen* erklärte.

Der Tatsache konfrontiert, daß es nach dem Zweiten Weltkrieg nicht einmal genügend Holz zum Bauen gibt, gilt das emphatische Plädoyer der Verwendung der unbehandelten Trümmerziegel, die, so ist Ottos Vorschlag, nach dem Vorbild des Inkrustationsbaues vor das witterungsanfällige Innenmauerwerk zu blenden seien. Dergleichen bei der Eindeckung gewölbter Dachstühle anzuwenden, und zwar mit größtmöglicher Beteiligung von *Selbsthilfe beim Wiederaufbau* ist die weitergehende Konsequenz seines Konzeptes.

Was auf den ersten Blick nicht mehr zu sein scheint als die angewandte Formel von der Not, die erfinderisch macht, birgt für Frei Otto jedoch substantielle Qualitäten. Die Nachkriegsjahre mit ihrem Zwang zur Wiederverwendung vorgefundener Ruinenpartikel, die Notwendigkeit, daß möglichst jeder alles könne, diese Lebensäußerungen eines unmittelbaren mittellosen Wiederaufbaus, setzten soziale Qualitäten frei, die im Bild der Trümmerfrau bis heute bewahrt sind. Diese Heroine eines fundamentalen Überlebensprinzips verkörpert all jene Tugenden der Not, die einen Neubeginn menschlicher Prägung erwarten lassen: Sie weiß sparsam zu haushalten, kann ihre Kräfte kalkulieren, ihre praktischen Fähigkeiten sofort anwenden, ist lernfähig, und mit ihrem umstandslosen Zupacken zeigt sie eine Verantwortung der Gemeinschaft gegenüber, die sich vom bewußtlosen Gemeinschaftsgeist der Nazi-Jahre wohl unterscheidet. In solchem Persönlichkeitsbild entdeckt Frei Otto die Bausteine einer sozialverpflichteten Ästhetik: Zum Bauen kann grundsätzlich alles benutzt, auch benutztes Material wiederverwendet werden – wie ein *objet trouvé* sollte der einzelne Ziegelstein im Zusammenspiel mit den anderen *Gebrauchswert* ausstrahlen – selbst bauen kann und soll ein jeder, der sich behausen will, die Bauform soll, in unmittelbarer Nachbarschaft mit allen anderen Geschmacksrichtungen, vom jeweiligen subjektiven Geschmack geprägt sein. Das hat Otto 1948 zu einem städtebaulichen Kurzprogramm zusammengefaßt: *Viele Familien werden ihr Häuschen unter eigener tätiger Mithilfe in Reihenbau-Reihen hineinbauen, ohne sich zeitlich nach den Nachbarn richten zu müssen. Jedes Reihenhaus muß also auch äußerlich so gestaltet sein, daß man ihm die Selbständigkeit ansieht.* (Der Bauhelfer 1948, S. 617)

In diesem Bekenntnis zu einem radikalen Individualismus im Stadtbau ist Frei Ottos Lebensgrundsatz zu erkennen – nomen est omen? Der merkwürdige Vorname kann so gedeutet werden.

Amerika

Im Aufsatz über den *Hintermauerungsziegel als Außenhaut von Gebäuden* waren zwei Elemente in Ottos Denken sichtbar geworden: die Überzeugung, daß es für jedes Bauproblem zuallererst eine konstruktive Lösung geben müsse, und der Anspruch, daß jeder Bauvorgang durch die tätige Mithilfe der Betroffenen zu lösen sei. Vor dem Hintergrund der amerikanischen Erfahrungen verdichten sich nun diese Überlegungen zu einem technisch avancierten Sozialprogramm. Zwei Begegnungen sind dafür von entscheidender Bedeutung gewesen: der Besuch bei Frank Lloyd Wright und der im Atelier Fred Severuds.

Wright, den Frei Otto in dessen Sommercamp – Taliesin-West – besucht, erscheint wie der abgeklärte Guru, der eine ideale Lebensform repräsentiert, die Verbindung von Hand- und Kopfarbeit. Seine Schüler internationaler Herkunft betreiben neben ihren Studien zusammen mit dem Lehrer Landwirtschaft. Die Unterkunft, von eigener Hand errichtet, wächst von Jahr zu Jahr, den Bedürfnissen gemäß, die Energie wird selbst erzeugt, ein *... helles Segeltuch bildet die Dachhaut* (Lit. 4, S. 5), darunter leben und arbeiten die Kommunenmitglieder. Autarkie, Selbsthilfe, natürliche Baumaterialien und ein *Nomadenfürst*, wie ihn Otto später genannt hat, der den Kult des selbständigen, selbstbestimmten Individuums verkörpert. Frank Lloyd Wright, der die Massengesellschaft hart attackiert, dem Großstädte ein Greuel sind, der Kulturkritik aktiv lebt und künstlerisch im organischen Bauen propagiert. Die freiheitlich ungebundene Lebensweise – Wright entflieht zur Sommerzeit in den kühleren Norden nach Spring Green –, die Abwehr der Vermassung des Menschen, die Selbsttätigkeit im überschaubaren Lebensverband, all das sind Zeichen eines Individualismus, der bei allem nötigen Respekt vor den anderen auf eine radikale Selbstentfaltung dringt – eine Lebensform, die der Reih- und Glied-Mentalität der Nazi-Zeit so kraß entgegensteht.

Der Selbsthilfegedanke war in Deutschland notgedrungen entstanden. Amerika, dieser Mythos vom Land der *tausend Möglichkeiten* für den Tüchtigen, das im Gegensatz zum kriegsgeschüttelten Europa über einen unvergleichlich größeren ökonomischen und technischen Reichtum verfügt, gebiert eine ganz neue Variante des Selbsttuns, eine die dem Luxus entspringt: das *Aussteigen*, also den bewußten Verzicht auf die Angebote gesellschaftlicher, geradliniger Versorgungsstrategien, die den einzelnen nur im Zweckverband einer arbeitsteilig groß angelegten Gesellschaftsmaschinerie agieren läßt. Dieses zivilisationskritische Element am Beispiel von Wrights Taliesin-Projekt findet den jungen Frei Otto offen, der gesellschaftlichen Fortschritt durchaus mit den Präzisionsprodukten des menschlichen Logos verbindet, dem aber die Glücksversprechen technischer Entwicklung in der Zerstörungsmaschinerie des Krieges durchaus suspekt geworden sind. Diese Janusköpfigkeit hat Otto sensibel gemacht, wenngleich nicht technikfeindlich. Für ihn gibt es ein Korrektiv, einen obersten Grundsatz, der wie ein persönliches Gesetz sich auswirkt, es ist die Devise von der Unantastbarkeit natürlicher Strukturen und der Verhältnismäßigkeit der Mittel. Im Wunsch nach Harmonie von Menschen- und Naturwerk ist der Maßstab die Schranke in der Anwendung der Technologien. Diesem Diktum hält selbst Frank Lloyd Wright nicht stand. Dessen Planung eines Privathauses erscheint Otto vom Wunsch nach einem Leben in *unberührter Natur* her zwar verständlich, wenngleich leichtfertig, denn seine Frage lautet: *Muß denn der Mensch alles anrühren und zerstören?* (Lit. 4, S. 6) Und auch das Brückenprojekt der San Franzisko Alameda Bay Bridge, auf deren höchstem Punkt ein künstlich angelegter Park geplant ist, mag er als *szenischen Blick* goutieren, vergällt sich ihm jedoch bei der Überlegung, daß der *Park auf dem teuersten Punkt einer teuren Brücke* (Lit. 4, S. 6) liegen wird. Bei aller Faszination, die Wright als Ästhet und Gesellschaftsvisionär auszulösen vermag – die angebotenen Lösungen sind unbefriedigend, denn das Relationsgefüge von

Arena in Raleigh, North Carolina, 1950/53

Zweck und Mittel, von Bauwerk, Konstruktion, Kosten und künstlerischem Effekt ist nicht ins rechte Verhältnis gesetzt.

Der Lösungsmöglichkeit dieses Problems begegnet Frei Otto im Atelier Fred Seweruds. Auf dessen Schreibtisch sieht er den Entwurf zur Raleigh-Arena, der ersten zwischen parabolischen Stahlbögen weitgespannten Seilnetzkonstruktion der Architekturgeschichte. Zu den Eigenwilligkeiten der Geschichte gehört die tragische Situation, die vom Wege abzuführen scheint und doch nur Umweg ist. So jedenfalls könnte man diese zufällige Begegnung verstehen, denn der Erfinder der Raleigh-Arena, der bei seinen amerikanischen Kollegen als der *genialste Architekt seiner Generation* (Bauwelt 1953, S. 89) gefeierte Metthew Nowicki, ist kurz vor Ottos Besuch bei Severud tödlich verunglückt. Wie einst Karl Friedrich Schinkel durch den frühen Tod David Gillys zum ebenfalls als genialisch geltenden Vollender dessen romantischer Klassizität geworden war, so wird Nowicki in Otto ein Nachfolger erwachsen, der die Idee des hängenden Daches, der Membranarchitektur künftig in all ihren Facetten folgerichtig zu erfassen sucht.

Zunächst einmal fühlt Otto sich angezogen von der material- und massesparenden Konstruktion, deren *Herstellungskosten einmalig niedrig sind* (Bauwelt 1953, S. 92) und einige Probleme im Nachkriegsdeutschland lösbar erscheinen lassen. Faszinierend aber wirkt der ideologiekritische Aspekt dieser Konstruktion, die durch ihre Leichtigkeit und Handhabbarkeit sich so deutlich abzusetzen weiß vom Materialfetischismus bekannter Monumentalbaukunst seit 1933. Im hängenden Dach sind die tragenden Elemente auf die Bögen und das Netz reduziert, die Konstruktion ist soweit zurückgenommen, daß ein stützenfreier Raum entsteht. Dadurch wird ein neues Raumerlebnis möglich, denn im freien, ungerichteten Durchschreiten eines solchen Gebildes mag sich ein Gefühl von Freizügigkeit einstellen. Als Sportanlage geplant, die man de facto als Mehrzweckhalle nutzt, wird die Raleigh-Arena mit ihrem weichen Schwung der parabelförmigen Bögen forthin zum Vorbild einer in bewegter Spannung gehaltenen Architektur, die vom massig-starren Bauen mit klar definierter Nutzung wegführen will hin zu einer Bedachung, die zwar ein Außen und Innen definiert, nicht aber die Bewegung darin. Zur radikalen Ausdeutung dieser konstruktiven Möglichkeiten ist in den kommenden Jahren nur Frei Otto bereit und in der Lage, weil er im Gegensatz zu vielen seiner Kollegen, die vom Vorbild Nowickis profitieren, eine faszinierende Konstruktion in ein ästhetisches Modell zu überführen vermag, das auf ein soziales zielt: auf das, das er bei Frank Lloyd Wright kennengelernt hat.

Berlin

Nach seiner Rückkehr macht sich Otto an die Auswertung seiner Entdeckung und verfaßt seine Dissertation zum Thema *Das hängende Dach*. Darin beschreibt er, von der Voraussetzung ausgehend, *daß man bei jeder Gestaltungsarbeit die architektonischen Probleme mit geringstem technischem Aufwand lösen sollte und daß es für jede statische Aufgabe nur eine Lösung gibt, die die möglichen Belastungen am einfachsten aufnimmt und dabei zugleich die architektonischen Forderungen erfüllt*, er versucht habe, *das ›natürliche Tragwerk‹ zu finden*. (Lit. 1, S. 13) Was als Fortschreibung des Materialökonomie-Postulats der 20er Jahre erscheinen mag oder als Appell zur Kargheit, ist aber wesentlich innovativ. Von der Überzeugung beseelt, daß ein statisches Problem im Grunde nur eine *einzige* adäquate Lösung kennt, um Lasten am *einfachsten* aufzunehmen und zu übertragen, muß sich ein Strukturaufbau entdecken lassen, der als Prinzip wirkt. Das Wesen von Hänge- und Membrankonstruktionen besteht nun darin, große Spannweiten mit einem Minimalaufwand an Materialmassen überfangen zu können, und die Form kann ihrerseits dieses Wesen verkörpern. Sie wird folglich dann *richtig* genannt, und darin erfüllt sie für Otto den Begriff des *Klassischen, wenn Vereinfachungen nicht mehr möglich sind*. (Lit. 23, Nr. 1, 1958, S. 8) Dieses Strukturgesetz nennt Frei Otto das *Prinzip Leichtbau*, und seine Merkmale hat er so beschrieben:

Durch sparsame Anwendung hochwertiger Baustoffe und durch Ausnutzung der Trageigenschaft räumlicher Systeme entstehen leichte, bewegliche Bauwerke ohne wesentliches Eigengewicht. Die Konstruktion schrumpft auf das unbedingt notwendige zusammen. (Lit. 23, Nr. 1, 1958, S. 2)

In dieser Überlegung deutet sich eine neue Variante des ästhetischen Ideals an, das 1910 der Diskussion um Architekturformen entscheidende Impulse verliehen hat. Fasziniert von der griechisch-antiken Baukunst war deren Identität von Konstruktions- und Kunstform ein zentrales Argument gewesen, das applizierte Ornamentum durch die Abstraktion auf die reine, konstruktive Struktur zu ersetzen. Damit hatte man unbewußt an architekturtheoretische Überlegungen Gottfried Sempers angeknüpft, der in seiner Bekleidungstheorie bereits eine *Logik der Form* entwickelt hatte, wonach Ornamentalem die Funktion einer Versinnbildlichung des Konstruktiven zukam. Daß die Form zur Konstruktion logisch sich verhalte, daß sie mehr als das Zufallsprodukt eines phantasiebegabten Designers sei, hatte die Väter der Moderne beschäftigt, und am Bauhaus waren erstmals designtheoretische Untersuchungen angestellt worden, um den Formbildungsprozeß wissenschaftlich zu erfassen. 20 Jahre später schlägt Frei Otto mit der ihm eigentümlichen Exaktheit einen weiterführenden Weg ein. Von der These ausgehend, daß jedes architektonische Problem mit dem geringsten technischen Aufwand lösbar sei und jede statische Aufgabe nur eine Lösung kenne, muß die Form mehr sein als das Produkt eines willkürlichen Schöpfungsaktes, sie wird vielmehr als das Ergebnis eines Prozesses gelten müssen, den Otto *Formfindungsprozeß* nennt – ein terminus technicus, der bezeichnenderweise schon am Bauhaus eine Rolle gespielt hat. Der Vorgang des Form-findens wird für Frei Otto unter Berücksichtigung aller bekannter technischer Daten im Experiment erfahrbar: konkret durch Seifenhautversuche, die als Minimalflächen im Formfindungsprozeß des Membranbaues die optimale Form entdecken helfen oder durch Hängemodelle, die über Hängeformen und damit ihrer Umkehrformen, den Wölbungen und Schalen, Aufschluß geben. An die Stelle der subjektiven Gestaltung tritt damit die Formwahl als *empirischer Vorgang der Formbestimmung* (F. Otto). Der Architekt wird zum Geburtshelfer innerhalb des Selbstbildungsprozesses der Form, und nur auf dieser Grundlage erklärt sich auch der Begriff des *natürlichen Tragwerks*. Wie die Architekten der 20er Jahre in der Identität von Kunst- und Konstruktionsform einen Gradmesser gefunden zu haben glaubten, der über den Wahrheitsgehalt, die Glaubwürdigkeit eines Bauwerkes Auskunft geben konnte, verfügt ebenso Frei Otto im *Prinzip Leichtbau* jetzt über eine Kategorie auch des ästhetischen Urteils, mit Hilfe derer er die in den 50er und 60er Jahren wie Pilze aus den Boden schießenden Hänge- und Schalenkonstruktionen kritisch zu würdigen weiß, sie mithin einer Beurteilung unterzieht, die durch die Grundlagenforschung an seinem Institut zunehmend abgedeckt wird. Ein Spezialist für vorgespannte und nicht gespannte Membran-, Netz- und Schalenkonstruktionen mischt sich ein, um einer Entwicklung, die zur Mode zu verkommen droht, entgegenzutreten, um zu verhindern, daß der Effekte wegen die Grundsätze des Leichtbaus gravierend verletzt werden.

Das Kongreßhallensyndrom – oder »Die neuen Türme zu Babel«

Von geradezu tragischer Prophetie ist in diesem Zusammenhang Frei Ottos Haltung in einer Kontroverse gewesen, die als *Kongreßhallendebatte* Geschichte gemacht hat. 1957, anläßlich der INTERBAU, wollte das amerikanische Volk den Deutschen als Zeichen der Versöhnung ein Gebäude in Berlin errichten lassen. Bereits zwei Jahre zuvor, also in eben dem Jahr, da Frei Otto seine ersten Zelte für die Kasseler Bundesgartenschau realisieren konnte, und damit seine Lesart des hängenden Daches vorführte, hatte ein aus amerikanischen und deutschen Bürgern paritätisch besetztes Kuratorium diesen Entschluß gefaßt. In

Kongreßhalle Berlin, Zeichnung Frei Otto, 1957

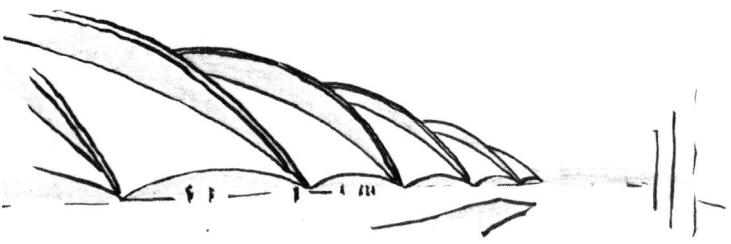

Industriehalle mit senkrechten Bögen zwischen Seilnetzen zur Überdachung großer Flächen, Zeichnung Frei Otto, 1957/58

Berlin wollte man bleibende Zeichen setzen, und mit der für die Nachkriegsjahre so typischen Symbolsucht hatte man unter mehreren Möglichkeiten schließlich die Konzeption für eine Stätte der Begegnung, der freien Rede gewählt: *Free Speech* gilt als deutlich sichtbare Form demokratischer Willensbildung, ihr sollte gehuldigt werden, wenngleich der amerikanische Sinn für Realitäten dies nur in Gestalt fest umrissener Kongreßatmosphäre sich vorzustellen vermochte. Mit dem Geleitwort Benjamin Franklins: *Gebe Gott, daß nicht nur die Liebe zur Freiheit, sondern auch ein tiefes Bewußtsein von den Rechten der Menschen alle Völker der Erde durchdringe, so daß ein Philosoph, wohin immer er seinen Fuß auch setzen möge, sagen kann: »Dies ist mein Vaterland«* erteilte die *Benjamin-Franklin-Stiftung Berlin* dem Architekten Hugh A. Stubbins den Auftrag zum Entwurf der *Benjamin Franklin Halle* im Nordostteil des Berliner Tiergartens. Stubbins, ein ehemaliger Gropiusschüler in Cambridge Mass. und inzwischen ebenfalls Professor in Harvard ließ sich von zwei Ideen leiten: *1. Für das gestellte Thema eine gültige Form (zu) finden und 2. im Hinblick auf die Internationale Bauausstellung zu dieser ein typisch amerikanisches Konstruktionsprinzip* vorzuführen. (Dü[ttmann], Bauwelt 1958, S. 7) Als eben dieses galt das hängende Dach in den Augen des Hugh A. Stubbins, der zur Lösung seiner Idee den Ingenieur der Raleigh-Arena Fred Severud hinzuzog. So plante man zwischen Zeltenallee und Spree in der Nähe des alten, zerstörten Reichstagsgebäudes auf quadratischem Unterbau und darüber liegender Terrasse den eigentlichen Kongreßbereich, über dem ein weit ausladendes Betondach zwischen zwei Stahlbetonbögen zu schweben scheint.

Man baute unter großen Schwierigkeiten auf dem berüchtigten Spreegrund. Um ihn tragfähig zu machen, mußten allein für die beiden Bodenwiderlager jeweils mehr als 100 Bohrpfähle im Boden versenkt werden. Als das Gebäude am 19. September 1957 dann der Öffentlichkeit übergeben wird, sind die Schwierigkeiten jedoch vergessen, die kühne Konstruktion läßt staunen, und ehrfürchtig ist das Urteil: *... ein demokratischer Bau, tolerant, sich öffnend, detailliert individuell, von menschlichem Maß überall, heftig, doch ohne Pathos. Da wird nichts vorgetäuscht, nichts demonstriert.* (Baukunst u. Werkform 1958, S. 13) Dieses Urteil hat Gewicht, denn der Verfasser solch euphorischer Verklärung amerikanischen Selbstverständnisses ist regelmäßig mit seinen USA-Berichten auf bundesdeutschen Fernsehschirmen zu sehen, wo er dem jungen Wirtschaftswundervolk von den Verheißungen liberal-demokratischer Ökonomie zu berichten weiß. Mit seiner Emphase steht Thilo Koch für viele Rezensenten: *Das »Foyer«, ein Wort aus rotem Plüsch mit Quasten – hier ist es die reizendste Komposition einer großen »hall«, eines modernen, amerikanischen Hotels und Vorhut gesellschaftlichen Lebens in der Stadt von morgen. Dort ein Wandteil aus kupfernem Marmorbruch, davor eine blaue Sitzecke auf anthrazitfarbenem Teppich. Hier rot und grau vor gelb, schwarz mit grün – bis in die Aschenbecher und Vasen ist Individualismus leitend; ... eine Symphonie, eine Tokkata und Fuge in C-Dur ist dieses Bauwerk: einfach und fest gefügt, durchwaltet von klarem Verstand, kräftig gesetzt und von reinem polyphonem Wohlklang. Fehlt nur noch der Mensch, der diese Musik ganz versteht und genießt; der Mensch, der dies Haus auf rechte Weise belebt. Nach der Person, dem humanen Wesen vollendeter Gottes-*

Kongreßhalle Berlin, 1957   *Kongreßhalle Berlin, 1980*

ebenbildlichkeit, verlangt dieses persönliche Kunstwerk, dieses humane Gerüst und Gewand für einen Menschen fröhlichen Ebenmasses, freie Anmut, höheren Sinnes. Hugh A. Stubbins Arbeit ist ein Ruf nach diesem Menschen. (Baukunst u. Werkform 1958, S. 14)

Die Nachhilfestunde in demokratischer Baukultur ist ausnahmslos verstanden worden, und auch zurückhaltende Naturen waren begeistert vom *großen Zelt*, wie man die Kongreßhalle auch nannte, das an die Tradition der *Zelten* so neuartig, so modern anzuknüpfen wußte. Daß nur ein kleines Stückchen weiter vor dem Schloß Bellevue tatsächlich Zeltbauten entstanden, somit eine Architekturkonzeption, die die Konstruktion eines Hängedaches in Form von leichten, luftigen Membranbauten ausdeutete, mithin gebaute Kritik der schweren Betonlösung, haben vermutlich nur wenige begriffen. Ein Hauch von Ketzerei umgab denn auch den Schöpfer jener Zelte, Frei Otto, der auch verbal die Kongreßhallenlösung in Zweifel zog und die Frage nach der Identität von Kunst- und Konstruktionsform neu belebte. Skepsis hatte Otto schon vor Baubeginn geäußert, wenngleich er artig noch die *hohen künstlerischen Qualitäten* des Entwurfes würdigte, um allerdings dann auszuführen:

Wir sehen ein riesiges Dach wie von unsichtbaren Kräften über der Erde gehalten. Es berührt die Erde kaum an zwei Stellen. Es verharrt über dem noch kleinen Saal, der so erscheint, als könne er wachsen und schrumpfen, anpassungsfähig den Aufgaben des Kongresses. Wir finden aber ein Dach von großem Gewicht und einen unveränderlichen Saal, der dieses Dach halten muß, damit es nicht umkippt. Ein dicker Betonring liegt dazu auf seinen nicht tragend erscheinenden Wänden. Er umschließt damit ein gesondertes Hängedach innerhalb des großen Daches, dessen Aufgabe aber noch beibehalten ist, wohl mehr der Form als der Konstruktion wegen. *Noch nie hat es ein hängendes Dach mit einer solch teueren und umständlichen Konstruktion gegeben.* (Bauwelt 1956, S. 1001, Hervorhebung K. W.)

Von besonderer Problematik erscheint die aus akustischen Gründen getroffene Entscheidung, Stahlbetonplatten in die Maschen der tragenden Seilnetzkonstruktion zu setzen. *Ungeheure Lasten werden in die Luft gehängt* (Bauwelt 1956, S. 1001), ist Ottos Fazit.

Mit dieser Kritik ist Frei Otto nicht allein geblieben. Aus den Vereinigten Staaten bekam er Schützenhilfe vom ehemaligen Berliner Stadtbaurat Martin Wagner, dem nicht nur die Kongreßhalle, sondern die gesamte INTERBAU wie eine Ausgeburt Potiemkin'scher Planungshypertrophie erschien. In seinen *zehn offenen Briefen, die 1956 folgenden Herren der Bürgerschaft zugeleitet wurden: Willi Brandt, Professor Dr. Friedeburg, Franz Neumann und Dr. Schwaenicke* (Lit. 21), beklagt er vor allem die Unverhältnismäßigkeit von Aufwand und Wirkung, die zu einer völlig überteuerten Wohnraumerstellung geführt habe, da man sich für effektvolle *Epidermiskonzepte* einer Außen-hui, Innen-pfui Mentalität der CIAMisten entschied. Jene Effekthascherei und Renommiersucht durch ein *internationales Hollywood* der Architektur sieht Wagner auch beim Bau der Kongreßhalle wirken, und als alter Berliner kennt er natürlich den *tückischen Baugrund an der Spree, der schon Schlüter einst zur Flucht nach Petersburg* veranlaßt hatte (Lit. 21, S. 11). Mit dem Hinweis auf Eero Saarinens MIT-Gebäude (Massachussets Institut of Technology), dessen Entwurf von Frei Otto 1955 noch in der Bauwelt hochgelobt wurde, hat Martin Wagner die Katastrophe des Kongreßhalleneinsturzes schon vorweggenommen. Derart zeitgebundene Konstruktionen, wie sie Saarinens Betonschalenkuppel in Form eines auf nur drei Punkten gestützten sphärischen Dreiecks darstelle, seien prinzipiell bedenklich. *Nach wochenlangem Regenwetter*, so gab Wagner zu bedenken, *erschien nämlich in der dünnen Dachschale ein Scheitelriß, der darauf schließen ließ, daß die drei Widerlager der Kuppel in eine – wenn auch geringe! – Bewegung gerieten. Sind doch steigende und fallende Grundwasserspiegel für die Standsicherheit von Fundierungen äußerst gefährlich; und so mußten die Ingenieure die Kuppel in den drei Scheitellagen mit Stahlstützen abfangen und zur Ruhe bringen, was ihnen auch ... gelang, was aber die »konstruktive« Idee des Baumeisters völlig auf den Kopf stellte.* (Lit. 21, S. 11) Die auf den Kopf gestellte konstruktive Idee war der Anlaß für Ottos Kritik an der Kongreßhallenlösung, und mit Wagner wollte sich ein ehrwürdiger, aber seiner Altersheftigkeit wegen zuweilen belächelter Mann zugesellen, mit dem ihn auch in Fragen des Städtebaus Übereinstimmung verband. Zum geplanten Treffen anläßlich der INTERBAU ist es nicht mehr gekommen, Wagner verstarb kurz vor seinem Abflug in die alte Heimat, die seine Denkansätze nicht mehr zu würdigen wußte.

Nach Fertigstellung der Kongreßhalle jedenfalls flammte die Diskussion um den Bau erneut auf. Otto zeigte sich irritiert von der Prachtentfaltung, die andere bewunderten: *Marmorbänke, die für römische Senatoren breit genug wären, eine Halle ohne offene Türen, die das freiwillige Kommen und Gehen also nicht garantieren kann, Möbelstücke von Entwerfern internationalen Ranges*, vor allem aber eine Dachkonstruktion, die *Illusion* sei, die vorgebe, zwischen zwei Punkten zu schweben und ohne Seitenwände auszukommen. De facto jedoch werde *das Dach über der eigentlichen Halle von einem Stahlbetonring umfaßt und gehalten, der wiederum auf den Wänden, diese auf dem Hallenboden und darunter liegenden Stützen* ruhten. *Zwei starke Aussteifungsstreifen übertragen einen Teil der Last auf die Widerlager* (Baukunst und Werkform, 1958, S. 18), um den »Ring vor Deformation zu schützen« – doch die liegen unsichtbar in der Dachfläche verborgen. Alles also dem Schein geopfert, zu teuer, zu schwer, zu bombastisch gebaut, die Konstruktion zur Symbolform überhöht zu haben, und zwar aus Gründen der Darstellungssucht, aus Gründen formalistischer Ästhetik – das sind die schweren Vorwürfe gegen Stubbins. Der nun verteidigt im Gegenzug sein, *ein Künstlerprogramm. Ein Symbol des freien Gesprächs habe er in der Tat schaffen wollen, das monumental und schließlich schön* geworden sei, so die ein wenig mokant und selbstherrlich formulierte Antwort. Und dann folgt ein Bekenntnis, das Frei Otto niemals teilen konnte:

Symbolik in der Architektur? Warum nicht? Seit Menschen die ersten Zeichen schufen, um sich miteinander zu verständigen, ist Symbolik ein Teil ihrer Natur. Monumentalität in der Architektur? Warum nicht? Wenn auch Menschlichkeit ein Grundgedanke der modernen Architektur ist – warum sollen die Menschen der wahren und ewigen Werte des kontrastierenden Maßstabes beraubt werden? (Baukunst u. Werkform 1958, S. 22)

Solch *hehre* Rede von Symbolik, Monumentalität und angeblich ewig wahren Werten aber trifft in Deutschland 1957 nicht unbedingt auf Zustimmung. Frei Otto jedenfalls sieht sich in der Tradition der *M-Kunst*-Gegner, wie Monumentales am Bauhaus ironisch genannt worden war. Die unschuldige Naivität, die den Amerikaner auszeichnet, kann für einen Deutschen jedenfalls suspekt sein. Und als sich 1980 beim Einsturz des Kongreßhallenbogens herausstellte, daß die Kritiker recht behalten hatten, war auch die Sonnyboy-Haltung ihres Erbauers längst verbraucht. Nicht Benjamin Franklins Weltbürgertum hatte sich politisch durchgesetzt, sondern der sogenannte *Kalte Krieg*, nicht ein friedvolles Miteinander, sondern der Gestus des militärischen »Fuß-in-andere-Länder-Setzens« prägte inzwischen den Ruf der Vereinigten Staaten. Der Einsturz jenes Symbols der *freien Rede* hat jedenfalls bei manchen mehr als Betroffenheit ausgelöst. Darin ein Menetekel der in den 50er Jahren so oft beschworenen Freiheitssymbolik zu sehen, war durchaus nicht ungewöhnlich.

Bei der Planung der Kongreßhalle hat man Frei Ottos Rat, seine Bedenken nicht gehört, obgleich man ihn um eine Stellungnahme zum Entwurf gebeten hatte. Daß seine Kritik nach Fertigstellung des Baus nicht emphatisch sein konnte, lag vermutlich auch daran, daß Stubbins und Severud sich bei ihrer Dachkonstruktion an einem Bauverfahren orientierten, das Otto bereits 1951 in dem Bestreben entwickelt hatte, die witterungsanfällige gummierte Orlon-Eindeckung der Raleigh-Arena durch wetterbeständiges und massives Material zu ersetzen. Aus diesem Jahr stammt ein Projekt, das deutlich macht, wie Otto sich die Bauaufgabe Kongreßhalle, in diesem neuen Verfahren ausgeführt, gedacht haben mag. Es ist sein Entwurf für ein Konzerthaus mit 2000 Plätzen am Berliner Lietzensee. Geplant waren zwei voneinander getrennte Baukörper, ein kleinerer Saal auf trapezförmigem Grundriß, den ein prismatisch gekrümmtes Dach, ein Seil-Trägernetz, überdecken sollte, und ein größerer Saal, der von zwei parabelförmigen Betonbögen begrenzt dem Bautypus des Amphitheaters nachempfunden war. Ein Seilnetz mit Porenbetonplatten sollte zwischen die Träger gespannt werden, so daß ein 15 cm dickes Dach entstanden wäre, eine in Längsrichtung hängende und im Querschnitt sich wölbende Decke. Ganz unübersehbar war dieser Baukörper der Raleigh-Arena nachempfunden, jetzt allerdings sollte eine Eindeckung erfolgen, die haltbar und

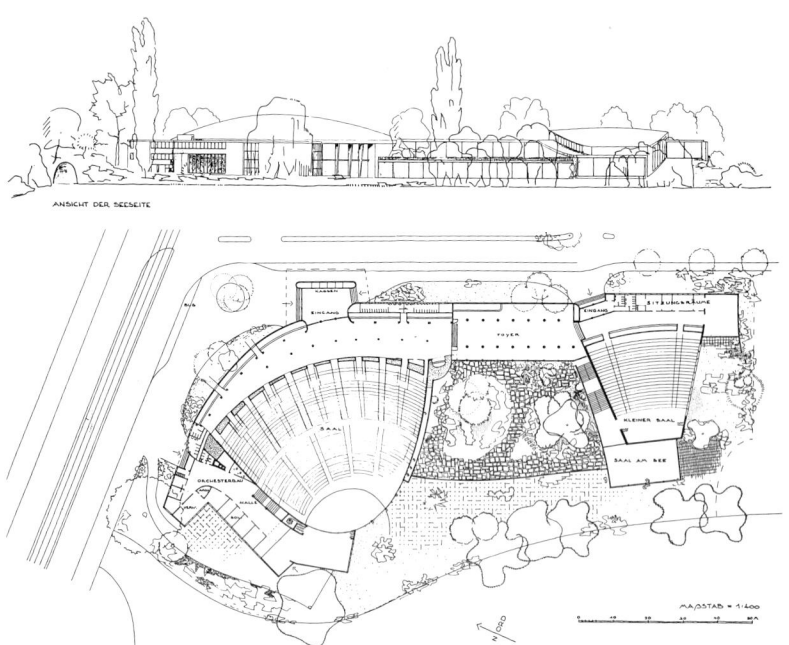

ebenso leicht herstellbar war, denn die Porenbetonplatten konnten von einem Kran aus direkt in das Netz eingehängt werden.

Otto hat dieses Verfahren selbst nie genutzt. Seine Überlegungen, daß das hängende Dach im Grunde nichts weiter als eine hochentwickelte Zeltkonstruktion sei, haben dabei sicher eine Rolle gespielt. Anfang der 50er Jahre aber baut man mit Beton. Die hochentwickelten und formal aufregenden Schalenkonstruktionen eines Felix Candela beispielsweise. Haltbarkeit, Festigkeit und Vielfalt der Form wird noch ausschließlich in Beton realisiert – und so auch von Frei Otto. Aber immer trägt er Sorge um die gerade noch notwendige Materialmasse, um die Anwendung des Leichtbauprinzips, mit dessen Mißachtung er selbst in Zeiten größter künstlerischer Anerkennung seiner Person konfrontiert sein wird – teils aus Unverständnis der konstruktiven Idee, teils aus Deutungs- und Bedeutungssucht.

Das Kongreßhallensyndrom hat seine Arbeit seit 1957 begleitet, und bis heute lassen sich Pyrrhussiege überall auf der Welt verzeichnen, denn seine leichten Flächentragwerke werden gern kopiert. So etwa 1968 vom französischen Architekten J. Blasko, der Frei Otto um Hilfe beim Entwurf einer Überdachung der Eiskunstlaufbahn in Conflans Ste. Honorine bat. Otto und sein Team Rob Krier, Bernd Oleiko und Ewald Bubner entwickelten ein neues System einer wandelbaren Dachhaut. An dünnen, verspannten Stahlbögen sollte das Dach erstmals aus einer Erdsenke heraus ausfahrbar sein, von selbstfahrenden Kettentraktoren angetrieben. Zehn feingliedrige Bögen, grazil wie Spinnenbeine,

Konzerthaus am Lietzensee, Berlin (Ansicht und Grundriß), Zeichnung Frei Otto, 1951

Aula für das französische Gymnasium in Berlin, Zeichnung Frei Otto, 1953

Eiskunstlaufbahn in Conflans-Ste. Honorine, 1968/70

Eiskunstlaufbahn für Conflans-Ste. Honorine, Tüllmodell

übergreifen die Sportanlage und ermöglichen an vier bzw. fünf Punkten die Halterungen für die Dachhaut. So jedenfalls im Entwurf. Ein Tüllmodell vermittelt einen Eindruck vom geplanten Materialminimum, von der Anmut und Leichtigkeit der Konstruktion. Zur Ausführung jedoch gelangte nicht dieser Entwurf, sondern eine die Minimalidee entstellende Fassung. Das vollwandige, aber hauchdünne Tragwerk wurde durch ein Gittertragwerk aus Stahlrohren ersetzt, das im Aufwand des Materials ebenfalls sparsam ist, aber dennoch massiv wirkt. Ein *Dschungel an Gitterbögen* (Frei Otto), in ungeheueren Betonmassen verankert, ersetzt die klare Form des geplanten Tragwerks. Das Ganze erscheint jetzt plump und ungekonnt – kein Wunder, denn nachdem Otto den Entwurf entwickelt hatte, verzichtete man auf seine weitere Mitarbeit. Einer Idee wurde nicht vertraut, und andere realisierten sie, gleichsam unbegriffen.

Solchem Unverständnis, dessen Motive allerdings komplexer Natur gewesen sind, sah sich Frei Otto auch beim gleichzeitig mit Conflans Ste. Honorine entstandenen Münchner Olympiadach gegenüber (1968–1972). Vier Jahre währte eine Auseinandersetzung, die schließlich eine

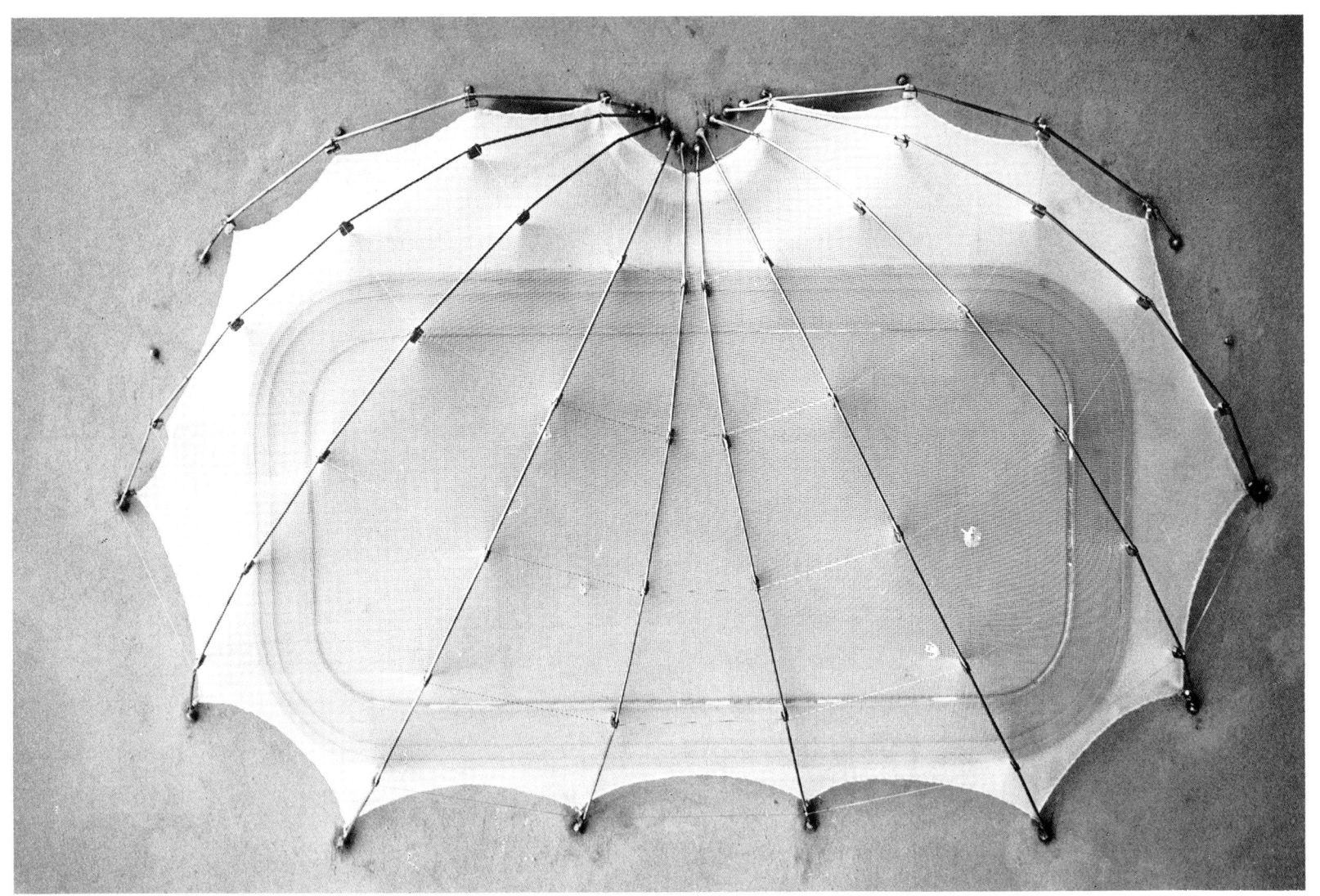

Maststütze der Überdachung für die Sportanlage und die provisorische Tribüne des Schwimmstadions im Olympiapark München, 1968/72

Kompromißlösung ergab, die dem Architektenteam um Günter Behnisch und dem Ingenieur Fritz Leonhardt und seiner Mannschaft entschieden mehr zusagte als dem beratenden Team Frei Ottos. Es sind die bekannten Argumente der Kongreßhallendebatte, die hier getauscht wurden, allerdings mit dem entscheidenden Unterschied, daß Otto in dieses Projekt involviert war und er Verantwortung trägt für die Dauerhaftigkeit der Dachkonstruktion. Mit seiner Aversion gegen Symbolismen, gegen Monumente und Materialhypertrophien, wehrt er sich noch immer gegen die neuzeitlichen Gladiatorenkämpfe, Olympische Spiele genannt, und deren Arenen. *Türme von Babylon seien sie, die entweder von selbst zerfallen oder ihre Baumeister zerbrechen.* (Lit. 22, S. 220) Da Otto den Wert des Sports, wie die großen Architekten der Moderne vor ihm, vornehmlich im Breitensport sieht, den er sich zwar leistungsorientiert, doch lustvoll für den einzelnen denkt, der Gesundheit dienend und ihr nicht abträglich, ohne Nationalstolz und politische Machtdemonstration, so versteht er auch die Stätten solcher Ereignisse als funktionale Sportanlagen. Selbstverständlich sollen diese überdacht sein, um die beste Nutzung, den größten Komfort zu garantieren, aber nur bei Bedarf, also mit einem wandelbaren Dach, das als Wetterschutz fungiert. Mit diesem Verständnis hätte sich Otto eigentlich vom Münchner Dach fernhalten müssen, denn es war klar, daß hier mehr gefordert war als perfekte Überdachung. Damit war der Konflikt im Grunde vorprogrammiert.

Behnischs Konzept firmierte unter dem Namen Olympia*park*, eine Angleichung der Architektur an die landschaftliche Umgebung war demnach entwurfsbestimmend. Damit hat sich Frei Otto selbstverständlich identifizieren können, und auch dem unterlegten Symbolwert dieses Projektes, Zeichen eines *neuen freien Deutschland*, dessen *heitere, gelöste, gelockerte* (Lit. 8, S. 16) Seite zu sein, hat Otto, wenn auch mit Einschränkungen sicherlich zustimmen können. Die Dimensionen dieser Dachanlage aber waren so groß, daß es äußerster Präzision und Erfahrung bedurfte, um sie leicht und gelöst erscheinen zu lassen wie die Konstruktion seines 1968 fertiggestellten Pavillons auf der Weltausstellung in Montreal. Die in München geforderte Seilnetzeindeckung über die 74 800 m² große Gesamtfläche, über ein Stadion, eine Sport- und eine Schwimmhalle sowie den Fußgängerbereich hat sich Otto denn auch ähnlich gedacht. Sein Entwurf für die Gelsenkirchner Stadionüberdachung von 1967/68 zeigt das deutlich: verzinkte Stahldrahtseile in der vom Montrealpavillon als günstig erkannten 50 cm Maschenweite mit Luftseilen an geschweißten und verzinkten Stahlrohrmasten aufgehängt, von einer Holzlatteneindeckung und einer beidseitig beschichteten Polyesterhaut bedeckt.

In München aber wollte man *Architektur,* und der Ingenieur Fritz Leonhardt, der den Montrealpavillon berechnet hatte, verfiel in die überwunden geglaubte *Monumente-machen-Mentalität*. Er forderte Beton; Beton für die Masten, Betonstahllitzen für das Seilnetz, eine Betonschicht für die Dachhaut – eine große, gigantische Raumskulptur für die »Ewigkeit«. *Meine bisherige Entwicklung wurde auf den Kopf gestellt,* (Lit. 8, S. 226) so hat Frei Otto in einem Gespräch mit Heinrich Klotz später geurteilt – wer hat da nicht das Erlebnis eines *déjà écouté?*

Nach diesen Überlegungen wird deutlich, daß das *Prinzip Leichtbau* selbst für seine Bewunderer nur anekdotischer Natur gewesen ist, interessant genug, um wissenschaftlich forschend perfektioniert zu werden – immerhin war es Leonhardt, der Otto 1964 an die Stuttgarter Universität geholt hatte – verwendbar jedoch nur für temporäre Bauten wie beispielsweise den Pavillon in Montreal, die dem Begriff von Architektur offenbar nicht voll genügen. Der bleibt diesem Verständnis nach gebunden an die Qualität des Überzeitlichen.

Daß das Münchner Olympiadach dennoch, aus der Vogelperspektive jedenfalls, ein anmutiges Zeltdach geworden ist – an 12 Masten von 50 und 80 m Länge und 28 kleineren allerdings doch in Betonschlitzen gefaßtes Plexiglasdach – ist der Tatsache zu verdanken, daß Frei Otto mit seinem Team an beinahe 100 Modellbauten nachweisen konnte, daß Leonhardts Betonlösung das Netz zerrissen hätte. Die Forderung nach Luzidität, die das Fernsehen gestellt hatte, war für diese Lösung von entscheidender Bedeutung.

Dennoch ist Frei Otto mit dem Ergebnis nicht zufrieden, zu viel Unausgereiftes und daher zu Teueres verbindet er mit dieser Dachkonstruktion. *Der Traum von 1965. Ein sanftes Dach wie eine Wolkenlandschaft,* so steht es auf seiner zart aquarellierten Zeichnung aus dem Jahre 1980, die wie ein später, melancholischer Kommentar wirkt. In der *Multimedia Großraumüberdachung,* der Projektstudie für ein 60 000 m² überfangendes Dach im Auftrage der Farbwerke Hoechst, hat Otto jedenfalls im Modell einmal ausführen können, wie dieser Traum hätte aussehen können: eine riesige Tribünenfläche mit ausfahrbaren Sitzreihen wie eine *Terrassenlandschaft,* auf deren verschiedenen Ebenen Kaufhäuser, Kinos, Theater, Restaurants, auch Fotoateliers, handwerkliche Kleinbetriebe und vieles mehr untergebracht werden sollten, wobei auf dem eigentlichen Sportplatzniveau Sportanlagen aller Art, bei Bedarf auch eine Zirkusarena oder ein Freilichttheater, Platz gefunden hätten. Das Ganze wäre von einer Kugelkalotte aus PVC-beschichtetem Polyestergewebe überdacht worden, die man an einem 180 m hohen Stahlmast außerhalb der Tribüne abgehängt hätte. Ein ausfahrbares Dach wäre an Stahlseilrosetten befestigt, das im geöffneten Zustand zusammen mit einem Pneu auf einer umlaufenden Verglasung einen abgedichteten, beheizbaren Raum ergeben hätte. Eine Stadt im Kleinen, eine Klimahülle für variable Nutzungen, ein leichtes Flächentragwerk, ein hängendes Dach, ein technisch hochentwickeltes Zelt.

Stadionüberdachung für Gelsenkirchen, 1966/67, Tüllmodell

Olympiastadion München, 1968/72 (Detail der Dachkonstruktion, Schnitt durch die Sporthalle und Stadion)

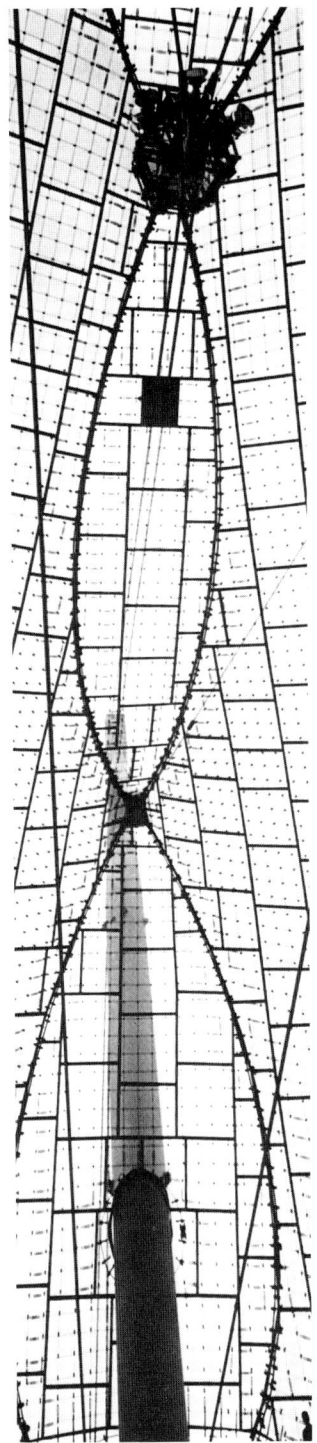
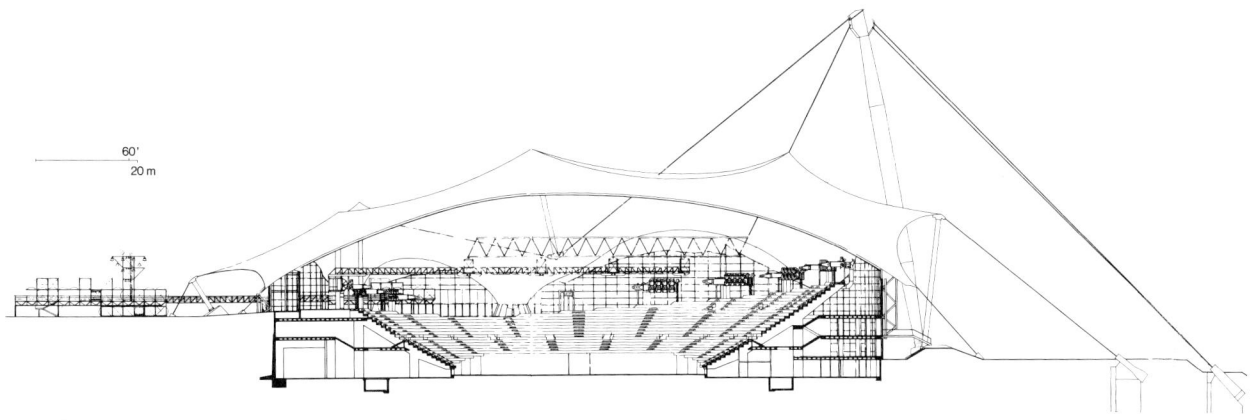

60'
20 m

Maststützen und Augenschlingen der Dachkonstruktion im Fußgängerbereich des Olympiaparks München, 1968/72

Olympiastadion München, Gesamtansicht

»Hoechst-Stadion«, Multi-media-Großraum, 1970
(Modell während der Dachausfahrt)

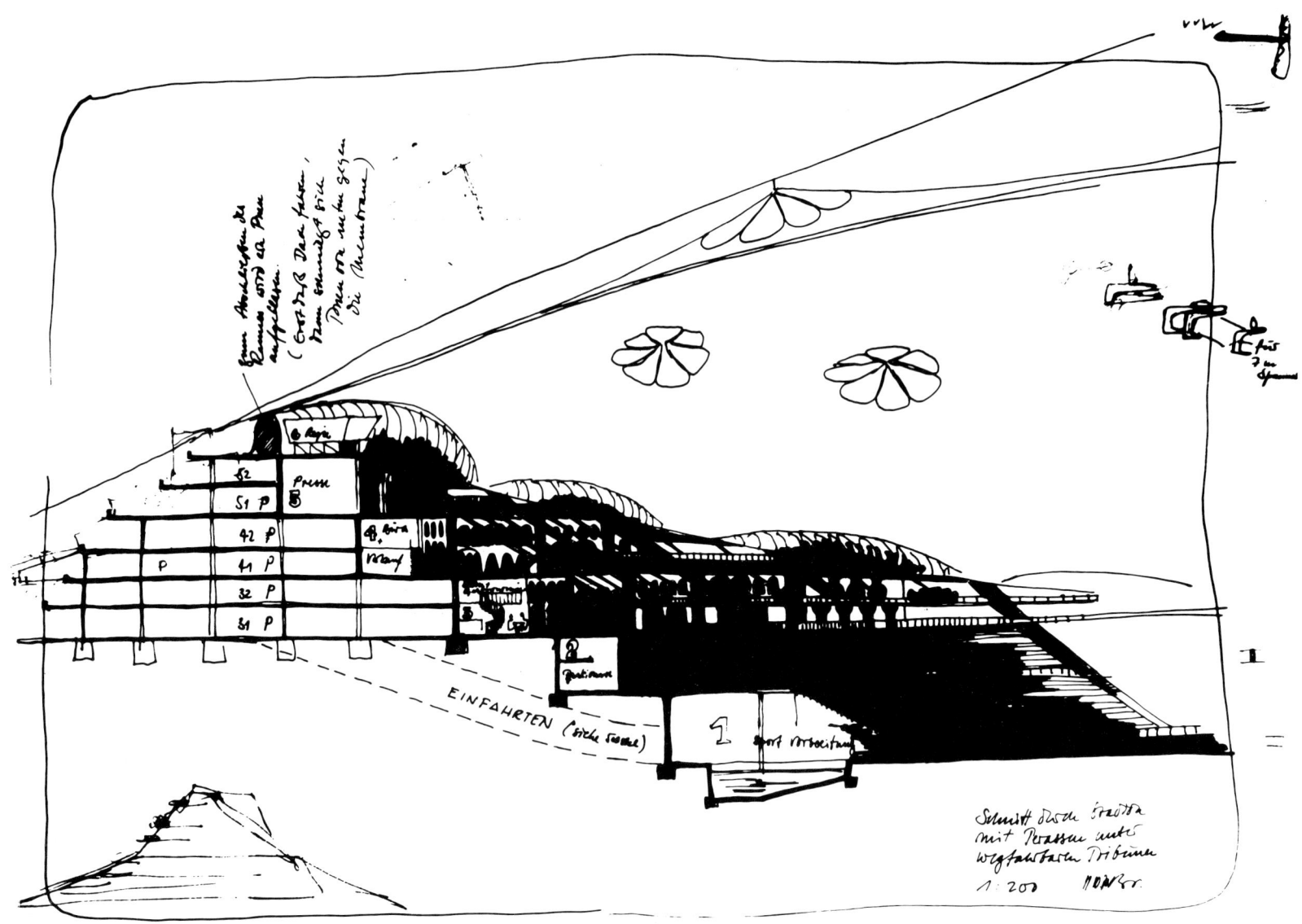

»Hoechst-Stadion«, Schnitt durch die Terrassen unter wegfahrbaren Tribünen, Zeichnung Atelier Warmbronn 1969/70

*Wandelbares Dach über dem
Freilichttheater in der Stiftsruine
Bad Hersfeld, 1967/68*

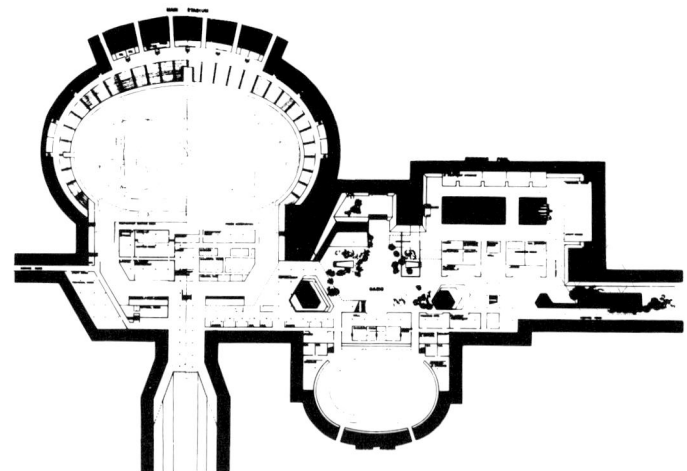

*Sportzentrum Kuwait, 1969
(Grundriß und Tüllmodell)*

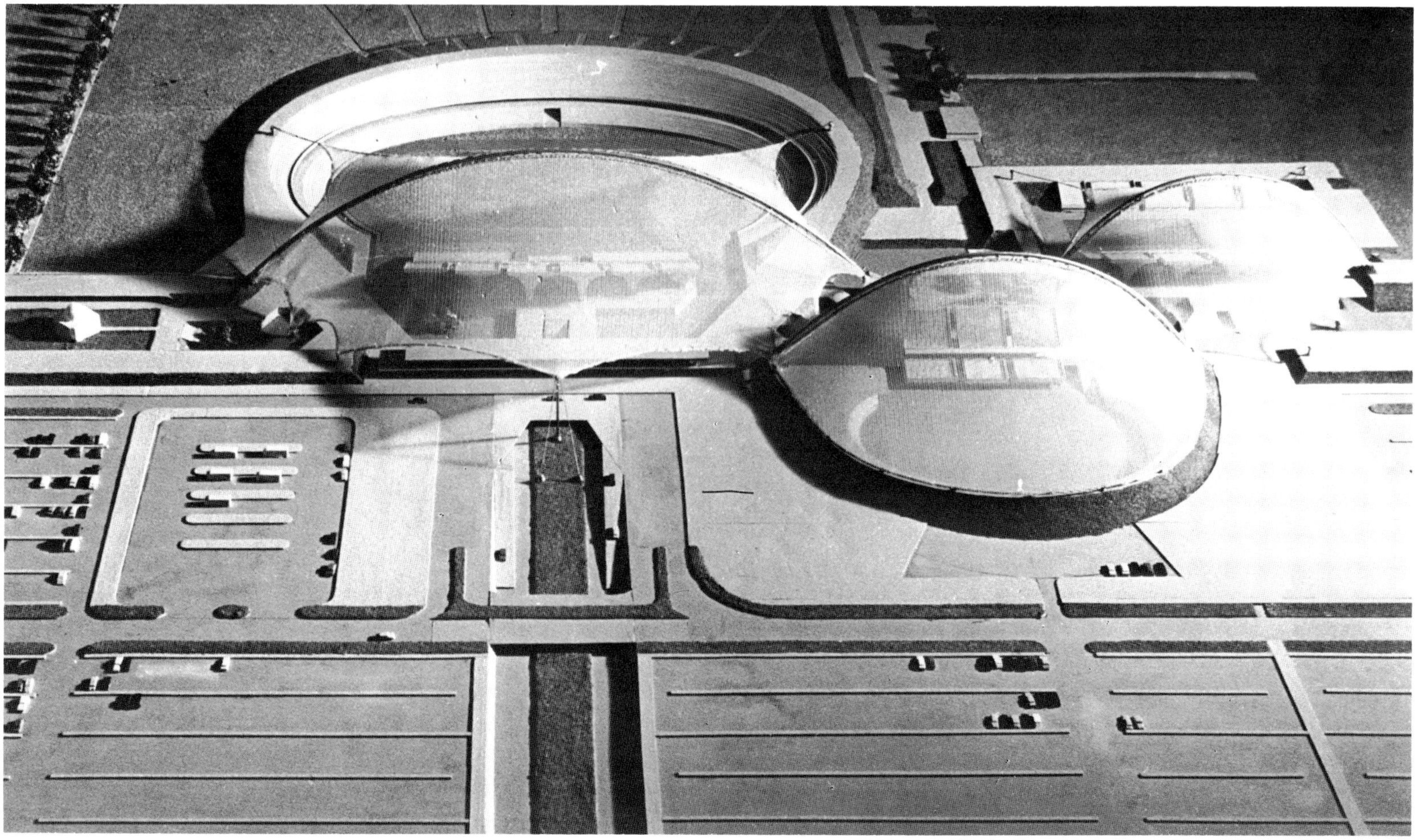

36

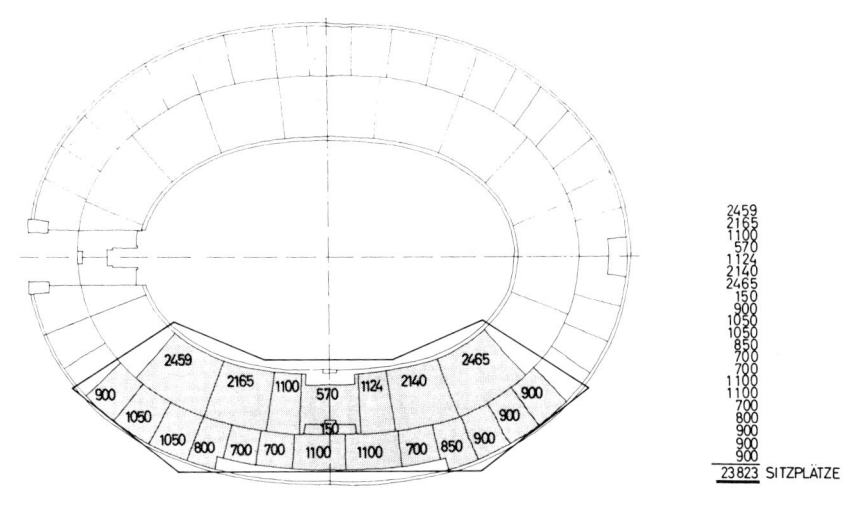

Überdachung des Olympia-stadions in Berlin, 1970, Modell und schematische Darstellung der überdachten Sitzplätze

Die Eroberung der Erde

»Was wie ein Palast dort ragt, es ist sein hohes Zelt.«
(Parsifal, Wolfram von Eschenbach, um 1200)
»Das Zelt ist im Grunde biologischer, untechnischer oder ›urtechnischer‹ Art.« (Frei Otto, 1954)

Heimatsuche

Zwischen 1960 und 1970 wird der Zeltbau Mode. Diese Entwicklung ist ohne Frei Otto undenkbar, und sie hat ihn zuweilen mißmutig gemacht. Gesprächsstoff ist das Zelt allerdings schon lange vorher gewesen, es gilt vorzugsweise in den 50er Jahren als Demonstrationsobjekt eines neuen *modernen* Architekturverständnisses. Wirklich ernsthaft aber beschäftigt sich nur Otto mit dieser *vorarchitektonischen Technik des Wandbereitens,* wie Gottfried Semper den Zeltbau einst genannt hat, nur für Frei Otto wird das Zelt zum Abenteuer mit der Architektur. Und nicht etwa, weil die Beschäftigung mit diesem Bautyp seiner historischen Neugierde entsprochen hätte, sondern weil das Zelt so offensichtlich dem Zeitgeist entspricht; denn was ist es anderes als der *Urtyp des Bauens* (Frei Otto), aus dem heraus das hängende Dach als vorläufig letzte Entwicklungsstufe entstanden war. Das hat Otto im Anfangskapitel seiner Dissertation mit der Überschrift *Vom Zelt* als Erkenntnis formuliert: *Das moderne hängende Dach ist die jüngste Bauform. Vollendet und weit fassend beansprucht es seinen Platz. Es ist Architektur – ist Haus... Jetzt, nachdem das hängende Dach eine klare Gestalt angenommen hat, jetzt, nachdem etwas grundsätzlich Neues geschaffen worden ist, werden wir uns bewußt, daß das hängende Dach uralt ist: Denn das Zelt ist schon ein hängendes Dach.* (Lit. 1, S. 9)

Diese Sichtweise ist vorbereitet, ist dem Signum und Lebensmodell verbunden, das die Architektur des neuen Bauens in Verruf gebracht hat, dem Flachdach. Im *Dächerstreit* der 20er Jahre verkommt bereits zur Politpolemik, was im Flachdach zu allererst bedeutet werden sollte: die Erweiterung des Lebensraumes. So gesehen ist das Flachdach, von dem Hugo Häring sagte, daß es als Dach gar nicht existiere (Lit. 16, S. 62), als Dachgarten eben mehr als lediglich Abschluß oder Abdeckung der Räume, es bietet Platz zum Wohnen unter freiem Himmel, es kann genutzt und belebt werden. Diese Bewegung wird schon in den 20er Jahren zur architektonisch lebendigen Form: Gropius formte in seiner Alfelder Papierfabrik 1924 die Shed-Dächer zu hochaufragenden gewölbten Oberlichtern, und 1930 entwirft Le Corbusier für die Villa Erasuris ein *Butterfly-Dach,* das Marcel Breuer 1949 für seinen Demonstrationsbau eines Einfamilienhauses im Garten des Museum of Modern Art in New York übernimmt. Damit kündigt sich die Zeit der *dächereien* an, die Häring angesichts der Bauten Scharouns freudig verzeichnet hat. Und eben diese faszinieren Otto, sie beflügeln seine Fantasie, sie sind der Stoff seiner Wunschbilder. Hans Scharouns Philharmonie beispielsweise erscheint ihm im Äußeren wie ein *Gebirge,* im Inneren wie eine *aufgespannte Muschelschale* und im Sog der Träumerei fährt er fort: *Ich entdecke auch ein anderes Bild, ein weites Tal, an den Seiten mit Weinstöcken bepflanzt, überdeckt von einem riesigen aufgespannten Zelt. In seiner Mitte ziehen Wolken. Ich habe Mühe, diesen Hügel zu begreifen, der so groß ist, daß er eine ganze Landschaft einschließt. Landschaft unterm Zelt! Genau das ist es.* (Architecture d' aujourdhui, Juni 1964, S. 60)

Das Zelt – es eröffnet eine geradezu paradiesische Vision, die allerdings an eine zweite Voraussetzung gebunden ist: an die Freizügigkeit. Als Thema der Architektur entstammt auch sie der Moderne, die sie im freien Grundriß zu formulieren versucht hat, und deren Altmeister Ludwig Mies van der Rohe während des Philharmoniebaues und diesem gegenüberliegend die nicht zweckdefinierte Raumhülle der Nationalgalerie errichtet. Das Zelt und das offene Raumkontinuum – hier zwischen Kemperplatz und Landwehrkanal sind sie noch getrennt – es wird Frei Ottos Bestreben sein, sie zu vereinen. Dahinter steht immer noch die Vision von der Bewohnbarkeit der Welt, der *Erde als einer guten Wohnung,* wie der poetische Titel einer Skizzenfolge Bruno Tauts lautet, und deren soziale Kraft einst mächtige Gegner aktivierte – vielleicht unbewußt, doch keineswegs zufällig. Eine Fotomontage, die als Postkarte verbreitet wurde, zeigte die in Stuttgart 1927 errichtete Weißenhofsiedlung von Nomaden und Kamelen bevölkert, und die Propagandisten des Heimatstils wußten solcher Diffamierung den Text zu liefern: *Wenn der Wohntypus dem Menschentypus entsprechen soll, so kann man sich als Bewohner dieser Häuser eigentlich nur eine bestimmte Art von Intellektuellen denken, jene Sonderlinge, welche unbeschwert von ›historischem Ballast‹ unsentimental, freizügig und heimatlos, von allen Bindungen sich lösend, solch ein Nomadenzelt aus Beton und Stahl vielleicht bewohnen möchten.* (W. Hegemann, nach Lit. 15, S. 65) Diese Identifikation von räumlicher Freizügigkeit mit physischer und psychischer Ungebundenheit, die Gleichsetzung von Wahlfreiheit mit kultureller Zügellosigkeit, der Ersatz von *Erdverbundenheit* durch die unterstellte Aufforderung zum nomadisierenden Herumstreifen, all das sind Gegensätze, die nach 1945 wieder im Gespräch sind, jetzt allerdings mit anderer moralischer und politischer Gewichtung und vor allem leidenschaftsloser.

Der Krieg hatte ein Deutschland hinterlassen, in dem sich kaum einer an dem Ort wiederfand, an dem er zuvor gewesen war. Nicht nur die 12

»Ein sanftes Dach wie eine Wolkenlandschaft«, Zeichnung Frei Otto, 1980

Millionen Flüchtlinge bilden den tragischen Hintergrund einer Diskussion über das Verhältnis von *Mensch und Raum*, das im *Darmstädter Gespräch* von 1951 Gegenstand philosophischer und ästhetischer Ortsbestimmung war. Wenngleich Frei Otto durch Hans Schoszberger nur Kenntnis dieser Podiumsdiskussion erhalten hat, seine Position zwischen *verortender* Sinnsuche eines Martin Heidegger, und ganz unsentimentalem Bekenntnis zur Faktizität der Geschichte Egon Eiermanns, ist unzweideutig. Die Moderne hat in ihrer zweiten und dritten Generation realitätsbezogene, wenngleich nicht hoffnungslose Menschen hervorgebracht, für die Egon Eiermanns Statement von 1951 kennzeichnend bleibt:

Nun ist etwas Grandioses geschehen. Wir sehen, daß auf der ganzen Welt Annäherungen stattfinden, wie sie früher durch den Mangel der Technik nicht möglich waren. Wir spüren, daß sich Grenzen öffnen, und wenn ich an die alten Städte mit ihren Mauern und ihrem Gewinkel denke, die da sind, und ich denke an die planenden Ideen von heute, dann weiß ich, was da sein wird... Je mehr ich also in die Zukunft schreite, je mehr ich blind an sie glaube, um so besser wird sie sein,...

Freilichtbühne am Killesberg, Stuttgart, Zeichnung Frei Otto, 1955   *Modell des offenen und geschlossenen Daches*

Wenn wir nun damit die Begriffe der Heimatlosigkeit in Kauf nehmen müssen, so tue ich das gern; denn die Heimat von früher mit Volksliedgesang existiert nicht mehr: Ich habe eine neue Heimat, die dann die Welt sein wird. Und ein wenig später folgt der programmatische Satz: *Wenn wir von Heimatlosigkeit sprechen, und ich soll bauen, dann sage ich: Gut, ich gestalte die Heimatlosigkeit.* (Lit. 10, S. 137) Eiermanns Position eines utopischen Pragmatismus hat die Architektur mit der Fähigkeit des Opponierens verbunden, und Hans Schwippert lieferte diesem Modell die sichtbaren Zeichen: *Ist es nicht merkwürdig, daß wir in Jahren, in denen die Zerstörung über uns kam, in Jahren, in denen wir nicht wissen, welche Zerstörungen noch vor uns sind, rund um die Welt ein Gebot des Bauens verspüren, das alles andere ist als Fluchtburg? Ist es nicht merkwürdig, daß, statt Fluchtburgen zu bauen, rund um die Welt die guten Baumeister Zelte bauen, leichte offene Dinge, und liegt nicht diese Weise, einem inneren Gebot zufolge, auf eine merkwürdige Art quer zu dem, was eigentlich aus naheliegendem Menschenverstand von uns verlangt wird?* (Lit. 10, S. 86) Dieses subversive Opponieren einer leichten und offenen Architektur gegen Monumentalität und Zwang, diese irrationale Gebärde filigraner Bauten gegen Todesmaschinen,

dieses Prinzip Hoffnung im Reiche alltäglicher Erfahrung – diese Merkmale sind es vor allem, diese Zeichen einer Architektur der Freiheit, die Otto im Zelt elementar verkörpert sieht.

Plädoyer für den Gebrauch

Seit Mitte der 50er Jahre arbeitet Frei Otto mit dem größten Zeltbauunternehmen Deutschlands, L. Stromeyer & Co. in Konstanz, zusammen und entwickelt hier seine ersten Modelle und Prototypen. Es sind zunächst einmal Experimente, denn der Zeltbau, obgleich uralt, ist wissenschaftlich noch gar nicht erforscht: *Da hatte ich als Student Dächer entworfen und konstruiert*, so beschrieb Otto seine Empfindungen beim ersten Besuch in Stromeyers Fabrik, *hatte erfahren, daß Spannweiten von 15 Metern und darüber im Bauwesen schon ›groß‹ sind, daß man viel von Statik verstehen muß und daß große Spannweiten die ganz hohe Schule sind, an die sich nur erfahrendste Fachleute nach gründlichsten wissenschaftlichen Recherchen herantrauen dürfen. Nun sah ich, wie offenbar seit vielen Jahrzehnten Riesendächer von Sattler-*

meistern zusammengenäht wurden, ohne geringste Kenntnis von der Statik leichter Flächentragwerke, und es war offensichtlich, daß solche Zelte darunter sein mußten, die wirklich standfest waren, die größte Stürme und selbst Schneelasten aushielten. War das Scharlatanerie oder Leichtsinn?... Ich sah: es war nichts anderes als Handwerk. (Lit. 24, Nr. 16, S. 12) Durch die Technik des Hohlschnittes hatten diese Zeltbauer eine erstaunlich große Annäherung an die mathematisch-physikalisch bestimmte Minimalfläche erreicht, die mathematisch erst etwa seit 1970 berechnet werden kann. Ottos Versuche mit Membranen und gespannten Netzen, mit lichtdurchlässigen, wärme- und schallisolierenden Dachhäuten, mit Materialminimierungen getreu Buckminster Fullers Devise: *Wenn man feststellen will, auf welcher Entwicklungsstufe ein Gebäude steht, so braucht man es nur zu wiegen* (Deutsche Bauzeitung, 1960, S. 352), seine Untersuchungen der Buckel- und Wellenflächen sind mithin Pioniertaten im Zeltbau. Otto arbeitet in diesen Jahren an vielen Problemen gleichzeitig. Die Variabilität seiner gefundenen Einzelformen hält er in nahezu unzähligen Systemskizzen fest, die, in einem logisch generativen Prozeß gewonnen, wiederum eine Unzahl von Bauformen ergeben. Wie Gropius mit seinem *Baukasten im Großen* eine Vielzahl möglicher Raumkombinationen bereitgestellt hatte, so ergeben diese Systeme eine beinahe unendlich scheinende Kombinationsvielfalt von Dachkonstruktionen. Mit gleicher Intensität betreibt Frei Otto Materialstudien, denn der Zeltbau steht und fällt mit der Güte und exakten Verarbeitung seiner Baustoffe. Noch stehen die Forschungen der chemischen Industrie am Anfang einer sich immer schneller vollziehenden Entwicklung, aber es zeichnet sich bereits ab, daß die Bestrebungen des Membranbaues nach Haltbarkeit, Transparenz und Farbigkeit mit den neuen synthetischen Materialien eher umzusetzen sein werden, als das die bekannten Baumwollgewebe bisher hatten leisten können. Zur Anwendung kommt Ottos geistige Pendelbewegung zwischen wissenschaftlicher Entdeckung und architektonischer Formung in zahlreichen Bauprojekten, die in den meisten Fällen jedoch nicht ausgeführt werden. So sein Entwurf für die Freilichtbühne am Stuttgarter Killesberg, für die er ein freitragendes 54 x 64 m überspannendes Sternwellenzelt als Bedachung entwickelt, aus einem ungefärbten, hoch transparenten Tuch, das es aber leider noch nicht gibt. Eine Variante zu diesem Sommerzelt stellt er kurze Zeit später vor, ein wandelbares Dach, das von einem zwischen zwei Bogen vorgespannten Seilnetz gebildet wird, unter dem ein Segel aus dünnem Tuch je nach Bedarf vollmechanisch ausfahrbar ist. Die Bögen und das Netz sind als Dauerbauten konzipiert, das Tuch sei alle zehn Jahre zu ersetzen, so mutmaßt Otto. Die Sternwelle wie der Bogen mit dem Raffsegel blieben unausgeführte Projekte, mit ihnen hat Otto entscheidende Formfindungen erreicht, die in immer perfekteren Varianten in seinen Arbeiten wieder auftauchen werden.

Gleichzeitig betreibt Otto Brotarbeit, er nimmt an Wettbewerben teil, oft erfolglos, profitiert aber wie viele seiner Kollegen von der regen Bautätigkeit der Kirchen, die dem Zeltbauer eine Kuriosität beschert, aber auch einen Erfolg, denn dieses Mal wird sein Vorschlag realisiert. Der katholische Missionar Schulte, auch *der fliegende Pater* genannt, will einen transportablen Leichtbau, der zugleich Flugzeughangar und Kirche sein kann. Man entscheidet sich für ein Wellenzelt von 12 Meter Spannweite, das mit gelbem Tuch für die 16 Doppeldecker der Flugschule und blauem Tuch für die Kirchenzelte bespannt ist. *Es ist sicher eine schwierige Aufgabe für einen Architekten, eine Kirche zu bauen, die zugleich Flugzeughangar ist, eine Aufgabe, die ganz unsere Zeit widerspiegelt...* lautet der Kommentar Ottos im Erläuterungsbericht. Dieser Zeitgeist offenbart sich für ihn in der Anpassungsfähigkeit, in der Mobilität und Offenheit von Bauten und der sie benutzenden Menschen, womit vorausgesetzt ist, daß allein die konkrete soziale Handlung den Sinn eines Ortes konstituiert. Da für ihn die undefinierte Nutzung ausschließlich positiv besetzt ist, steht er wenig später irritiert

»Der fliegende Pater«   Kamelhöckerzelte, 1955

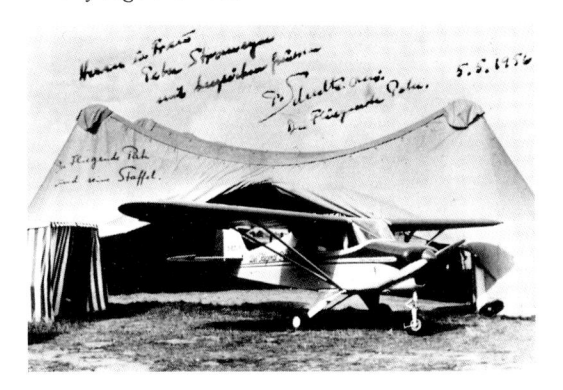

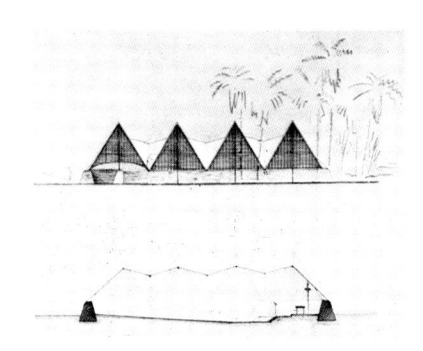

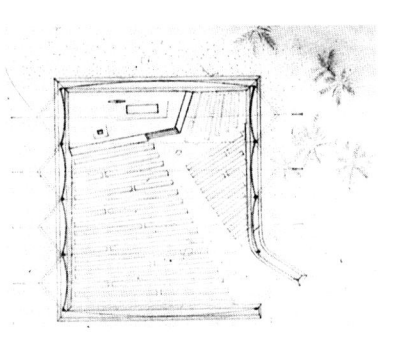

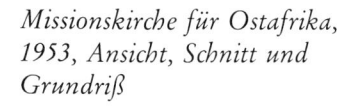

Missionskirche für Ostafrika, 1953, Ansicht, Schnitt und Grundriß

Kirche »Zur Heimat« in Berlin Zehlendorf, 1955/56, Modell

Evangelische Kirche in Berlin Gropiusstadt, 1965, Tüllmodelle

Stadthalle Bremen, 1957, Wettbewerbsmodell

der Tatsache gegenüber, daß ausgerechnet die von Stromeyer serienmäßig produzierten Kamelhöckerzelte des Pater Schultc inzwischen *Kriegsgerät* (Frei Otto) für die neu aufgebaute Bundeswehr geworden sind. Die Vieldeutigkeit, die die Konstruktion ohne Interpretation eben zuläßt, hat immer Umnutzer und sogar mißbräuchliche Nutzer auf den Plan gerufen. Schließlich kennt man auch das Zelt aus unterschiedlichsten Verwendungszusammenhängen als einfaches Nomadenzelt, als pompös ausgestattetes Festzelt, als karges Militär- oder buntes Zirkuszelt. Daß Bedeutung sich durch den Gebrauch konstituiert (Ludwig Wittgenstein) – diese Definition mag erklären, warum sich auch der symbolisch definierte und konstruktiv an eindeutigem Gebrauch gefesselte Bau der Um-, Neu- und Mißinterpretation nicht verschließen kann – ein Tatbestand, der sich heute in der Praxis der Umnutzung von Gebäuden sogar besonderer Wertschätzung erfreut. Dennoch, auch Frei Otto sieht die Notwendigkeit, seine Architektursprache an Bedeutungsträger zu binden. Auch er weiß, daß Variabilität nicht gleichzusetzen ist mit öder Bedeutungslosigkeit. In einem ganz ähnlichen Missionsprojekt setzt Otto unmißverständlich die Zeichen, die für seine Architektursemiotik stehen.

Die evangelische Kirche für 600 Personen in Ostafrika konzipiert er als Mischform zwischen stationärem Bau und temporärer Bedachung. Über einem rechteckigen Grundriß, dessen Steinfundamente von der *Gemeinde selbst errichtet werden sollten* (Frei Otto), denkt er sich ein wellenförmig hängendes Dach aus einem leichten kunststoffgeschützten Glasgewebe, das man auch ohne wesentliche Verteuerung massiv herstellen könne. Wenn auch der Sakralraum im Grundriß fixiert ist, plädiert Otto jedoch im Hinblick auf die Mentalität der Eingeborenen für das Zeltdach, da es weniger *einschüchternd* wirke. Mit diesem Hinweis auf die andere Kultur, auf andere Erlebnis- und Bewußtseinsformen, führt er eine Wirkungsweise des Zeltes ins Feld, die ein zuweilen borniertes Missionsempfinden architektonisch zu mildern versteht. Eine temporäre Bedachung wie das Zelt erzeuge nämlich nicht den Eindruck eines Bauwerks, sie wirke vielmehr als *Erscheinung, als Erlebnis, ... als Eigenschaft eines Ortes.* (Bauwelt 1955, S. 284)

Dem Zelt wird demnach eine doppelte Qualität zugemessen. Einerseits vermag es sich den Besonderheiten der landschaftlichen Situation anzupassen und andererseits, als Folge davon, dominiert es den Raum nicht als unumgänglich befestigten architektonischen Ort. Damit hat das Zelt zwar die Fähigkeit *Wirkpunkt* (Hans Scharoun) zu sein und als solcher Orientierung zu verschaffen, aber eben wesentlich als Funktion des Ortes, dem es dient. Dieser Anpassungsfähigkeit an die jeweilige Besonderheit der Umgebung verdanken Ottos Zelte die unverwechselbare Morphologie, die als zeitlich begrenzte konzipiert ist, die verschwinden kann, sobald die Bedürfnisse dies erfordern, die man genauso gut beibehalten, vergrößern und verändern kann. Dem herkömmlichen ästhetischen Urteil muß diese Natur des *(vor-)architektonischen* (Gottfried Semper) denn auch suspekt sein. Einem Architekturbegriff, der sich im Fassadenbild erfüllt und in äußerster Konsequenz die monumentale Erscheinung meint, gilt Frei Ottos respektloser Angriff, den er mit dem Hinweis führt, daß Architektur keineswegs versteinert sein muß, weil Grund- und Aufriß als Funktion des realen Lebensprozesses naturgemäß Veränderungen unterliegen. Damit kündigt sich an, welchen Bauaufgaben sich diese Architekturauffassung künftig empfehlen wird. Zwar hat Ottos Ästhetik der Veränderbarkeit und Freizügigkeit im Kirchenbau der Nachkriegszeit noch ein gewisses Gewicht. Die *Evangelische Akademie,* die am Berliner Wannsee regelmäßig zu Architekturtagen lädt, um zu fragen: *Können wir noch Kirchen bauen?* mag sich kurzzeitig auf ein urchristliches Selbstverständnis berufen und in architektonischen Interpretationen die ursprüngliche Bedeutung des Wortes Ecclesia bezeichnet finden. Diesem Verständnis jedenfalls verdankt Otto beim *Wettbewerb um die Kirche zur Heimat* (!) in Berlin-Zehlendorf 1955 immerhin einen dritten Preis, der *völlig neuartigen Vorstellung eines Kirchen- und Feierraumes, seiner hohen Qualität wegen und der darin enthaltenen richtungsweisenden Ideen.* (Bauwelt 1956, S. 339). Unter einem hängenden Leichtbetondach, das von außen mit farbigen Glasplatten überzogen sein sollte, hätte ein Einheitsraum für das Gemeindeleben Platz geboten, der als Identifikationsangebot für ein Gefühl des demütigen Für- und Miteinander dem religiösen Selbstverständnis jener Aufbruchsjahre zu entsprechen wußte. Angeblich aber war das Dach nicht baubar, womit sich andeutet, daß der Wunsch nach Differenzierung und letztlich nach Hierarchisierung der Raumstrukturen sich langsam wieder durchsetzen wird. Jahre später betrachtet man Ottos Kirchenentwurf für die Gropiusstadt (1965), der den Kindergarten im Kultraum Kirche stattfinden läßt, als ganz und gar verfehlt; Otto hatte den Satz *Lasset die Kindlein zu mir kommen* für dieses Empfinden zu wörtlich genommen. So bleiben diese Projekte gut ausgearbeitete Entwürfe, und nur im eigentlichen Feld temporärer Bauten, den Ausstellungsgebäuden, kann Frei Otto schließlich die neuen Kenntnisse der Membranarchitektur anwenden und seine neu entwickelten Zeltformen realisieren.

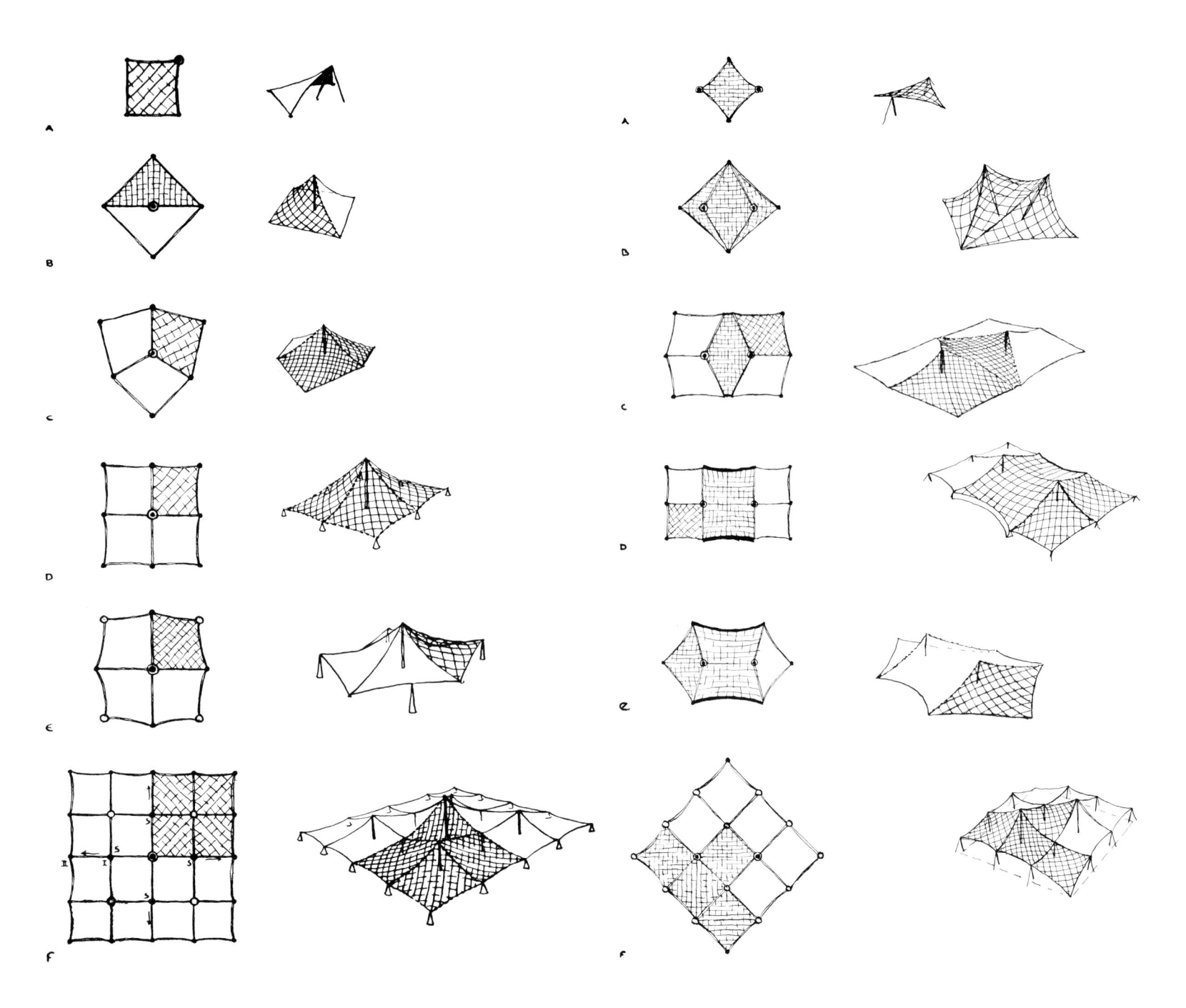

Systemskizzen zu Ein- und Vielpunktflächen, 1958. Diese Untersuchungen stehen in Zusammenhang mit der Erforschung und Entwicklung architektonischer Mustersprachen, die in der Entwicklungsstätte für den Leichtbau seit 1958 wesentlicher Bestandteil der wissenschaftlichen Arbeit war

45

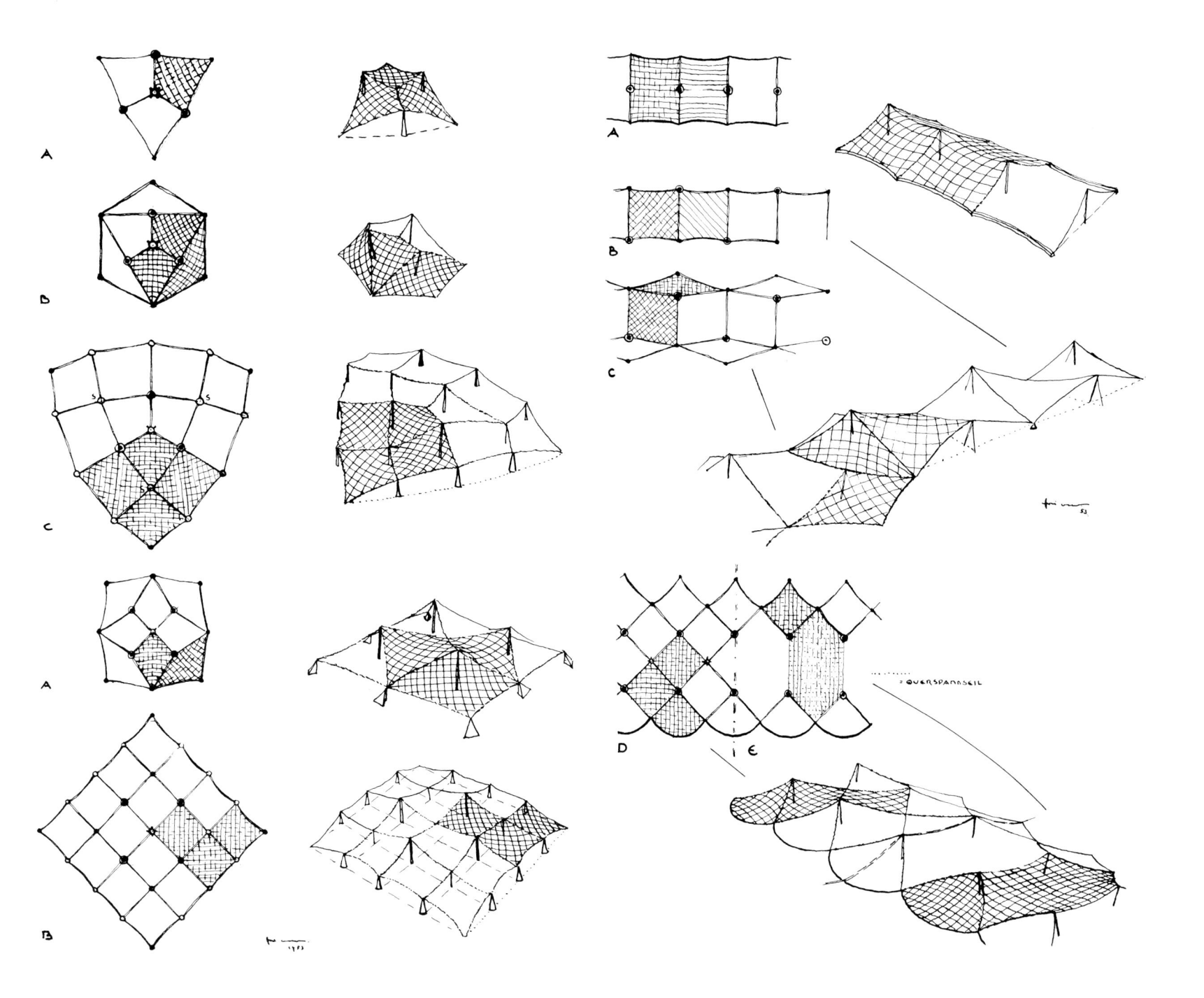

Ausstellungsbauten – Verbrauchsarchitektur?

Wiederaufbauarbeit erkennt in der Nachkriegszeit ihre friedvolle und anmutige Seite in den mit großem Aufwand betriebenen Bundesgartenschauen. Die festlichen Eröffnungen im Beisein des Bundespräsidenten Theodor Heuss machen deutlich, daß auch der Staat sich in solchem Rahmen gern und angemessen repräsentiert sieht. Diese Blumen- und Pflanzenschauen finden zunächst in einem Zweijahres-Turnus statt, sie werden jeweils von einer anderen Stadt ausgerichtet und erfreuen sich großer Beliebtheit. Um Besucherzahlen muß man sich noch keine Sorgen machen, den Fernsehdeutschen gibt es noch nicht, und Attraktionen werden gerne außer Haus gesucht. Auf der Schau in Kassel 1955 kann Frei Otto endlich bauen. Hermann Mattern, dort Professor an der Werkkunstschule und Organisator der Kasseler Bundesgartenschau, hat den Entwurf für die Killesberg-Überdachung gesehen und ist derart begeistert, daß er Stromeyer und Otto bittet, für die Fuldaaue einige Zelte zu bauen. Die Planung und Ausführung muß in sechs Wochen abgeschlossen sein, eine Vorgabe, die eingehalten wird, weil man auf Experimente und Studien zurückgreifen kann, die schon 1953 gemacht worden sind.

Drei Membrankonstruktionen werden gebaut, die sogenannten *Pilze*, Doppelmembranen aus weißem Baumwolltuch zwischen Holzringen gespreizt und auf Stahlrohrmaste gesetzt, die nachts von innen beleuchtet werden und einer Sitzgruppe Schutz vor Regen geben sollen. Dann der *Falter*, der erstmals das Wellenprinzip vorführt und als Schattendach an einem Hang aufgestellt wird, und schließlich der Musikpavillon, der erste Versuchsbau mit einer zwischen Randseilen vorgespannten Membrane aus weißem Baumwollschergewebe. Diese Vierpunktfläche, an zwei hohen und zwei tiefen Punkten befestigt, ist ein ›Klassiker‹, nicht nur deshalb, weil sie die *exakte geometrische Grundform eines zugbeanspruchten Flächentragwerks* (Lit. 5, S. 18) darstellt, sondern vorzugsweise wegen ihrer formalen Klarheit und Schönheit. Dieses Segel wird von Peter Stromeyer später in Serie gefertigt. Als Schattenspender schätzt man es aufgrund seiner Unaufdringlichkeit und Eleganz. Als Architektur gelten allerdings weder die Vierpunktfläche noch der *Falter*, auch die *Pilze* bewundert man vornehmlich des optischen Reizes wegen. Der Berichterstatter der »Bauwelt« lobt daher die Veranstalter, daß sie klugerweise auf neue störende Bauten in der Kasseler Fuldaaue verzichtet und statt dessen die wie zufällig hingestreuten Gebilde Frei Ottos aufgestellt haben, die ihm *wie Schöpfungen der Natur* erscheinen. (Bauwelt 1955, S. 550)

Ottos Zeltkonstruktionen sind ein voller Erfolg. Noch in Kassel bittet man ihn, auch für die Kölner Gartenschau 1957 zu arbeiten, und

Hotel-Eingangsüberdachung in Baden-Baden, 1956

Theodor Heuss vor den »Pilzen« der Bundesgartenschau Kassel, 1955

*»Musikpavillon« oder Vier-Punkt-Zelt und
»Falter«-Pavillon auf der Bundesgartenschau
Kassel, 1955*

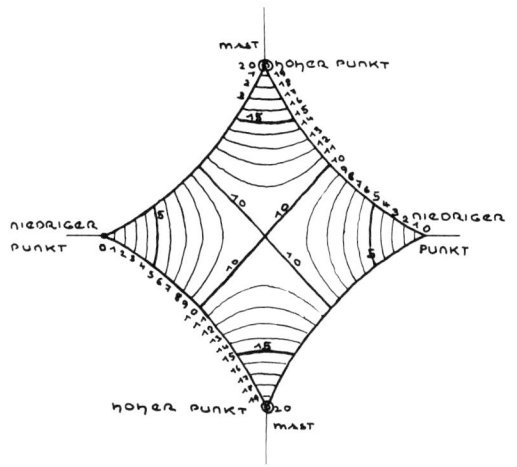

Zuschnittszeichnung für das Vier-Punkt-Zelt

jetzt endlich kann er seine Untersuchungen zum Wellenzelt und zum abgespannten Bogen auswerten. Für den 34 Meter breiten Eingangsbereich wählt Otto einen 19 cm dicken Stahlrohrbogen, der erstmalig von einem kunststoffbeschichteten Glasfasergewebe bedeckt ist, das, an vier Masten abgespannt, den Bogen stabilisiert; eine technische Leistung besonderer Art insofern, als man die Stabilität noch aufgrund der Genauigkeit von plus/minus einem Millimeter im Zuschnitt gewährleisten muß. Die Glanzleistung der Kölner Ausstellung aber ist das Tanzbrunnenzelt. Über einem Betonrondell inmitten eines Wasserbeckens hat Frei Otto eine aus weißem Baumwollsegeltuch hergestellte Sternwellenmembrane gespannt, deren beanspruchende Zugkräfte von eigens entwickelten, sehr leichten Stahlgittermasten aufgenommen werden. Der Eindruck des schwerelosen Schwebens ist dadurch perfekt, und wohl selten hat es eine Verdoppelung dieser Art gegeben, daß die Tänzerinnen unter dem Dach ihre durch *Hoffmanns Reisstärke* in den Zustand absoluter Biegesteifigkeit versetzten Unterröcke, die Petticoats, in der Form des schwingenden Daches über ihren Köpfen wiederfanden. Man muß Frei Otto, der des öfteren die Frage gestellt hat, ob es eine sinnliche oder gar erotische Architektur gäbe, in diesem Fall zustimmen.

Das Tanzbrunnenzelt und der Eingangsbogen waren die beherrschenden Blickpunkte dieser Bundesgartenschau, obgleich Frei Otto noch zwei weitere, allerdings kleinere Membranbauten für Köln entwickelt hat. Ein rotes Spitzzelt und ein hellgelbes Buckelzelt, die versteckt unter Bäumen am Rheinufer aufgestellt waren. Beide Zelte, das eine von einem hochaufragenden völlig frei im Zentrum stehenden spindelförmigen Mast unterstützt, das andere durch eine regenschirmartige Stabkonstruktion ausgerundet und aufgespreizt, wurden durch Bodenfangseile ungemein straff gespannt. Sie verfügten damit über eine unglaublich dynamische Linienführung, die die Grenze zwischen konstruktivem Aufbau und raumplastischer Erscheinung nahezu verwischte. Mit diesen Pavillons, diesen *Zeltplastiken*, wie man sie in Anlehnung an den Titel einer Ausstellung von Arbeiten Frei Ottos in der Berliner Buchhandlung Wasmuth 1956 nennen kann, gelingt dem Architekten die Fortführung seiner Kasseler Arbeiten und zugleich die Aktualisierung und Bereicherung einer ehemals hochkultivierten, in Vergessenheit geratenen Kunstform: der Gartenarchitektur. Jahrhundertelang hatte man entweder durch die Architektonisierung des Natürlichen oder die Naturalisierung des Architektonischen Zwittergeschöpfe von zuweilen verwirrender Schönheit geschaffen, in denen Architektur und Natur miteinander zu verschmelzen schienen. Frei Otto knüpft mit seinen Pilzen, Faltern oder Sternwellen an deren älteste und eindeutigste Form an, denn in dem, was später Pavillon genannt wird – die Vermutung, daß sich das Wort vom französischen papillon herleite, verdeutlicht die Intention der Naturalisierung – verbirgt sich nichts anderes als die Versteinerung des mittelalterlichen *pavillone*, der als Rund- oder Viereckzelt aus vielen Liebesgartendarstellungen überliefert ist, in der Romantik letztmals auflebt, um nun sogar den architektonisch fixierten Innenraum in zeltartig verarbeiteten Stoffdraperien aufzulösen. Schinkels *Zeltzimmer* in Schloß Charlottenhof ist nur ein Beispiel dieser Mode.

Mit den Kölner Bauten ist die Zeit der Etüden für Frei Otto im wesentlichen abgeschlossen. Er hat die entscheidenden Formen seiner Membranarchitektur entwickelt und auch realisiert. Vervollständigt wird die Reihe durch eine Zeltform, die er parallel zur Kölner Bundesgartenschau in Berlin anläßlich der INTERBAU errichtet, die am 6. Juli 1957 eröffnet wird. Vor dem Schloß Bellevue, unter einem Schutzdach Frei Ottos, erklingt Händels Concerto in D-Dur, der Bundespräsident und der Regierende Bürgermeister der Stadt halten die Eröffnungsansprachen. Dieser Festakt findet unter einer *Hoch-Tiefpunktfläche* statt, die aus einer seilbegrenzten, plastikbeschichteten Baumwollmembrane von 17,5 x 22,5 m besteht. An einem, das Zentrum bezeichnenden Punkt aufgespreizt, wird sie an vier flankierenden trichterförmig nach unten gezogen. Damit haben Otto und sein Team die Möglichkeit entdeckt, große Flächen bei gleichbleibender Dachhöhe zu überdecken. Es sind schließlich diese *Hoch-Tiefpunktflächen*, die dem Membranbau mit seinen begrenzten Spannweiten die Voraussetzung eröffnen, ins Reich der Architektur zu gelangen. Die Anlässe seiner architekturhistorischen Sternstunden werden dabei nach wie vor Ausstellungen sein.

Auf Gartenbau-, Landwirtschafts- und Vergnügungsveranstaltungen der kommenden Jahre sieht man vor allem Weiterentwicklungen dieser Typen, die manchmal übernommen werden, wie beispielsweise das Buckelzelt des Berliner *Interbau-Cafés* für die *Schweizerische Ausstellung für Frauenarbeit* (SAFFA) in Zürich 1958 und ein andermal weiterentwickelte Typen sind, wie die *Wellenhalle* auf der *Internationalen Gartenbauausstellung* in Hamburg 1963, die eine Kombination aus Wellenelementen und Vierpunktflächen darstellt.

Die eigentliche *Schlacht* aber ficht der Zeltbau auf den großen Weltausstellungen aus, die der spielerischen Seite der Garten- und Vergnügungsschauen den Ernst konkurrierender Wirtschaftsinteressen zur Seite stellen. Im internationalen Maßstab vollzieht sich hier der Kraftakt konkurrierender Gesellschaftssysteme vor den Augen der Welt mit den Mitteln des Bauens. *The architecture is the message* scheint der Leitsatz der Architekten zwischen 1958 und 1970 gewesen zu sein. Ihre Bauten sind von eminenter sozialhistorischer Aussagekraft, denn in ihnen kulminieren die kollektiven Sehnsüchte einer Epoche, die ohne Furcht in der *nutzlosen* Ausstellungsarchitektur durch das Mittel der Übertreibung ihre Paradigmen am eindeutigsten zur Schau stellt.

*Eingangsbogen auf dem Messe-
gelände in Köln, anläßlich der
Bundesgartenschau, 1957*

*Spitz-, Buckel- und Tanzbrunnen-
zelt auf der Bundesgartenschau
Köln, 1957 (folgende Seiten)*

50

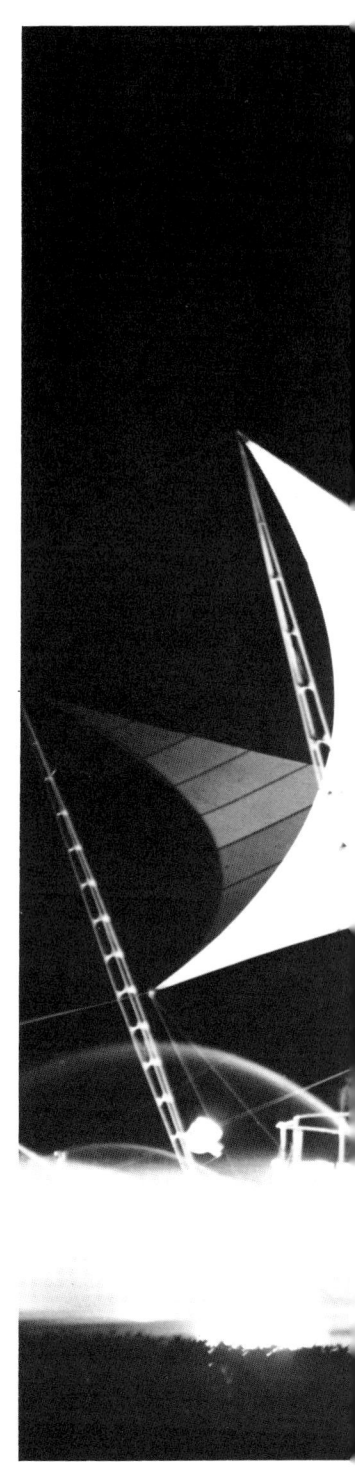

51

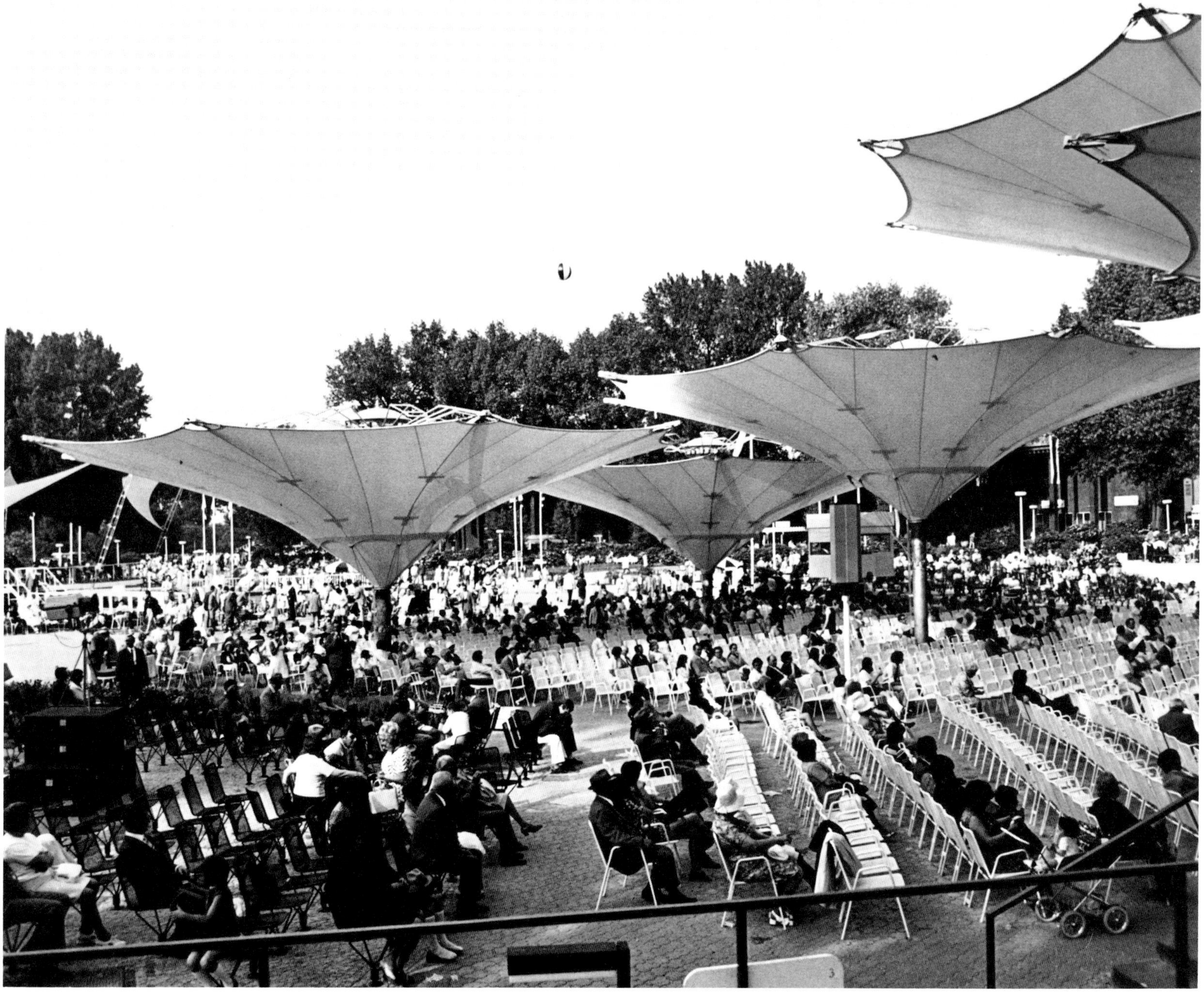

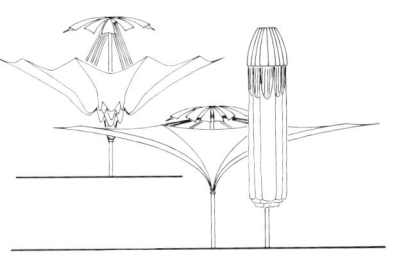

Wandelbare Großschirme für die Bundesgartenschau Köln, 1971 und schematische Darstellung des Öffnungsvorganges

Blick auf die Bundesgartenschau in Köln 1971. Im Vordergrund der alljährlich neu errichtete Eingangsbogen der BUGA 1957, im Hintergrund die Sternwelle über dem Tanzbrunnen

Großschirme für das barocke Heckentheater in Herrenhausen, 1977. Nach dem Prinzip der Schirme für die Rockgruppe »Pink Floyd« sollten die Schirme im Boden versenkbar sein

Großschirme für die Rock-Gruppe »Pink Floyd«, 1975. Die unsichtbaren, unter dem Bühnenboden versenkten Schirme konnten bei Regen automatisch ausgefahren und aufgespannt werden

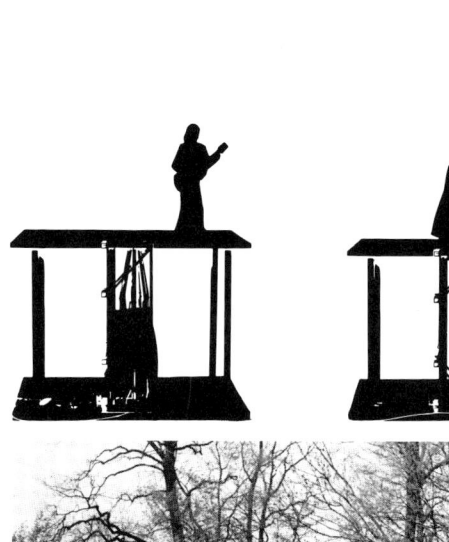

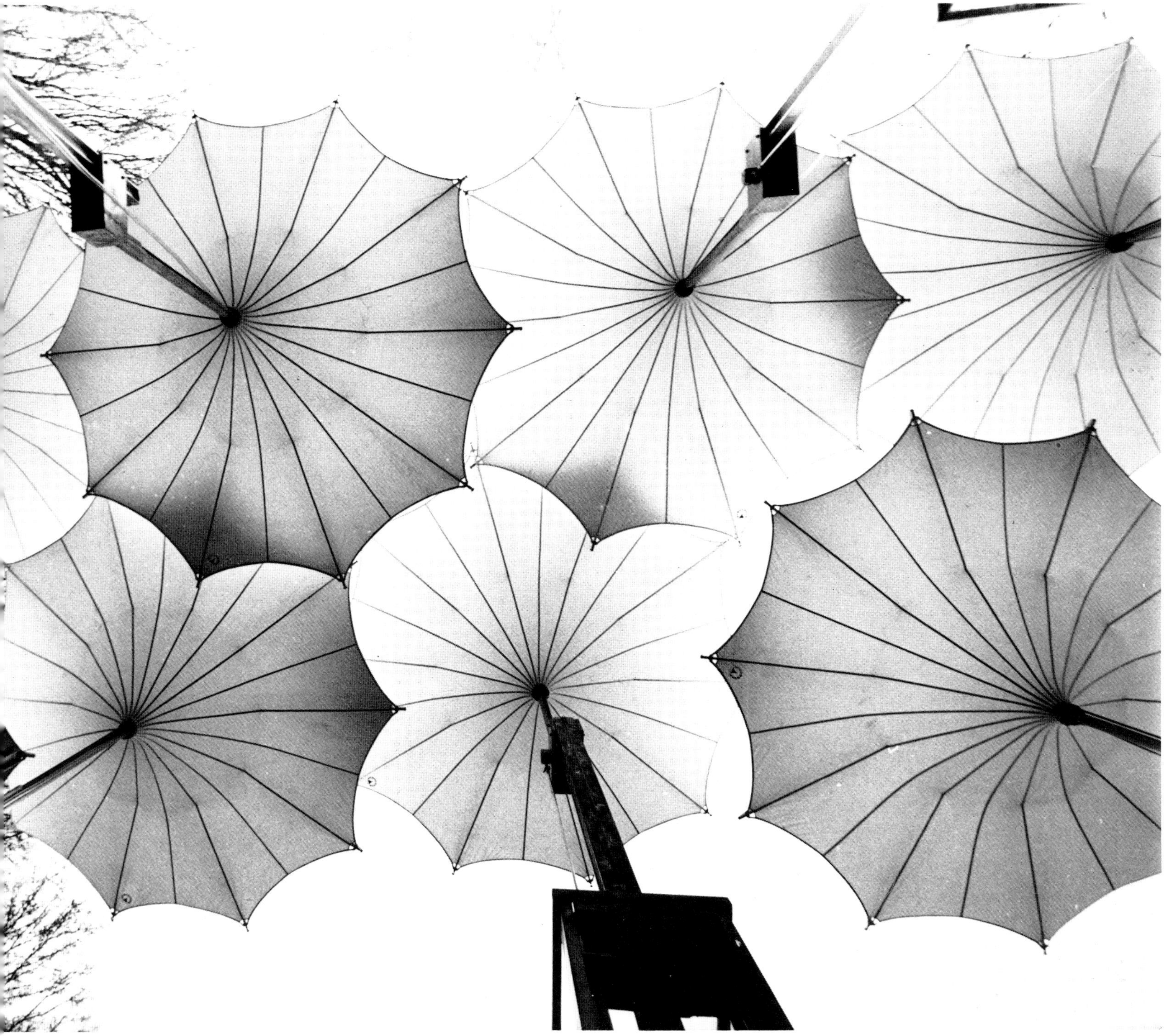

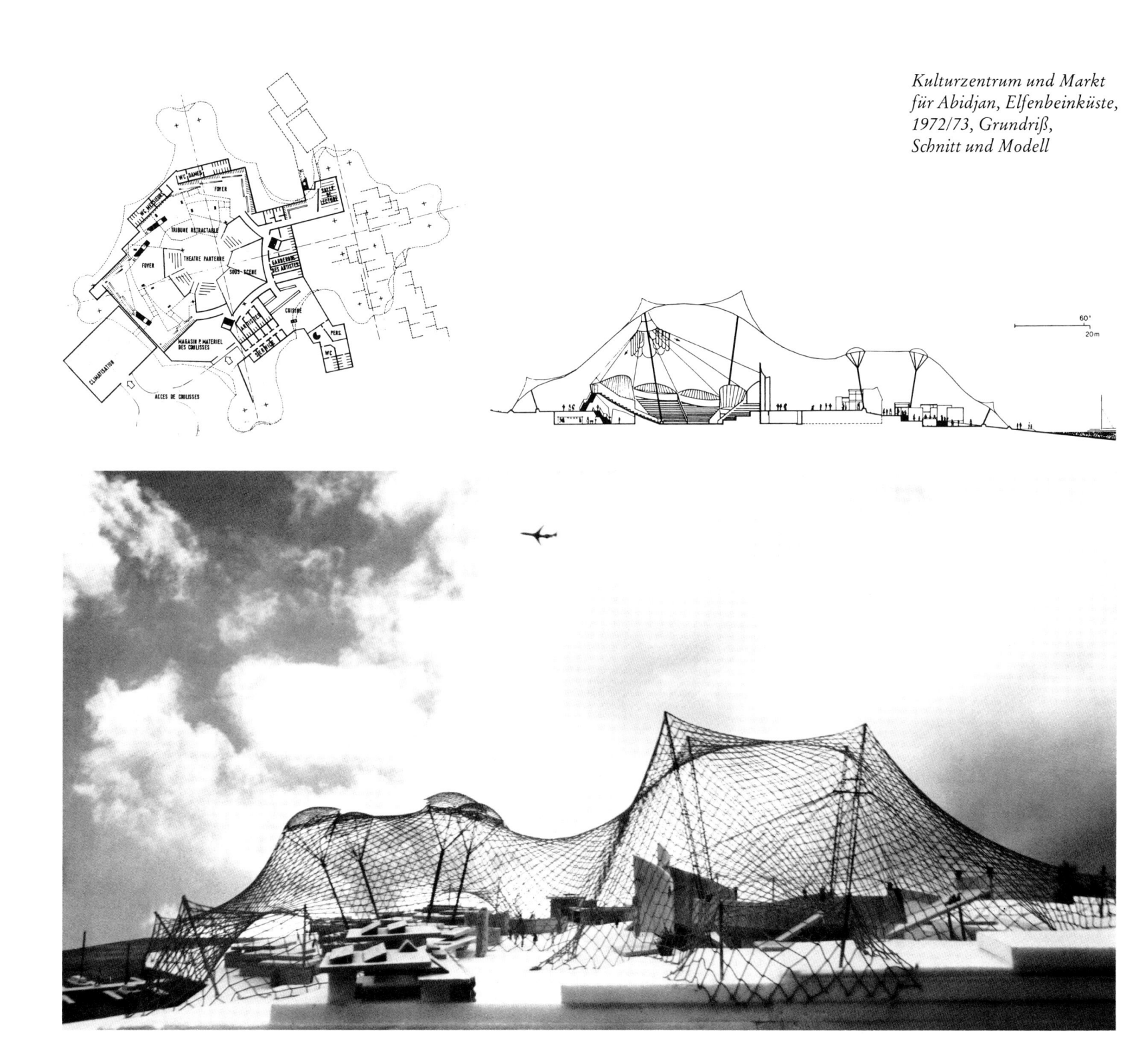

Kulturzentrum und Markt für Abidjan, Elfenbeinküste, 1972/73, Grundriß, Schnitt und Modell

*Freilichtbühne für
Scarborough, England, 1974,
Schnitt und Tüllmodell*

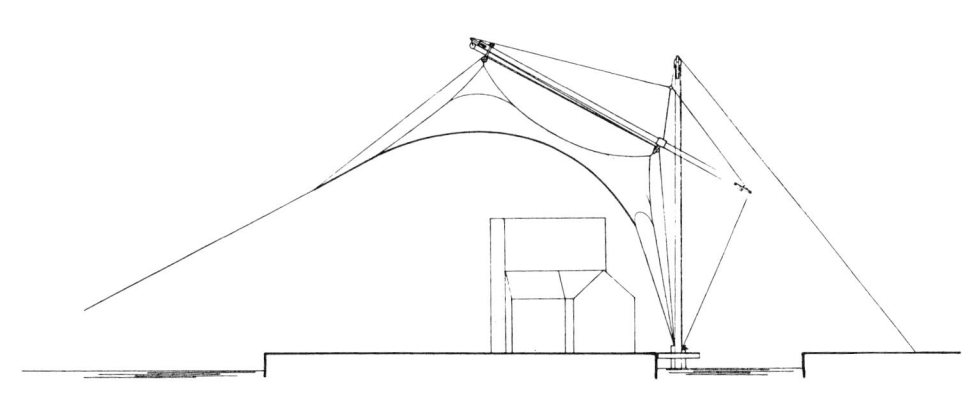

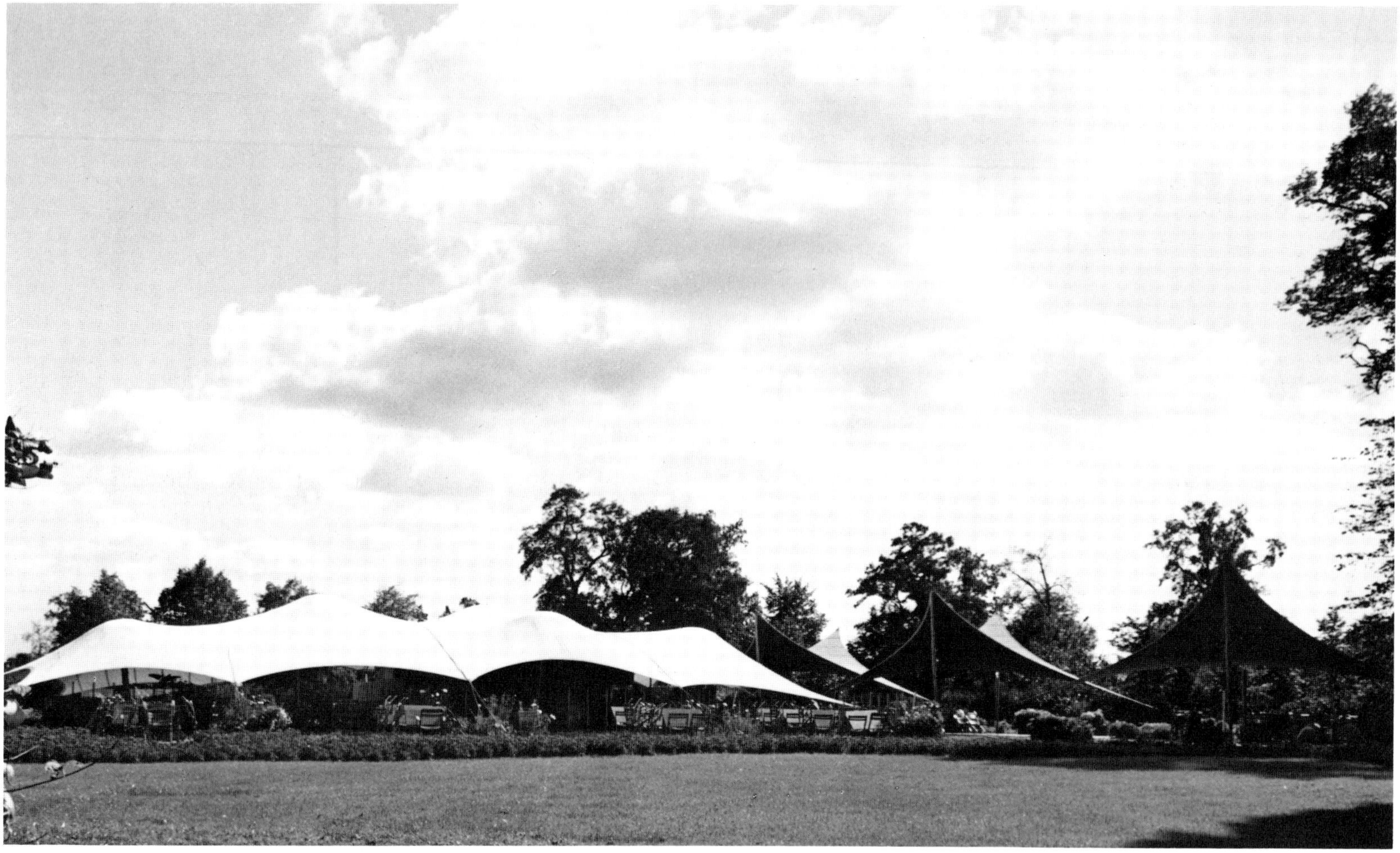

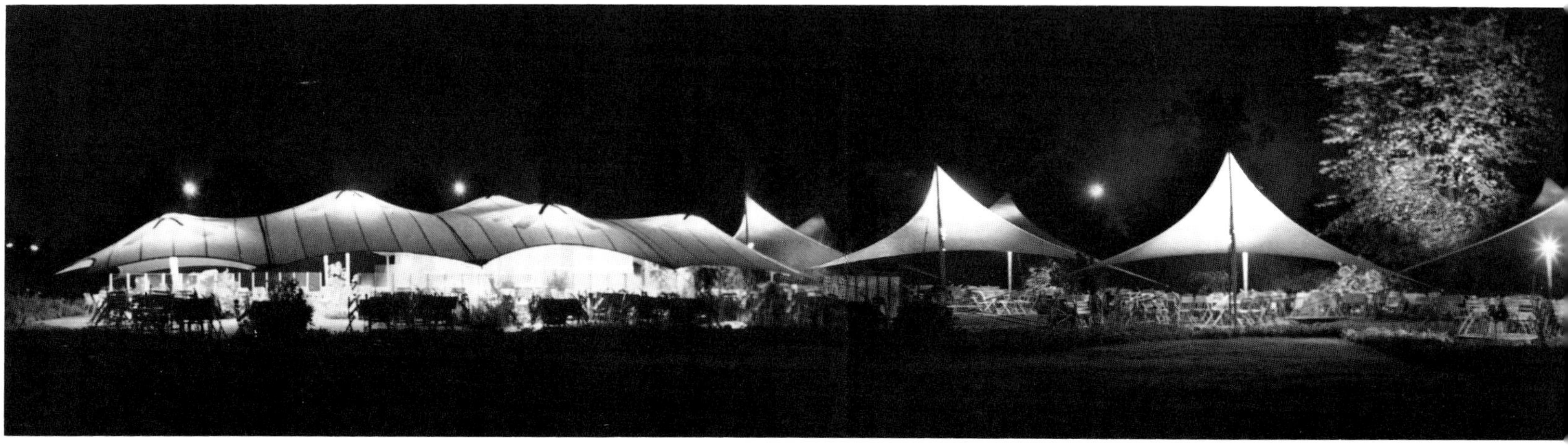

Bellevue-Gartencafé auf der INTERBAU Berlin, 1957

»Wellenhalle« auf der Internationalen Gartenbau-Ausstellung in Hamburg, 1963

*»Neige et Rocs«, farbige
Zeltgruppe auf der Schweizerischen
Landesausstellung
in Lausanne, 1964*

61

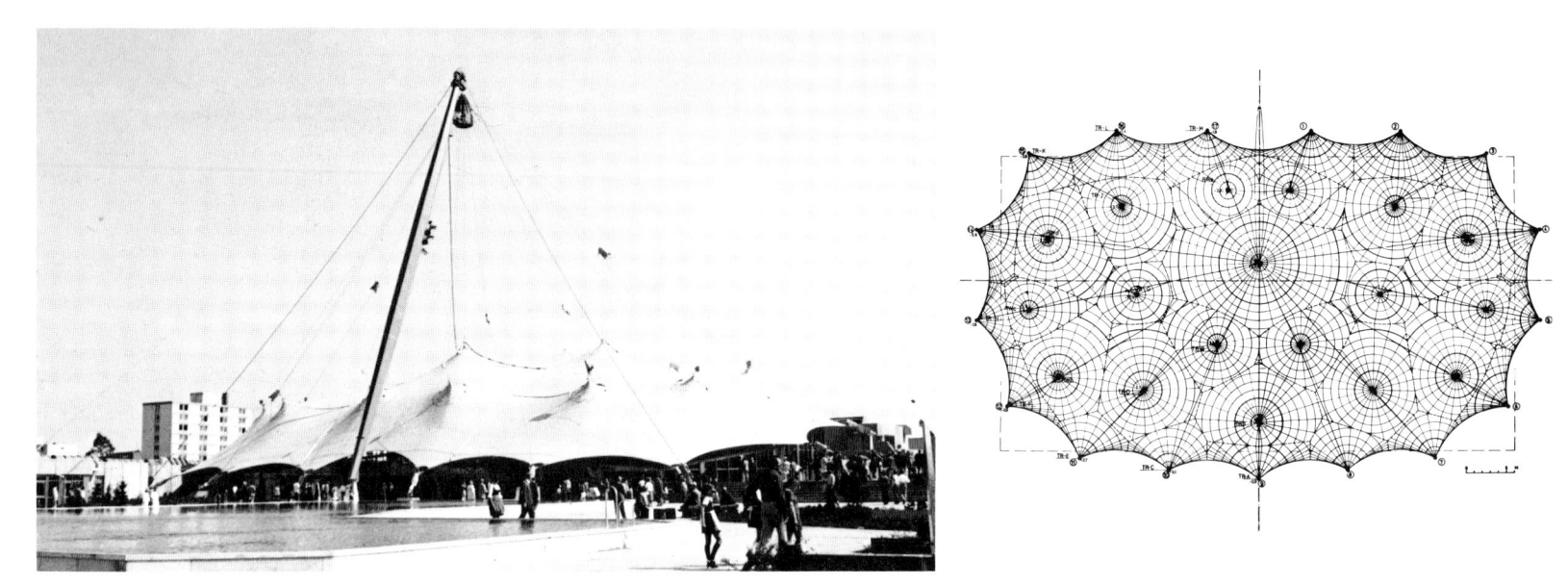

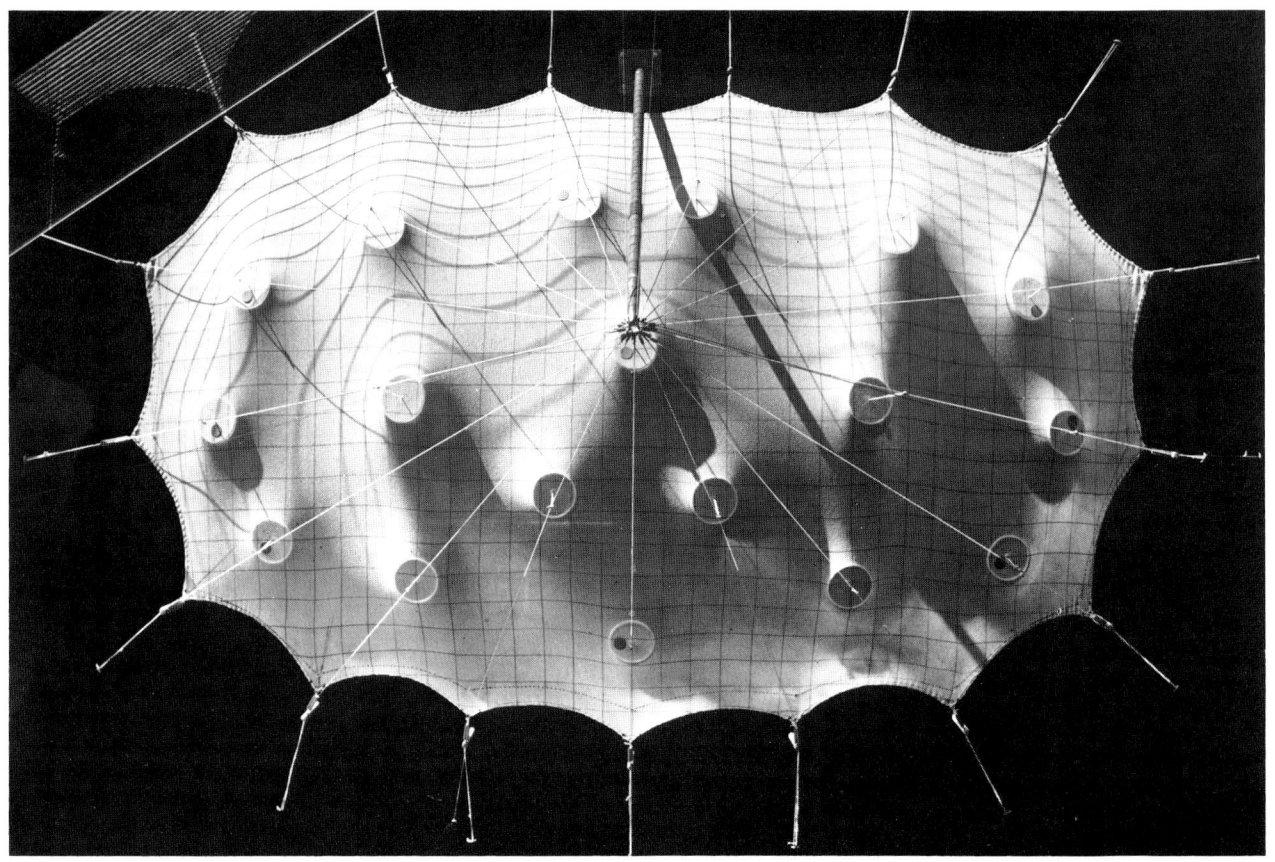

Allwetterbad in Regensburg, 1970/72, Ansicht, Aufsicht mit Höhenlinien und radialen Fallinien sowie Modell des wandelbaren Daches

Thermen in Baden-Baden, 1974, Modell der teilweise beweglichen Dachkonstruktion

Tribünenüberdachung für Böblingen, 1978, Schnitt und Wettbewerbsmodell

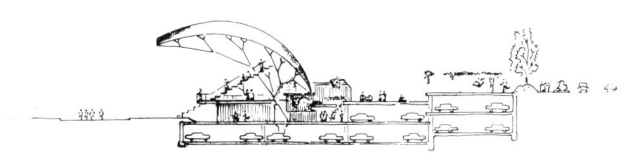

Freilichtbühne Masque de Fer, Cannes, 1965. Wandelbares Dach während des Ausfahrens

Freilichtbühne für Nijmwegen, 1960. Die drei einzelnen Dachelemente sind voneinander unabhängig raffbar

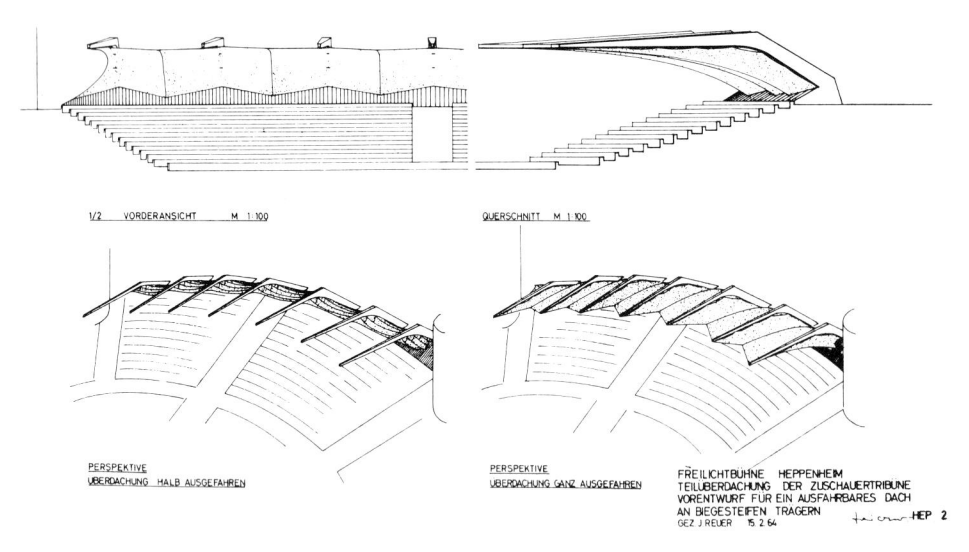

Freilichtbühne in Heppenheim, 1964, Schnitte und Tüllmodell

Freilichtbühne in Wunsiedel, 1963. Saisonales Dach über dem Zuschauerbereich; Schnitt, Blick auf die Bühne und auf die Zuschauertribüne

67

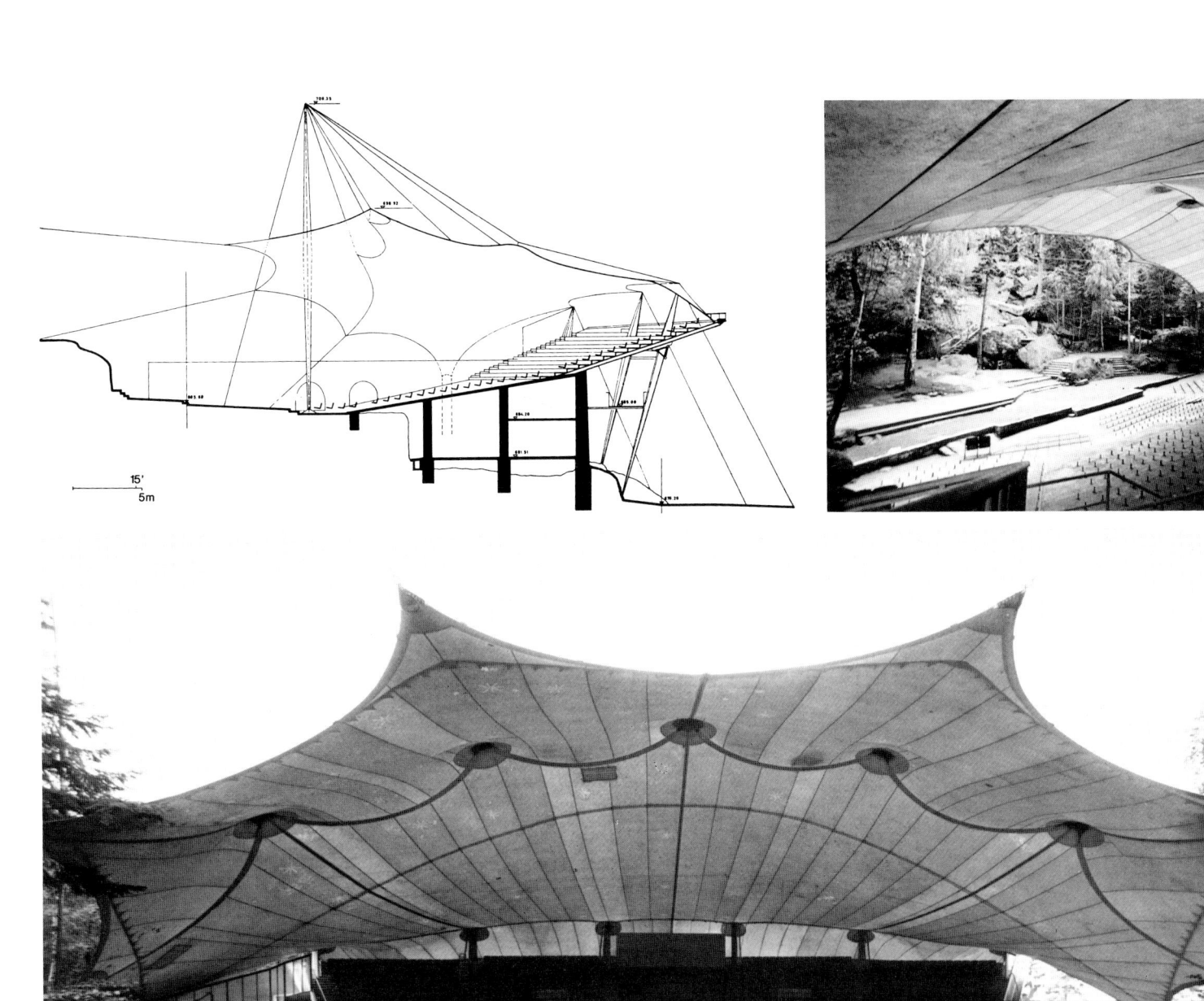

The architecture is the message – Bauten für Weltausstellungen

Für drei bedeutende Weltausstellungen nach dem Zweiten Weltkrieg ist Frei Otto tätig gewesen. Der Brüsseler Ausstellung von 1958 wollte er eine Attraktion bescheren, die jedoch an den finanziellen Beschränkungen scheiterte.

Auf der EXPO in Montreal, neun Jahre später, kann er Furioses realisieren: der *Deutsche Pavillon*, den er zusammen mit dem Büro Rolf Gutbrod konzipiert, macht Architekturgeschichte. Und der Weltausstellung in Osaka 1970 hätte er Bewährtes hinterlassen, doch einen Deutschen mochten manche Inder dann doch nicht als Interpreten ihrer Baukultur akzeptieren.

Die drei Entwürfe weisen viel Gemeinsames auf, obgleich sie sich in der konstruktiven Grundidee im einzelnen unterscheiden. Stets aber sind sie Spiegel des jeweiligen Kenntnisstandes ihres Urhebers und zeigen in der technischen Durcharbeitung immer größeres Raffinement. Durch die Wahl der Konstruktion und des Materials kann Otto seine Zelte allmählich aus dem Stadium zeitlicher Dauer in den Zustand dauerhafter Haltbarkeit überführen. Dabei bleibt er sich treu in der Beachtung des *Prinzips Leichtbau*, seine Zeltdächer sind wie eh und je materialoptimiert, hell und unaufdringlich und ermöglichen, auch wenn sie stationär und haltbar geplant sind, einen relativ einfachen Auf- und Abbau. In den drei Weltausstellungsbauten hat man daher den Aufstieg und die Wertschätzung von Frei Ottos Architektur und seines Architekturverständnisses exemplarisch vor Augen, allerdings auch dessen Demontage und Deformation. In Brüssel ist sein Entwurf über das Projektstadium nicht hinausgekommen, vielleicht deshalb, weil man das Wesen der neuen Schalen- und Hängekonstruktionen noch nicht wirklich begriffen hatte. Zwölf Jahre später, in Osaka, wird man es bereits nicht mehr begreifen, die Zeichen stehen auf Zukunfts-*Eroberung*, und das will Otto so nicht bieten. So sind die 60er Jahre, die in den USA und Europa vielerorts zum Experimentieren und Umdenken führten, die Zeit der Jugendrevolten, nicht zufällig die Folie für einen seiner größten Erfolge geworden.

Die Weltausstellung von 1958 steht noch ganz unter dem Eindruck des vergangenen Krieges. Das die Aussteller verpflichtende Thema *Bilanz einer Welt für eine menschlichere Welt* will die Völkerverständigung aktivieren und verpflichtet zu einer friedlichen Präsentation der Beteiligten. Es überwiegen Exponate aus dem kulturellen Bereich, man informiert über Sitten und Gebräuche in den einzelnen Ländern, baut, wie die Niederländer, ganze Landstriche *en miniature* nach, zeigt Kunstgewerbliches neben Produkten der Hochkultur. Alles in allem handelt es sich also um eine Schau friedvoller Absichten, die auf marktschreierische Konkurrenz zu verzichten vorgibt, um zu demonstrieren, daß die nationale Vielfalt nicht nur berechtigt, sondern wünschenswert ist. Diesem Verständnis eines unkomplizierten Internationalismus entspricht Frei Ottos Entwurf für ein *Wandertheater*, das der Impresario des belgischen *Theatre flottant*, das auf zwei Kähnen auf den Kanälen zwischen Paris und dem Meer unterwegs ist, in Auftrag gegeben hatte. Ein schwimmendes Theater, dem anläßlich der Ausstellung noch eines auf Rädern hinzugesellt werden soll, und dessen Spielorte die Beneluxländer, Frankreich, Deutschland und die Schweiz im Sommer, Spanien und Italien im Winter sind. Ein Raum für 2000 Besucher gilt als Planungsvorgabe. Otto entscheidet sich für einen amphitheatralischen Grundriß, den er für angemessen hält, um die Tradition des Volkstheaters mit seiner großen Nähe zwischen Zuschauern und Akteuren fortzuführen. Ein schneller Auf- und Abbau des Bühnen- und Zuschauerbereiches ist gewährleistet, denn das Bühnenpodium wird aus Tafeln und Böcken zu einem Kreis zusammengesetzt, und die Sitzschale entsteht aus trapezförmigen Aluminiumblechelementen, an denen die Sitze aus Holz und Tuch befestigt werden. Gewöhnlich spielt man unter freiem Himmel, und nur wenn die Witterungsbedingungen oder die dramatische Aktion eine Abdeckung erfordern, kann ein zwölfmastiges Sternwellenzelt aufgespannt werden, das die Gattung der Festzelte um eine formschön-prächtige Variante bereichert: Die Dachfläche soll aus hellgrauem Baumwollschergewebe bestehen, die Bühnenrückwand in Grün gehalten sein und die Eingangsöffnungen einladend Purpurrot mit Weiß versetzt erstrahlen. Auf 50 Fahrzeugen kann der Ausstattungs- und Architekturapparat transportiert werden, ein wahrhaft variables, anpassungsfähiges Theater, ein Zelt, eine ideale Lösung für einen mobilen Raum.

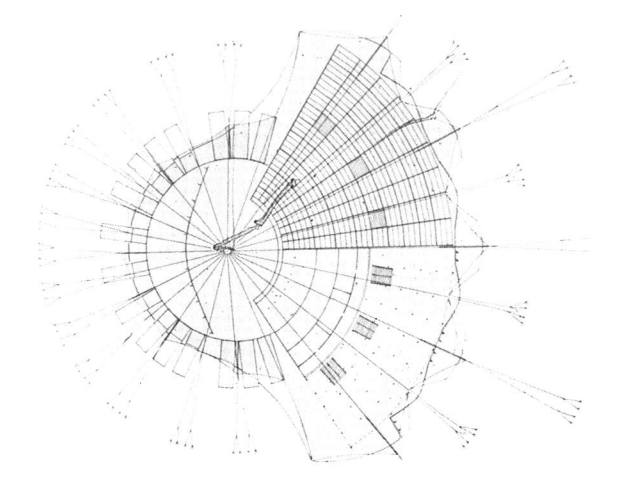

Entwurf für ein Wandertheater anläßlich der Weltausstellung in Brüssel 1958. Grundriß, Schnitt und Fotomontage mit Zeichnung von Frei Otto

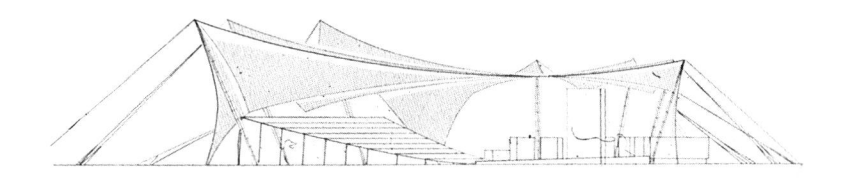

Frei Ottos Wandertheater konnte in Brüssel nicht bestaunt werden, und man mag zweifeln, ob es in die Reihe der Architekturattraktionen eingereiht worden wäre, obwohl es wie die meisten Ausstellungsbauten ein hervorragendes Beispiel der neuen Hängedachkonstruktion gewesen wäre. Doch fast alle Pavillonbauten, der französische von Gillet, Sarger und Prouvé, der amerikanische von Stone, der brasilianische, den die Architekten Bernades und Marx mit einem Seilträgernetz überspannt hatten, der Bau der *Europäischen Gemeinschaft für Kohle und Stahl* mit einem angehängten Dach und das *Beneluxtor* (Jeanne, Pirnay, Martin), dessen Dach an einem Gittermast hängt, waren aus den Ewigkeitsmaterialien Stahl und Beton hergestellt worden. Nur dort, wo man wirklich leichte Zeltkonstruktionen bauen wollte, wie beim Pavillon *Marie Thumas* des Lebensmittelkonserven-Giganten *La Commerciale des Conserves* der Architekten Baucher, Blondel, Filippone und Sarger arbeitete man mit Kunststoffhäuten, pigmentierte mit leichten Metallen wie Aluminium. Schon wissen die Baustoffkonzerne den Wunsch nach leichten Materialien für ihre Interessen zu nutzen. Der mit 25 000 Dollar dotierte *R. S. Reynolds Memorial Award*, ein Architekturpreis des amerikanischen Aluminiumherstellers *Reynolds Metals Company* geht 1958 an die belgischen Architekten, die das *Palais des Transports* von der Fassadeneinkleidung über die Dacheindeckung, von den Fenstern bis zu den Pfetten und Windverbänden aus Aluminium hatten herstellen lassen, womit den leichten Metallen, den glänzenden Fassadeneinkleidungen programmiert zum Siegeszug verholfen wird. Im Gespräch aber sind vorerst noch die bewegten Formen, wie sie Le Corbusier in seinem *Philips-Pavillon* vorstellt und von dem er seinem Bauherrn mitteilt: *Ich mache Ihnen keinen Pavillon, sondern ein »elektronisches Gedicht«. Eine Flasche, deren Inhalt aus folgenden dichterischen Ingredienzien besteht: 1. Licht, 2. Farbe, 3. Bild, 4. Rhythmus, 5. Ton, 6. Architektur.* (Le Corbusier, 1958) Die skulpturalen Möglichkeiten des Betonschalenbaus überformt Le Corbusier zu einem Zeichen audiovisueller Sinnenfreude: Die hyperbolischen Parabeln sind in eine freitragende Betonkonstruktion umgesetzt, deren Deckenschalung aus 5 cm dicken Betonfertigteilen besteht, die in sphärisch gekrümmte Netze eingepaßt sind.

Hier ist sie wieder, die zum Symbol geronnene Konstruktion, die wie ein leichtes Zelt erscheint und sich unversehens zur Metapher monumentaler Schöpfungsmythologie vermummt. In diesen Jahren erregt so etwas Bewunderung. Eero Saarinens Flughafengebäude der TWA in New York Idlewild (1957) wegen seiner vier großen Stahlbetonschalen, die sich selbst zu tragen scheinen. Staunen überkommt gar manchen beim Anblick von Jørn Utzons Opernhaus für Sydney, mit den steil aufgerichteten Schalen über den Theatersälen und der Zwillingsschale über dem Restaurant. Mit barocker Fülle übertreten diese Gebilde die Grenze der Architektur, als Raumplastiken setzen sie Assoziationen

Ausstellungspavillon Marie Thumas, Weltausstellung Brüssel, 1958 (Blondel, Sarger u. a.)

Philips-Ausstellungspavillon, Weltausstellung Brüssel, 1958 (Le Corbusier)

frei. Der Flughafen mutet wie ein *hinwegfliegender Riesenvogel* (Architecture d'aujourd'hui, Juni 1964, S. 128) an, das Opernhaus wie großgespannte Segel der Schiffe, die dem Bau, auf einer Halbinsel in der Sydney-Bay gelegen, als Kulisse dienen. Dem kulturellen Selbstverständnis rationaler Strenge gesellt sich die pathetische Formel hinzu; zwischen Mies und Saarinen mag sich der Geschmack für eine architecture pure oder architecture parlante entscheiden, gleichermaßen Ausschließlichkeit beanspruchend.

Dem Wunsch nach Zeichen, nach Markierungen entspricht die Brüsseler Weltausstellungsarchitektur ganz und gar. In ihrem Emblem aber hat sie ehrlich und unverblümt den Inhalt dieser Verbildlichungen vorgestellt: das grenzenlose Vertrauen in die Wissenschaft. Das *Atomium*, die überdimensionierte naturalistische Nachbildung eines Eisenatoms, aluminiumverkleidet, ganz nackt und bar jeder künstlerischen Interpretation, gilt 13 Jahre nach Hiroshima und Nagasaki als Zeichen der friedlichen Nutzung der Atomenergie. Aber, so schreibt Frei Otto in seiner Kritik dieser Brüsseler Ereignisse, *dieser Bau scheint die Drohung zu symbolisieren, die vom Atom ausgeht. Wie soll man bei seinem Anblicke hoffen können, daß wir einer friedlichen Nutzung der Atomenergie entgegengehen?* (Lit. 23, Nr. 5, S. 11)

Im Inneren der Gebäude mochte man sich friedliebend geben, Weltraum*forschung* war ein publikumswirksames Thema, dem die Sowjetunion durch die Präsentation der Modelle von Sputnik I und Sputnik II – die Polarhündin Laika war damit als erstes Lebewesen in den Weltraum getragen worden – die Knalleffekte lieferte. Am Äußeren der Gebäude aber wurde bereits der Kampf der Giganten spürbar, eine Tatsache, die sich im finanziellen Aufwand niederschlug. Frei Ottos Kommentar 1958: *Die Ausstellung soll etwa 900 Millionen DM gekostet haben, sicher aber etwas mehr. Man kann damit in Deutschland 60 000 Wohnungen bauen oder aber eine Stadt mit allen Straßen, öffentlichen Gebäuden und 30 000 Wohnungen für 70 000 Einwohner!* (Lit. 23, Nr. 5, S. 12)

Die Tendenz zum reinen Wissenschafts- und Technologiewettbewerb vollendete bereits die Weltausstellung in Montreal 1967. Thematisch an Brüssel anknüpfend, wählte man hier das Motto nach einem Roman von Antoine de Saint-Exupéry, *Terre des Hommes*, im deutschen Sprachraum unter dem Titel *Wind, Sand und Sterne* bekannt. *Der Mensch und seine Welt* lautete die deutsche Variation der thematischen Vorgabe, mit der die 117 Wettbewerbsteilnehmer für den *Deutschen Pavillon* sich auseinanderzusetzen hatten. Unter dem Vorsitz von Egon Eiermann, dem Erbauer des deutschen Pavillons in Brüssel, zog das Preisgericht im Februar 1965 12 Arbeiten in die engere Auswahl, und vier Monate später wurde dem Team der Professoren Frei Otto und Rolf Gutbrod *der erste Preis zugeschlagen*, wesentlich durch die Fürsprache Egon Eiermanns, der das Problem der Nichtbaubarkeit der Ottoschen Dachkonstruktion argumentativ aus dem Wege räumen konnte. Das Preisgericht gab seiner Überzeugung Ausdruck, daß *es sich hier um einen Vorschlag handelt, der bei geringem Volumen und geringem Gewicht der Konstruktion sich durch eine Herstellung in Deutschland und einem leichten Transport nach Übersee als außerordentlich wirtschaftlich erweisen wird.* (Lit. 13, S. 3) So war es später der Begründung des Preisgerichtes zu entnehmen.

Der Pavillon sollte auf der Spitze von *Nôtre Dame*, einer im Sankt Lorenz Strom künstlich aufgeschütteten Insel auf einer Grundfläche von ca. 8000 m² entstehen. Für die Konzeption des Pavillons hatte sich das Architektenteam Gutbrod/Otto auf ein Leitmotiv geeinigt: die von *Menschenhand gestaltete Landschaft* (Lit. 13, S. 8). Derart hoffte man den Pavillon getreu der korrekten Übersetzung des Romantitels durch Frei Otto in ein *Stück Menschenerde* zu verwandeln. Rolf Gutbrod hatte im Stuttgarter Institut für leichte Flächentragwerke die ausgefeilte Version einer Hoch-Tiefpunktfläche gesehen. So ungefähr stellte er sich das Dach über einer menschengerechten Landschaft vor. In Zusammenarbeit mit Frei Otto entstanden die ersten Entwürfe für die Pavillon-Architektur und deren Bedachung. Mit großer Genauigkeit hatte man zuvor die landschaftliche Umgebung des Pavillons in Montreal studiert, denn die Durchdringung von Natur und Architektur war angestrebt. Daß der Bau auf hartem Felsgestein eines ehemaligen Urstromtales errichtet werden mußte, empfand man eher als Vorteil, denn das geschliffene Steingeröll und die imponierenden Findlinge konnten entweder zur Uferbefestigung verwendet oder direkt in den Pavillon integriert werden, so daß das Urgestein natürliche Akzente in die künstliche Landschaft setzte.

Nach längeren Diskussionen und Versuchen entschied sich das Architektenteam schließlich für einen aufgerissenen Rechteck-Grundriß, der von einer asymmetrischen Seilnetzkonstruktion an acht hohen und drei niedrigen Punkten überdacht sein sollte.

Seit der Begegnung mit Nowickis Entwurf zur Raleigh-Arena bei Fred Severud hatte sich Frei Otto experimentell und projektierend mit zugbeanspruchten Seilnetzsystemen beschäftigt, doch die meisten dieser Projekte waren Modellbauten geblieben. Eine konstruktiv wichtige Vorstufe des Montreal-Pavillons aber war 1964 ausgeführt worden. Für die *Schweizerische Landesausstellung* in Lausanne hatte Otto als Berater eines Schweizer Architekten die Zeltgruppe *Neige et Rocs* entwickelt, die eine Mischung aus Elementen des reinen Membranbaues und der Netzkonstruktionen darstellte. Hier hatte er Stahlseile verwendet, die von einem PVC-Profil ummantelt und direkt an die Zelthaut angenäht waren. Damit diente die Zelthaut *nur noch als Ausfachung, während die Stahlseilnetze* (Lit. 5, S. 22) jetzt die Hauptlasten aufnahmen. Die vollständige Trennung von tragendem Netz und abdeckender Haut

Aufrichtung des höchsten Mastes für den Pavillon der Bundesrepublik Deutschland auf der EXPO '67 in Montreal, im Winter 1965/66

vollzog sich dann im Montreal-Pavillon. An acht konisch geformten, geschweißten Stahlblechmasten, deren höchster die stattliche Länge von 37 m aufwies, und die ebenso wie das Seilnetz und die Dachhaut vorgefertigt aus Deutschland kamen, war innerhalb von dreieinhalb Wochen ein Stahlnetz angehängt und in weiteren fünf Wochen vorgespannt worden. Dieses Netz, das mit einer Maschenweite von 50 cm eine optimale Begehbarkeit garantierte, wurde in einem weiteren Arbeitsschritt mit der weißen, PVC-beschichteten Polyestergewebehaut verbunden, unter Spannung gebracht und durch die Montage der Augenverglasungen schließlich geschlossen. Diesem luftigen, hellen Dach, das wie eine schneebedeckte Hügelkette, wie eine Dachlandschaft über der Architektur lag und den Grundriß kaum noch ahnen ließ, sah man nicht mehr an, wieviel Arbeit am Modell, im Meß- oder Windkanal vorangegangen war. In seiner naturähnlichen Gestalt ließ es alle Berechnungen, bei denen Elektronenrechner konsequent eingesetzt worden waren, und die fotogrammetrischen Messungen vergessen. Der Innenraum erweckte den Anschein einer terrassierten Landschaft. Er war nur durch Höhenabstufungen gegliedert, für die Otto und seine Mitarbeiter ein stählernes Fachwerksystem entwickelt hatten, das man im Stuttgarter Institut noch heute in Gebrauch sieht. Trotz der weitgehend gelungenen Adaptation der Ausstellungsarchitektur an die umgebende Landschaft blieb Frei Otto unzufrieden, denn auf seine Lieblingsidee, unterhalb des großen Mastes ein dreidimensionales Seilnetz abzuspannen, um auf den so entstehenden Terrassen hängende Gärten anzulegen, hatte er verzichten müssen. In einem Gespräch mit Conrad Roland äußerte er sich noch vor Fertigstellung des Baues: *Ein Entwurfsgedanke, der Gutbrod und mir ganz besonders am Herzen liegt, wird in Montreal nur noch angedeutet sichtbar werden, nämlich die zusammenhängende grüne Parklandschaft, die den gesamten Pavillon durchziehen sollte, jene »Erholungslandschaft«, in die die Exponate unaufdringlich eingefügt werden.* (Baumeister 1966, S. 1376) Das genau ist sein Traumbild von Architektur: das Dach über der Landschaft.

Acht Jahre später aber gab es auch für ihn die Möglichkeit, diese Idee voll und ganz zu verwirklichen. Die Architekten Mutschler, Langner und Partner waren von der Stadt Mannheim mit der Projektierung der Bundesgartenschau des Jahres 1975 beauftragt worden. Als Zentrum des Geschehens wollte man einen großen, vielfältig nutzbaren Bau mit Restaurant, Cafés und ähnlichem mehr schaffen. Die Konstruktion sollte so gewählt werden, daß sie die Gartenanlagen nicht störte. Traglufthallen, Zelte waren im Gespräch, und zufällig erinnerte man sich an Frei Ottos Schalenversuche aus Holzlatten. Die Entscheidung fiel zugunsten dieser Konstruktion, und unter Mitarbeit von Frei Otto und seinem Team errichtete man eine riesige 160 m lange und 115 m breite Holzlattenkuppel über einer künstlich angelegten Hügellandschaft (s. S. 138 ff.). Der Bau war mit einem schwarzen, PVC-beschichteten, leicht glänzenden Trevira-Gewebe eingedeckt, das die amorphe Gestalt, die sich an ihren Rändern in die Erde hineinzupressen schien, noch betonte. Was da aussah wie ein Naturgebilde und Assoziationen wachzurufen verstand, die zwischen *Amöbe*, *Schlange* oder *Walfisch* schwankten, war ein technisches Wunderwerk vieler Ingenieur- und Architektenköpfe, in das Computerberechnungen ebenso eingegangen waren wie handwerkliche Fleißarbeit im Modellbau und Tüfteleien bei der Errichtung auf der Baustelle. Diese Lattenkuppel ist Ottos Idealtypus eines Schalenbaues, der nicht den vorgegebenen Entwurf materialisiert, sondern durch die Untersuchungen am Hängemodell zur Form gefunden hat – als ein *natürliches Tragwerk*, das als Architektur die Kluft zwischen Technik und Natur mildern will.

Eine ganz ähnliche, allerdings wesentlich kleinere Kuppel hatte Otto schon im Montreal-Pavillon über dem Auditorium und Foyer errichtet und damit eine Substruktur seines Zeltdaches entwickelt, die wie dieses selbst schnell zu montieren oder demontieren war – ein anpassungsfähiges System, das jederzeit an einem anderen Ort wieder verwendet oder in ähnlicher Form neu errichtet werden konnte. In diesen Baustrukturen fand Otto garantiert, was ihm zur Schaffung einer *Menschenerde* Voraussetzung schien: Über leicht handhabbare Baukonstruktionen zu verfügen, aus denen sich *Klimahüllen* herstellen lassen, die dazu beitragen, die Erde zu *humanisieren*, sie nicht zu *verplanen* (Frei Otto), sondern sinnvoll zu nutzen. *Ästhetik sekundär*, so hätte man diesen Gedanken im Dessauer Bauhaus von 1928 vollendet. Im Jahr der kanadischen Weltausstellung liest sich Frei Ottos Bekenntnis so: *Menschenerde ist der Ort, wo Menschen leben, wohnen, arbeiten, Felder und Forsten anlegen oder Schätze suchen. Menschenerde ist das biologische Gesamtbild des Menschen einschließlich seiner Technik, die – wie viele andere – ich als ein Teil dieses biologischen Gesamtbildes bezeichne. Menschenerde, das ist die umfassende Bezeichnung des irdischen Lebensraumes des Menschen, Menschenerde ist ohne wertende Aussage zur alten unlösbaren Frage, ob die Erde den Menschen oder der Mensch der Erde zugehörig sei... Ich wundere mich immer wieder, wie selbst Kollegen das wunderbare Bild dieser Erde nicht sehen.* (Lit. 4, S. 74)

Seit der Weltausstellung 1967 wird allenthalben die Frage danach gestellt, ob die Erde überhaupt bewohnbar bleiben könne, ob sie die Bevölkerungsexplosion überstehen, ob die Erde auch künftig die Menschen ernähren könne oder was zu tun sei, um die Gefahren der Überbevölkerung in Grenzen zu halten. Alle ausstellenden Nationen haben in Montreal mögliche Problemlösungen ernsthaft und unbefangen, in geradezu naiv zu nennender Weise den technischen Wissenschaften anheim gegeben. Im Themenpavillon *Der Mensch als Produzent* vermittelte eine Leuchtschrift die Zunahme der Weltbevölkerung in der Minute, für die sechsmonatige Dauer der Ausstellung würde die Erdbevölkerung um 35 Millionen Menschen angewachsen sein. Dieser erdrückenden Macht des Faktischen begegnete man in fast allen Nationen-Pavillons ausschließlich dadurch, daß man auf intensivierte Technologieanwendung vertraute. Frankreich zeigte beispielsweise ein Gezeitenkraftwerk, die Sowjetunion eine atomare Entsalzungsanlage für Meerwasser und die Amerikaner in ihrer Ausstellungsarchitektur ein

Seilnetzkonstruktion des Pavillons der Bundesrepublik Deutschland auf der EXPO '67 in Montreal, vor der Eindeckung

Raumtragwerk, das die Möglichkeit bieten sollte, große Landstriche schnell und unkompliziert zu überbauen.

Schon waren die futurologischen, technokratischen und auch aggressiven Komponenten unverkennbar. Die Schweizer Uhrenindustrie etwa zeigte eine Atomuhr, die innerhalb von 3000 Jahren nur eine Ungenauigkeit von einer Sekunde aufweisen würde, die Japaner einen *10000jährigen Kalender*, der dem Besucher darüber Auskunft zu geben ver-

Pavillon der Bundesrepublik Deutschland auf der EXPO '67 in Montreal, Gesamtansicht

Blick auf das EXPO-Gelände in Montreal 1967: Rechts an der Verbindungsstraße das Zeltdach des deutschen Pavillons, links davor der hochaufragende Pavillon Großbritanniens und der in acht Ausstellungsebenen gegliederte französische Pavillon. Davor die auffällige prismatisch aufgesprengte Bedachung des Pavillons Ontarios. Im Hintergrund, an der Spitze der Ile de Nôtre Dame, die von zwei V-Stützen getragene Stahlkonstruktion des sowjetischen Pavillons und, auf der gegenüberliegenden Seite des Flusses, die im Bau befindliche geodätische Kuppel Buckminster Fullers

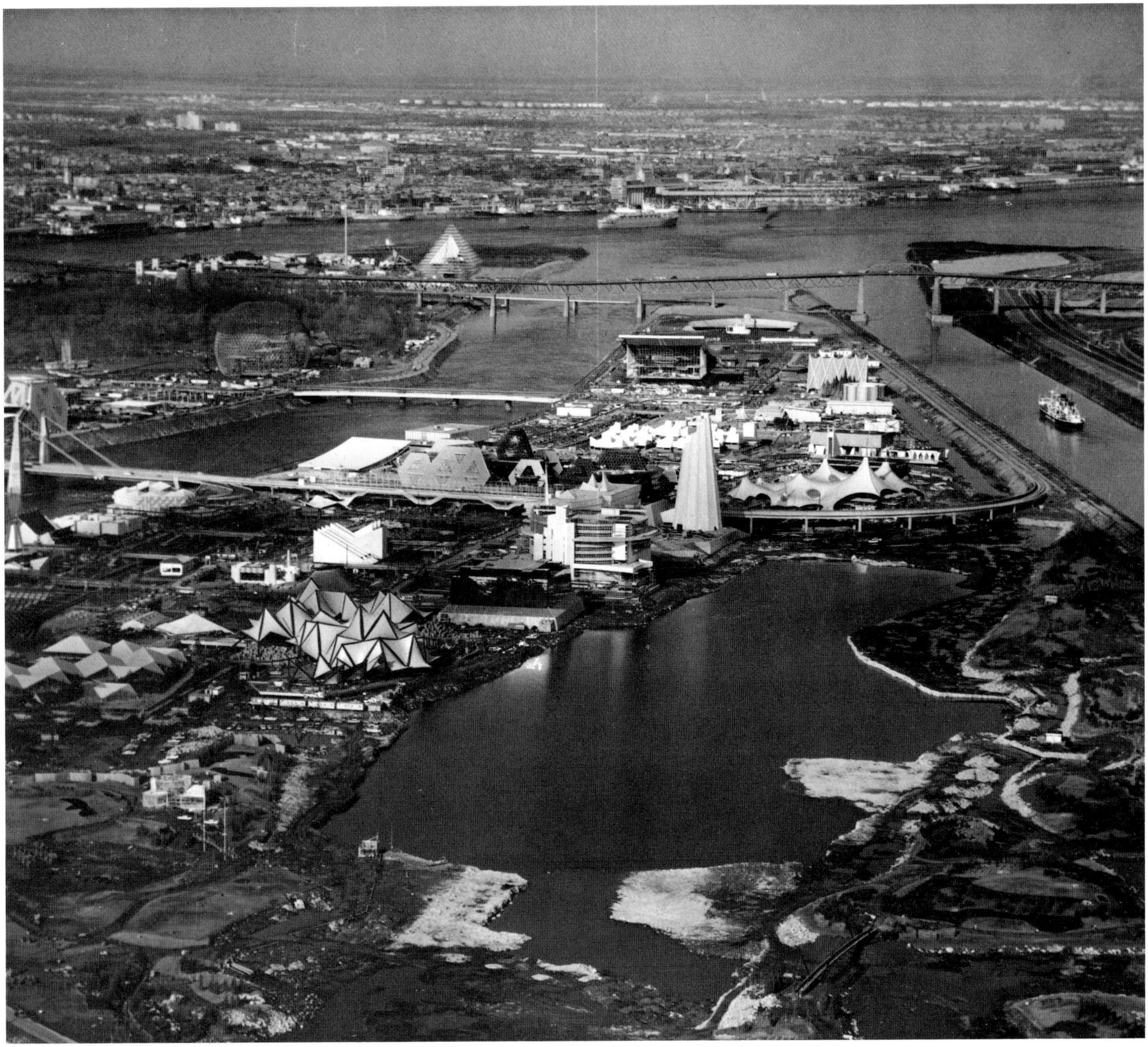

76

Spinngewebe

Windkanalmodell und Wettbewerbsmodell für den Pavillon der Bundesrepublik Deutschland auf der EXPO '67 in Montreal

»Montrealstuhl«. Entwurf Frei Otto 1966/67 für den Ausstellungspavillon auf der EXPO '67. Der Stuhl ist heute im Institut für leichte Flächentragwerke in Stuttgart zu sehen

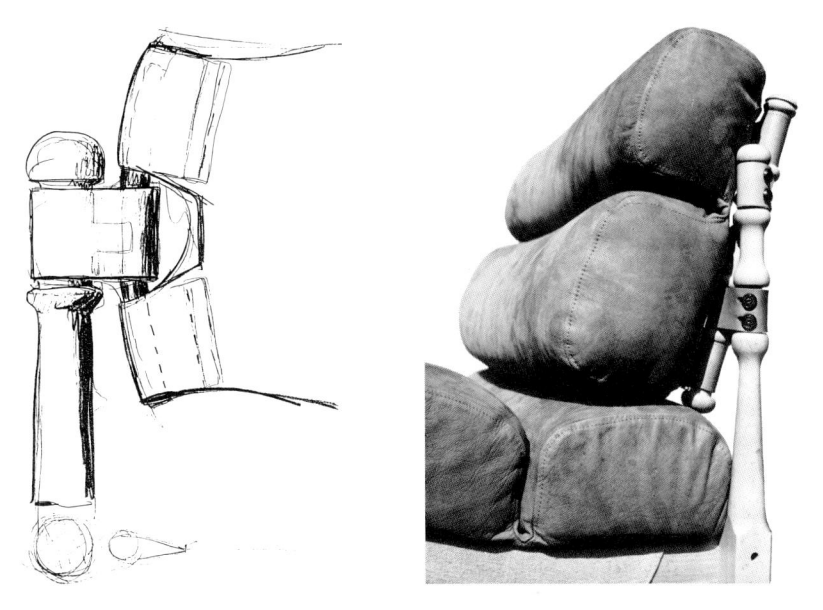

Detailzeichnung zum »Montrealsessel«, Entwurf Frei Otto, 1966/67 (Vorstudie)

»Montrealsessel«, Detail der Rückenlehne

Sitzgruppe für den Montrealpavillon, Entwurf Frei Otto, 1966/67

mochte, an welchem Wochentag er im Jahre 2333 Geburtstag haben würde. Natürlich gab es auch Zweckmäßiges: Computer im Deutschen Pavillon, wo eine von einer Rechenmaschine gesteuerte Zuse-Zeichenmaschine die Architekturschnitte des Pavillons auf Abruf zeichnete. Aber auch *Zweck-zu-Entfremdendes* wie interkontinentale Überschallflugzeuge, Raumstationen oder Weltraumforschungsergebnisse wurden stolz präsentiert. Blauäugig vertraute man dem neutralen Charakter der Wissenschaft, der sich bestens als Volksbelustigung unter Beweis stellte: Im sogenannten *Gyrotron* ermöglichte die perfekte Illusion dem Besucher eine Weltraumreise vom Countdown bis zur Landung in einem rauchenden Vulkan.

Vielleicht erscheint diese Weltausstellung von 1967 heute noch angenehm und amüsant, weil sie der technischen Entwicklung so aufrichtig zutraute, die Probleme der Menschheit lösen zu können. Für den Glauben daran steht unzweifelhaft der Deutsche Pavillon von Gutbrod und Otto, der als einer der schönsten vor Augen führte, was Technik vermag, wenn sie sich mit einem pazifistischen Programm verbindet.

Diesem Architekturkonzept hat sich Frei Otto bis in die 70er Jahre hinein durch intensive Forschungen zum Klimahüllenbau gewidmet. Zuweilen aber drücken Maler oder Bildhauer aus, was gesellschaftlich erst im Schwange ist. Niki de Saint Phalle hatte feminin-üppige, buntbemalte Figuren geschaffen, die berühmten *Nanas*, die sich von Zeit zu Zeit den Angriffen einer aus alten Maschinenteilen zusammengesetzten abstrusen Übermaschine von Jean Tinguely ausgesetzt sahen. Mit ironischer Distanz und geschlechtsspezifischem Unterton formulierte das Paar eine Technikkritik, die nach Beendigung der Ausstellung eine denkwürdige Bestätigung bekommen sollte. Der amerikanische Pavillon, die größte geodätische Kuppel, die Buckminster Fuller, der große alte Mann der Raumtragwerke bisher gebaut hatte, brannte ab. Das sphärische Raumtragwerk aus Stahl war durch transparente Acrylkunstharz-Elemente abgedichtet worden, und die hatten in Windeseile Feuer gefangen. Daß dem technischen Fortschritt Destruktionskräfte immanent sind, kam in dieser Beinahe-Katastrophe urplötzlich wieder zutage.

Doch schon auf der Weltausstellung in Japan war dieser *Un-Zufall* (Paul Virilio) vergessen. In Osaka triumphierten 1970 die räumlichen Flächentragwerke, und in Kenzo Tanges *Turm der Sonne* waren sie mit einer Symbolträchtigkeit angereichert, wie man sie nie zuvor gesehen hatte. Was als Demonstration zur *Landgewinnung in der Luft* gedacht war, beschrieb Peter Blake in seinem EXPO-Tagebuch so: *Ein Bau von solcher Riesenhaftigkeit, daß er fast alles, was in diesem Jahrhundert gebaut wurde, im Maßstab, aber auch in der Qualität in den Schatten stellen wird... Der Pavillon ist 300 m lang, 100 m tief und etwa 30 m hoch bis zur Unterkante des polyester-gedeckten Tragwerkes, das das Dach bildet und das selbst, zwischen Unter- und Obergurten, etwa neun Meter mißt. Das Dach ruht auf sechs Stützen; es wurde am Boden zusammengesetzt und dann vollständig angehoben.* (Bauwelt 1970, S. 786) – so wie drei Jahre zuvor die Lattenkuppel im Montreal-Pavillon oder ein Jahr später die der Mannheimer Multihalle. Die bautechnische Leistung hat Frei Otto, der oft mit Tange zusammenarbeitete, sicherlich imponiert. Dennoch, sein nicht realisierter Pavillon-Entwurf für Indien zeigt kaum Nähe zu solch einem Denken in Superstrukturen. Bereits im Jahr des Montreal-Pavillons plante Otto für das *National Institute of Design* in Ahmedabad zusammen mit Dasharat Patel und Bernd-Friedrich Romberg den indischen Ausstellungspavillon für Osaka. Wie kein anderes Team hatten sich Otto und seine Mitarbeiter dem Thema *Fortschritt und Harmonie für die Menschheit* durch Berücksichtigung der kulturellen Situation eines Landes der Dritten Welt anzupassen versucht. Das Modell zeigt ein von einer Sternwelle gekröntes Zeltdach,

Ausstellungspavillon der USA auf der EXPO '67 in Montreal (Richard Buckminster Fuller)

Ausstellungspavillon für Indien auf der EXPO '70 in Osaka, Modell, 1967

das von einem zentralen Mast von 24 m Höhe abgespannt ist und durch zehn Radialseile gestützt wird. Ein großer freier Innenraum sollte durch eine dreidimensionale Seilnetzkonstruktion mit Innenverspannungen, wie sie sich Otto für Montreal gewünscht hatte, terrassiert werden. Weit entfernt von Tanges Plan, das gesamte Ausstellungsgelände in eine *Stadt der Zukunft* zu verwandeln, wollte Frei Otto eine craftsmen-village der Gegenwart präsentieren, in dem die von ihm hochgeschätzten indischen Kunsthandwerker, die Tischler, Silberschmiede und Seidenwirker ihre Produkte vor aller Augen herstellen sollten, so daß nicht die leblosen Produkte Exponate waren, sondern die lebendige Handwerkerarbeit selbst. Unter einer Klimahülle mit reichhaltigem Pflanzenbestand wäre derart ein Markt entstanden, wie man ihn überall in Indien finden kann. Ohne Anspruch auf Symbolwerte, überschaubar in den Dimensionen und konzipiert für einen speziellen Kulturkreis wäre hier vermutlich ein Bauwerk von großer formaler Schönheit gelungen, das nicht aufdringlich in der Form um den spektakulären Erfolg, sondern um die Verbesserung des Bewährten bemüht gewesen wäre: eine Qualität, die beinahe allen anderen Ausstellungsgebäuden fehlte.

Obwohl diese Weltausstellung den Triumph für die leichten Flächentragwerke und räumlichen Tragwerke brachte, erscheint sie nicht erst im nachhinein wie die vollzogene Perversion des Prinzips Leichtbau, das Frei Otto mit diesen Konstruktionen verbindet. Allein Tanges Riesenpavillon, den man über eine monumentale Treppenanlage erreichte, auf dem sich die Menschen wie Ameisen ausmachten, flankiert vom Symbol der *Mutterschaft* links und dem Symbol für *Jugend und Fortschritt* rechts, in der Mitte, wie Unheil kündend, die 60 m hohe Statue eines Sonnengottes, neben der die Bildnisse römischer Imperatoren wie Statuetten gewirkt hätten, ließ selbst Fritz Langs *Metropolis-Trauma* um Lichtjahre hinter sich zurück und erschien wie die Vision einer Megalopolis im Zeitalter interplanetarer Raum-Zeit-Relationen. Die luftabgeschlossenen Fußgänger-Laufbänder auf dem Ausstellungsgelände, die *monorails*, die ohne Fahrer ferngesteuert fuhren, die Pavillons von Kisho Kurukawa, von Computern entworfen und zu irren Mischungen aus science-fiction- und Pop-Kultur-Elementen zusammenmontiert, selbst die Lufthalle der Amerikaner, eine ungemein kühne Konstruktion aus Fiberglas und Venyl, unter der zwei Fußballfelder Platz fanden, wären der techniküberfrachtete Kontext für Ottos Pavillon gewesen, in dem dieser Bau anachronistisch fremd erschienen wäre.

In Osaka hatte sich die Architektur technokratisiert. Um sie konstruktivistisch nennen zu können, fehlte ihr die Sensibilität ihrer Vorgänger. Sie ist und bleibt reine Effizienz-Architektur ohne Poesie, trotz aller Versuche der japanischen Metabolisten, Bilder für eine Welt zu finden, die sich in Informationschiffren der Telekommunikation vermittelt. Als Exponate dominierten denn auch Filme, Computerbilder und ähnliches, die nun die nationalen Botschaften zu übermitteln hatten. Jetzt erregte auch die geodätische Kuppel der Deutschen kaum mehr Aufsehen, und Karl Heinz Stockhausens Komposition *Gesang der Jünglinge* war mehr ein Abgesang denn eine Hymne.

Die Pavillons in Osaka waren zum großen Teil architektonische Beweise dafür, daß die Bautechnologie konstruktive Wunderwerke auszuführen in der Lage war, die der Eroberung der Welt wie der des Weltraumes nützlich sein konnten. Ihre ästhetische Überredungskraft zogen diese Konstruktionen allenfalls aus Hyperdimensionen, aber, so äußerte es Frei Otto in einem Gespräch: *Konstruktionen sind nicht maßstabsgebunden. Man kann sie vergrößern und verkleinern über mehrere Zehnerpotenzen hinweg, sie funktionieren noch immer... und das sollte man wissen, daß Konstruktionen mit dem Menschen eigentlich noch nichts zu tun haben.* Das ist die Sprache des Architekten, der das Menschenmaß einfordert, weil er um die technischen Möglichkeiten weiß. Die Frage nach dem Maßstab aber ist immer auch eine moralische, sie ist streng genommen eine politische, die sich vom Menschenbild her beantwortet und der Wertschätzung des Individuums verpflichtet ist.

Seilnetzdächer und Talüberdachung, Zeichnungen Frei Otto, 1953

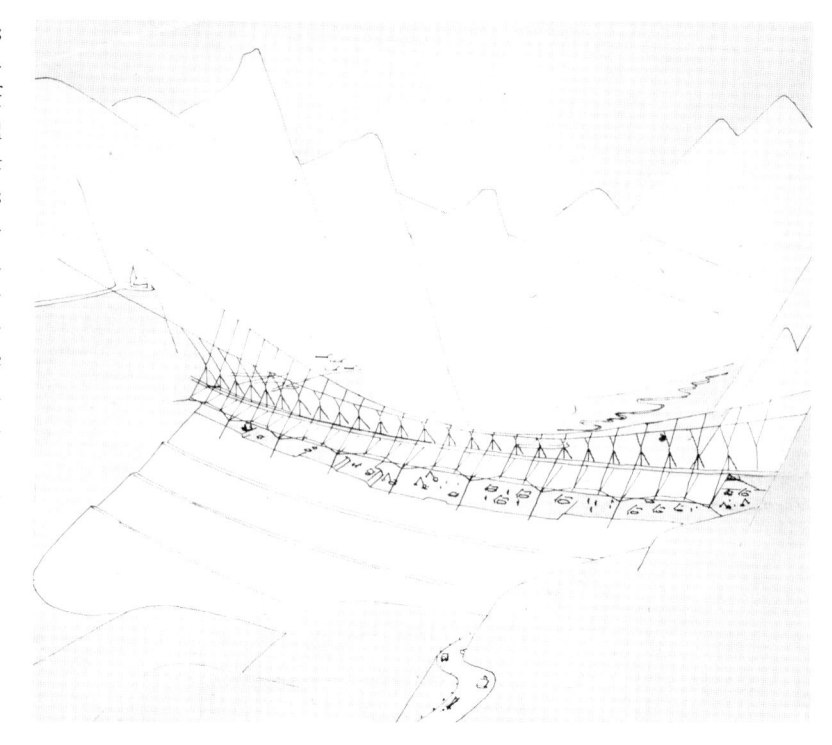

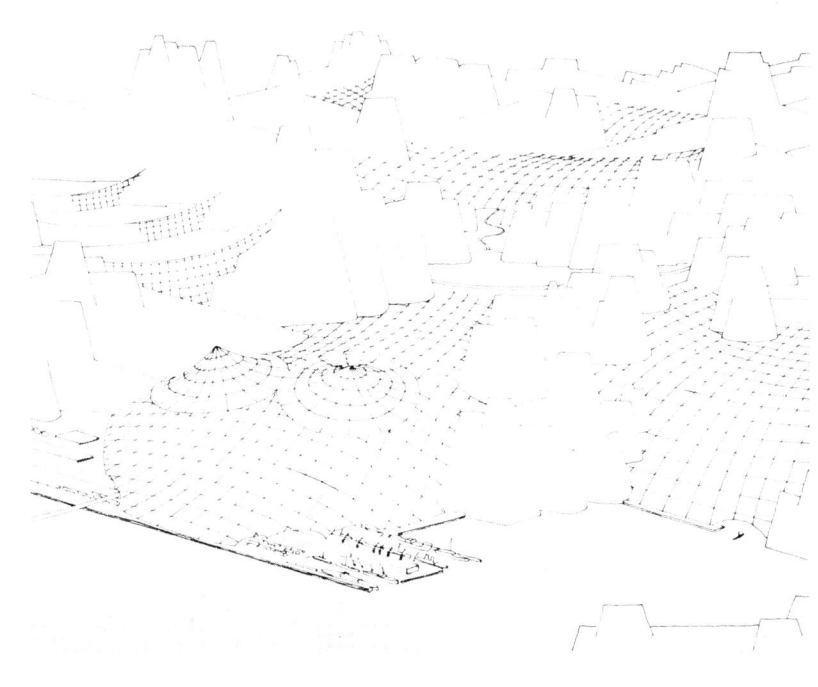

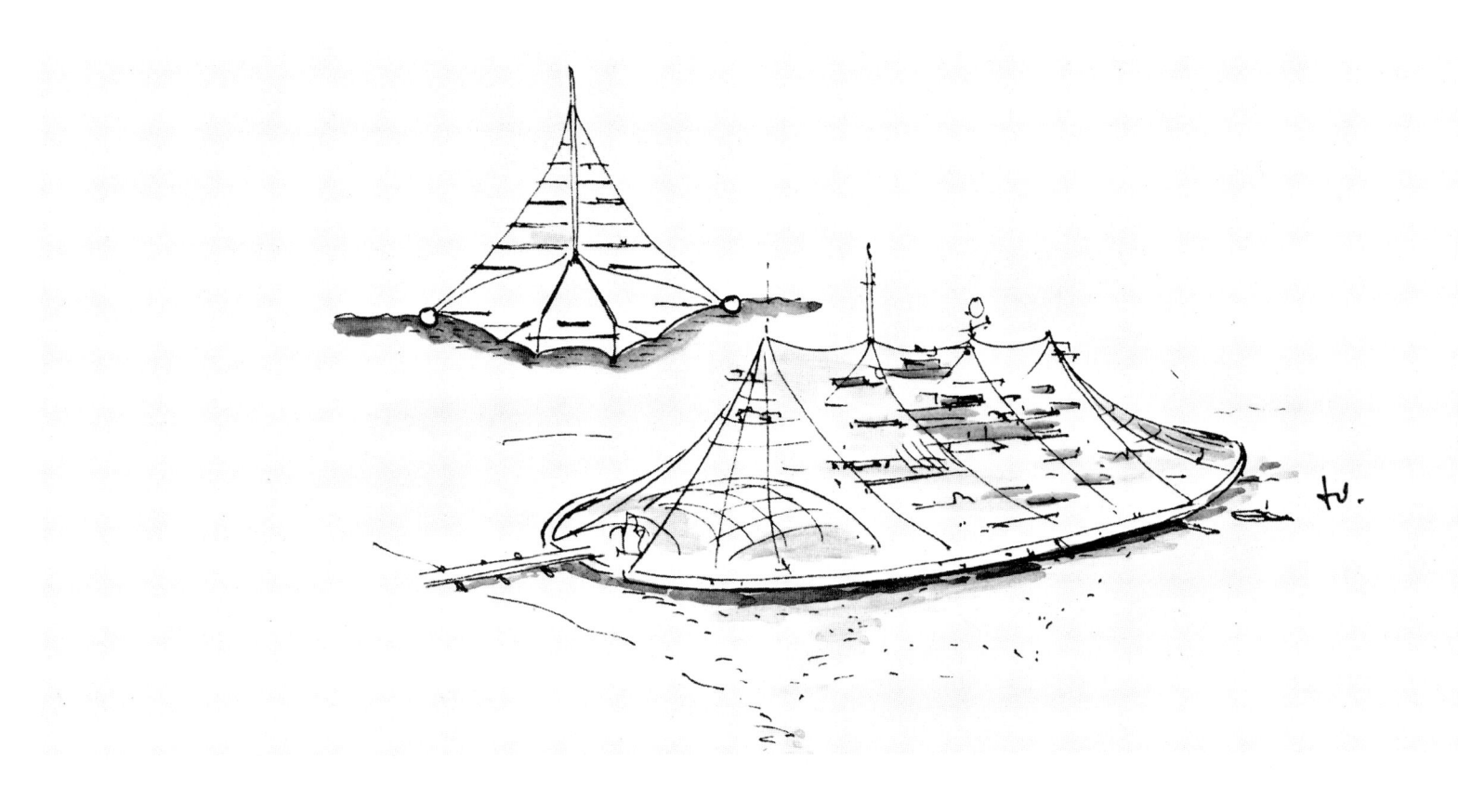

Die Kultivierung der Erde

»Doch um Haus und Nest so innig zu vergleichen, muß man das Haus des Glücks verloren haben.«
(Gaston Bachelard, 1975)
»Architektur ist ... vermutete Zukunft.« (Frei Otto, 1976)

Klimahüllen

Es sei nicht unterschlagen, daß Frei Otto an der Entwicklung solcher Raumeroberungskonstruktionen seinen Anteil gehabt hat. Seine Vision ist die friedliche Aneignung der Welt, die er in der Idee der Klimahülle seit 1953 propagiert, damals in einer Skizze für eine *Stadt in der Arktis* ebenso wie in einem Entwurf für eine *Bedachung über weite Bergtäler* (1953) und ganz konkret als Talüberdachung über den *Göschenenalp-Staudammbau* in der Schweiz – ein Projekt, bei dem die *Nähe von Utopie und Wirklichkeit* (Lit. 12, S. 125) die Qualität des Visionären aufzulösen beginnt.

Die Architektur der großen Spannweiten ist im Laufe der Jahre von Frei Otto in unzähligen zart hingehauchten Skizzen entworfen worden, zunächst in Tusche oder mit dem Bleistift, später in durchscheinenden Farben aquarelliert, wodurch oft Zeichnungen von eigenem künstlerischem Wert entstanden, die den Vergleich mit Bruno Tauts *Alpiner Architektur* von 1919 nicht zu scheuen brauchen. Das Charakteristikum seiner Arbeit erweist sich selbst hier darin, daß die Grenze zwischen reiner Utopie und möglicher Verwirklichung verwischt wird. Und stets ist diesen Raumstrukturen auch der Wunsch abzulesen, der menschlichen Perzeption die Möglichkeit räumlicher Identifikation zu belassen. Dafür sind vermutlich zwei Gründe entscheidend gewesen: zum einen Ottos naturwissenschaftliche Akribie, die auf materielle Verifikation bedacht ist. Und zum anderen sein Naturverständnis, das auf der Suche nach dem, was in einer artifiziellen sozialen Umgebung das *Natürliche* genannt werden kann, zum entscheidenden Bezugsrahmen seiner Architektur wird.

Ideenskizze für eine Wohnsiedlung mit begrünten Zeltdachkonstruktionen, Zeichnung Frei Otto, 1967/68

Ideenskizze für ein Stadthaus, Zeichnung Frei Otto, 1966/67

Ideenskizze zum Olympiadach in München, »Eine leichte Wolke über dem braunen Oberwiesenfeld«, Zeichnung Frei Otto, 1967/68

Schwimmende Insel von einem Pneu überdacht, Zeichnung Frei Otto, 1967/68

Ideenskizze zu einer Bahnhofsüberdachung in Stuttgart, Zeichnung Frei Otto, 1967/68

Ideenskizze für das Hotel- und Konferenzzentrum in Rijad, Zeichnung Frei Otto, 1967/68

Seit 1961 hat Frei Otto mit dem Biologen Johann Gerhard Helmcke an der Technischen Hochschule in Berlin zusammengearbeitet, der ihn die Strukturverwandtschaft zwischen natürlichen und technischen Konstruktionen entdecken ließ. Seit jener Begegnung hat sich Otto dem Studium der Diatomeen, Muschel- und Schneckenschalen, der Spinnweben und heute vornehmlich der Knochen gewidmet. Hier entdeckte er die Vorbilder seines *natürlichen Tragwerks*, das er heute zu dem entwickelt hat, was er die *natürlichen Konstruktionen* nennt. Das fand seinen Niederschlag im Stahlbetongitter des Glockenturmes für die Kirche in Berlin-Schönow (1963) und reicht bis zu den Baumstützen, die Frei Otto erst kürzlich, 1981, im Wettbewerbsentwurf für die Messehalle in Frankfurt in Zusammenarbeit mit dem Büro Gutbrod entwickelt hat. Selbst florale Motive sind unübersehbar, etwa 1971 in den Großschirmen für die Kölner Bundesgartenschau und später in den wandelbaren Bedachungselementen für die Rock-Gruppe Pink Floyd. In der Forschungsgruppe *Biologie und Bauen*, die 1961 gegründet wurde und der neben Architekten, Biologen und Anthropologen auch Botaniker und Paläontologen angehörten, suchte Otto Ansätze, die ihm unbefriedigend erscheinenden *Trivialanalogien* (Frei Otto) der Bionik zu überwinden. Lange Zeit hatte die Maxime Ernst Haeckels von der *Natur als Künstlerin* aus der Mitte des 19. Jahrhunderts der Bionik als Gradmesser gegolten, was zu einer rein mimetisch gewonnenen Formauffassung führte. In der Arbeitsgruppe *Biologie und Bauen* versuchte Frei Otto, die einst instinktiv vollzogene Formenanalogie wissenschaftlich zu überwinden. Die Erkenntnis, daß den anpassungsfähigen leichten Konstruktionen auf seiten der Natur die Optimierungs- und Ausleseprozesse entsprechen, ließ ihn fordern, daß auch die vom Menschen gemachte Architekturform als Selbstbildungsprozeß aufzufassen sei, worin sich die schmerzlich empfundene Schere zwischen Natur und Technik zu schließen scheint. Mit neuer Sachlichkeit wird hier eine Argumentation wiederbelebt, die bereits 1874 mit Karl Boettichers *Tektonik der Helenen* ins Gespräch kam, der die Kanneluren der griechischen Säule als Formen interpretierte, die die Tektonik des Bärenklaues symbolisch nachahmten. Frei Ottos Untersuchungen, seine Skizzen, die Systemdarstellungen und Kollektiventwürfe kulminierten stets in den Großprojekten einer Klimatisierungsarchitektur, die als Fokus der gewonnenen Erkenntnisse angesehen werden kann. Einen Höhepunkt bilden die beiden großangelegten Studienarbeiten, die 1971 und 1972 entstanden, von denen die eine die architektonischen Möglichkeiten der Klimatisierung in Wüstengebieten diskutierte, die andere den Stadtbau in der Arktis und deren Ergebnisse 1980/81 in die Studie *Stadt in Kanada 58° North* eingingen. Im Jahre 1971 erarbeitete ein internationales Team – bestehend aus dem Ingenieurbüro Ove Arup & Partner, Kenzo Tanges Urtec aus Tokio und Frei Ottos Mitarbeitern im Atelier Warmbronn sowie denen des Insitutes für leichte Flächentragwerke – für die Farbwerke Hoechst die Überdachung einer *Stadt in der Arktis*, in der bis zu 45 000 Einwohner leben sollten. Man konzipierte eine 240 m hohe und 2 km breite Hülle, eine flache Kuppel aus einer durchsichtigen, doppellagigen Haut zwischen einem Seilnetz aus Polyesterfasern. Nach Errichtung der Großhülle sollte die Stadt gebaut werden, die alle Einrichtungen einer Industriestadt aufweisen würde: einen Flug- und einen Seehafen, die außerhalb der eigentlichen Umhüllung lagen, die Hafenbecken hätten überdacht werden können in der Art, wie Frei Otto das Schutzdach für die Hafenanlagen in Bremen 1961 konzipiert hatte. Von einem Verkehrsknotenpunkt sollte die Stadt erreichbar sein. *Die »Hauptstraße« der Stadt beginnt beim äußeren Verkehrsknoten, durch-*

aus: Erich Haeckel, Die Natur als Künstlerin

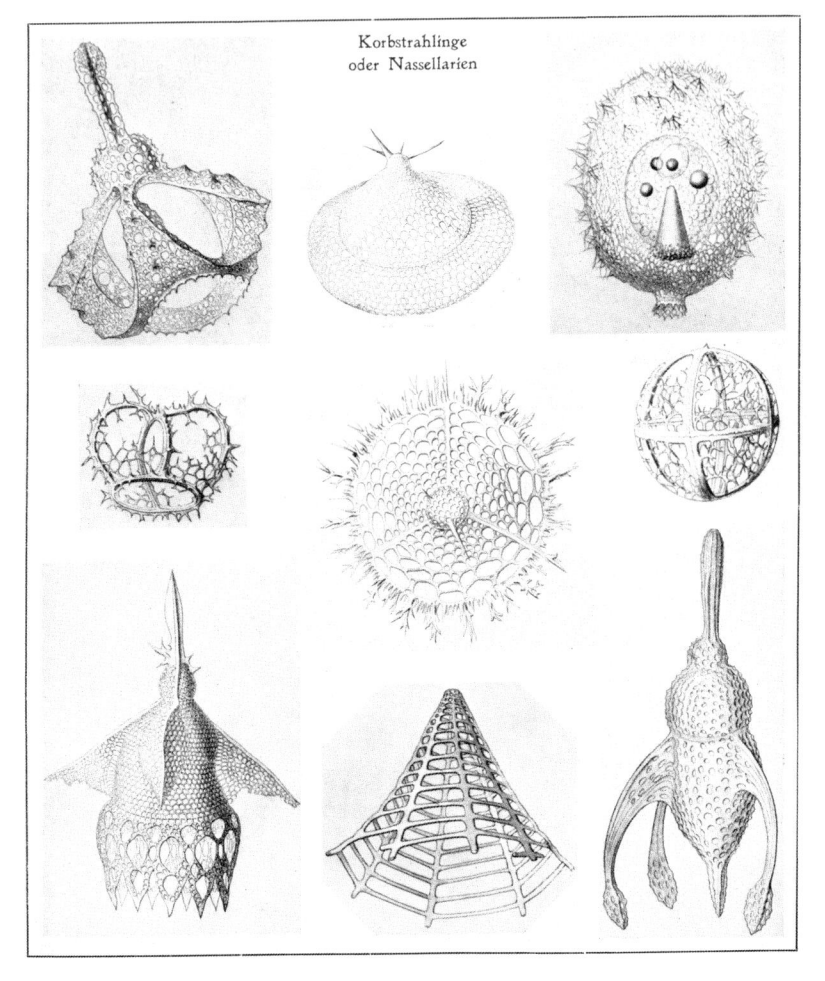

Leben auf dem Erdtrabanten, Zeichnung Frei Otto, um 1960

Siedlung am Hafen in der Arktis, von einem Pneu überdacht, Zeichnung Frei Otto, 1959

quert die Geschäftsstadt und endet im Kulturzentrum mit Stadthalle, Theatern, Stadtverwaltung, Kirchen, Hotels, Appartementhäusern, Touristenzentrum, Shoppingzentren und höheren Schulen. (Lit. 24, Nr. 2, S. 5) Das Wohnen in den begrünten Terrassenhäusern war nachbarschaftlich konzipiert, alle Gebäude wären durch zwei zusammenhängende Untergeschosse miteinander verbunden gewesen, die gleichzeitig der Be- und Entlüftung dienten. Das ein wenig abseits gelegene Atomkraftwerk sollte die benötigte Energie produzieren. Ein derartiges Dach hätte 1971 pro Quadratmeter zwischen 300 und 450 DM gekostet, und Frei Ottos Prognose lautete: *In spätestens 12 Jahren werden die ersten großen Projekte in dieser Art realisiert.* (Lit. 24, Nr. 2, S. 5) Eine Aussage, die in ihrer Fortschrittsgläubigkeit drei Jahre später angesichts der Ölkrise relativiert werden sollte.

Solche Zukunftsprognosen waren in jenen Jahren nichts Außergewöhnliches. Seit Beginn der 60er Jahre schaltete sich Frei Otto in eine Diskussion ein, die die von ihm hoch geschätzten Lufttraghallen nicht nur als Klimahüllen auf der Erde, sondern auch im Weltraum in Anwendung bringen wollte. Große Lufttraghallen waren seit den 40er Jahren durch die Arbeiten des Amerikaners Walter Bird bekannt. Diese Konstruktionen luftgetragener Membranen hatten bereits ihre Witterungsbeständigkeit in außergewöhnlichen Klimazonen bewiesen, denn Birds Hallen waren von der US-Army als Schutzbauten für Radar-Antennen an der *Nördlichen Verteidigungslinie des amerikanischen Kontinents* (Deutsche Bauzeitung, 1961, S. 519) mit großem Erfolg eingesetzt worden. Im Jahr der ersten sowjetischen Satellitenlandung auf dem Mond 1959 traten in Amerika renommierte Architekten mit Entwürfen an die Öffentlichkeit, die wie Walter Gropius' Architects Collaborative oder Dirk Luyks *Mondgebäude, Algenparks,* selbst kleine Städte unter solchen Lufttraghallen zeigten. Das mag Anregung für Otto gewesen sein, ein kleines Kapitel über den Lufthallenbau im Weltraum in seinem 1962 und 1965 erschienenen zweibändigen Buch *Zugbeanspruchte Konstruktionen* dem *Lufttraghallenbau im Weltraum* zu widmen. Eine Zeichnung zeigt, wie er sich das Leben auf dem Erdtrabanten damals vorstellte: Es sind Pneus, die er aus seinen Untersuchungen zu den Kugelflächen entwickelt hat, die entweder als durchscheinende Klimahüllen über kleinen Wohngebieten schweben oder als Druckbehälter neben Raketen stehen, die wie Spielzeuge wirken und von der gutmeinenden Harmlosigkeit zeugen, mit der man damals

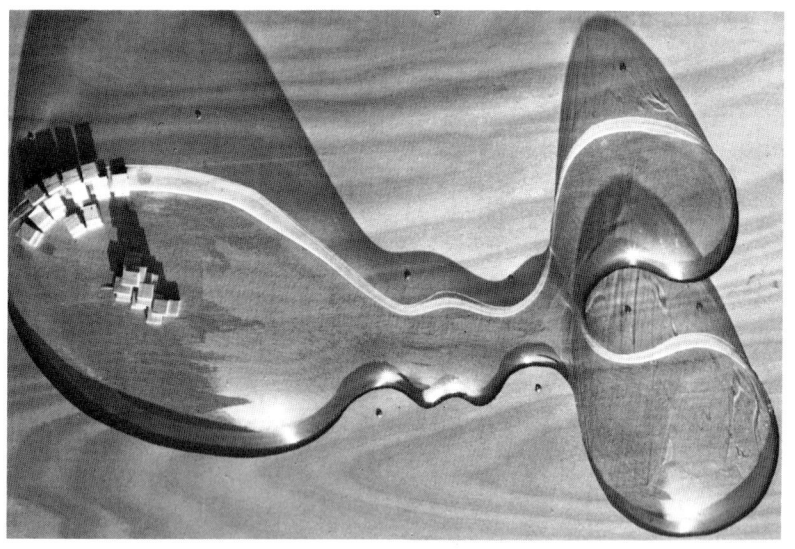

Weltraum*eroberung* zu betreiben meinte. Allerdings sind derartige Planungen für ein außerirdisches Bauen für Otto eher marginal gewesen, ihn interessierte augenscheinlich die Anwendungsbreite der Lufttraghallen, die er als Klimahüllen zur Landgewinnung auf der Erde gern gebaut hätte. Aus der Vielzahl seiner Pneus sind jedoch nur zwei kleinere Bauten verwirklicht worden, der Versuchsbau auf der Essener Deubau 1962 und die *Hochspannungsversuchsstation* für die Firma Velten und Guillaume in Köln 1966.

Projektstudie »Stadt in Kanada 58° North«, Alberta, 1980/81; Seilnetz mit transparenter Eindeckung über frei gestaltetem Grundriß und Traglufthallenvariante, Modelle

Industrieanlage unter drei Traglufthallen (Pneus), 1958, Modell

Zement- oder Getreidesilo, 1959, fünf Membranbehälter an abgespannten Masten, Modell (S. 90)

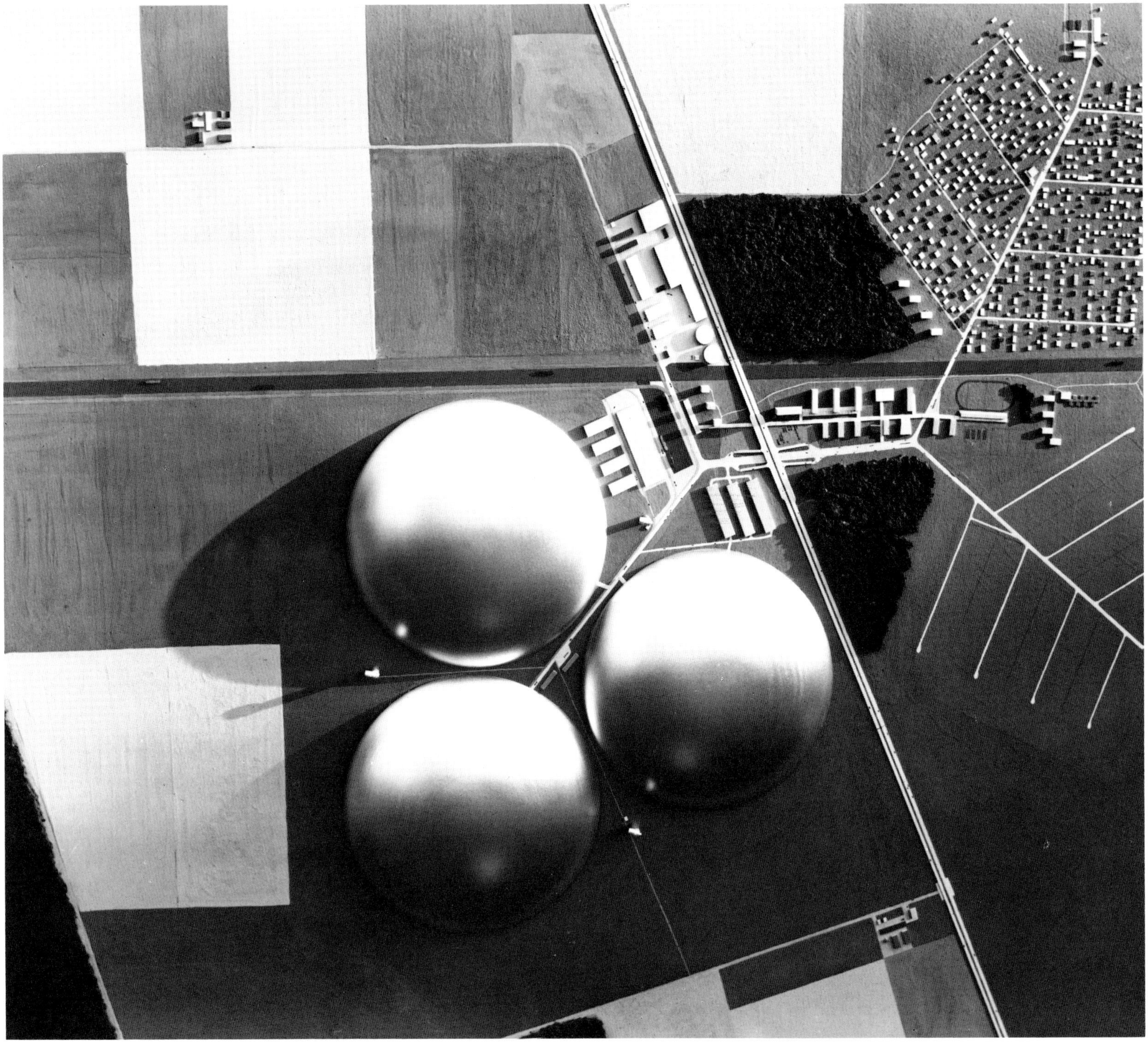

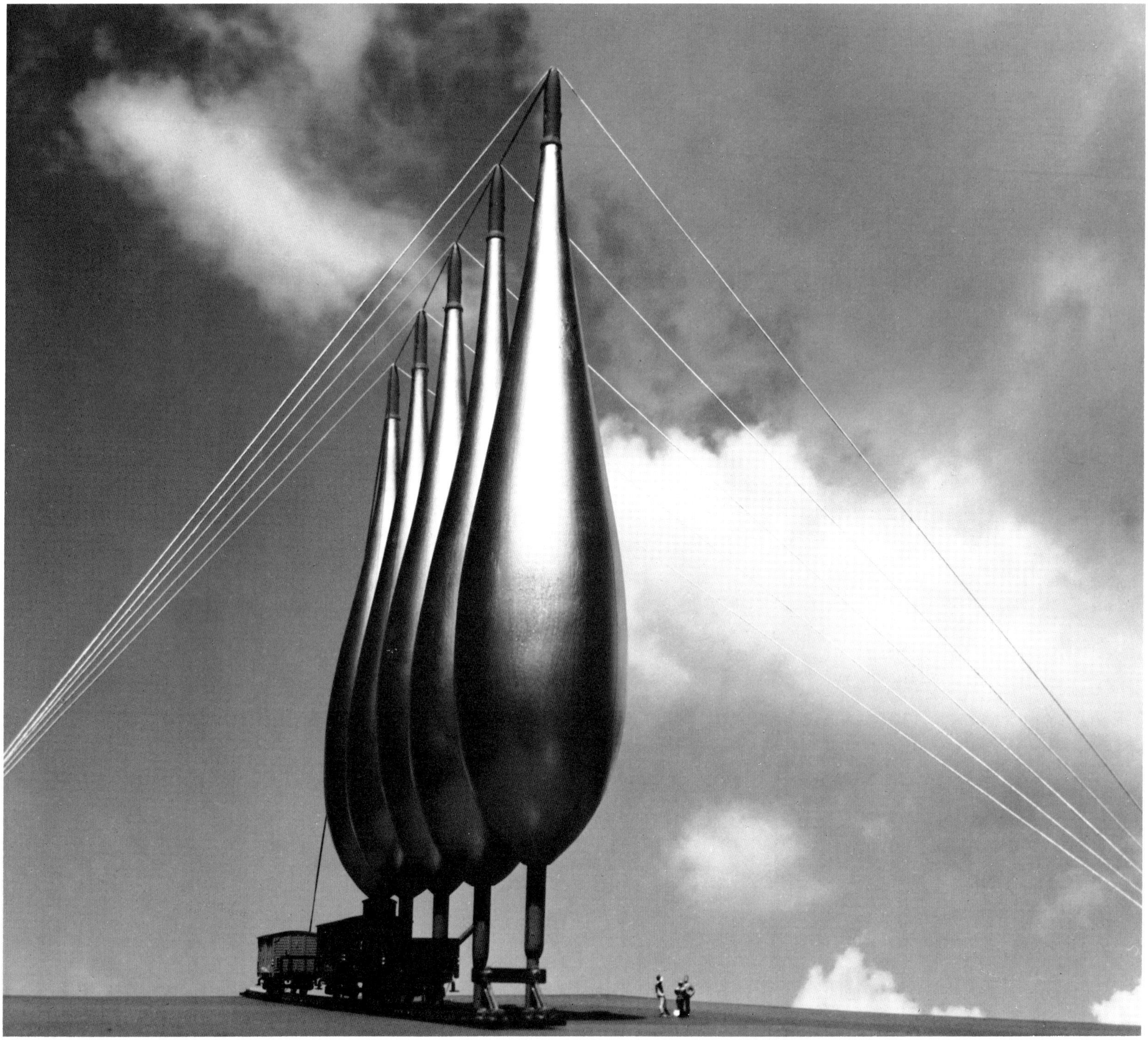

In seinen Zukunftsstädten aber kann man Pneus finden, als Klimahüllen neben großen Seilnetzkonstruktionen, als einfache Tragluftkuppeln über schwimmenden Städten und auch als plastisch verformte Gebilde. Diese Planungen sind vor dem Hintergrund einer Neubelebung expressionistischer Architekturvisionen zu sehen, die einen Grad an Phantastik erreichen, der in der Technikgeschichte wohl nur mit dem Traum vom Fliegen zu vergleichen ist. Bereits 1947 hatte Frank Lloyd Wright in seinem Entwurf für ein *Sportclubhaus auf den Hügeln Hollywoods* mit den plexiglasbedeckten Schalen Assoziationen an eine Anhäufung fliegender Untertassen zu wecken gewußt, derart, wie die Ufos durch Science Fiction später popularisiert wurden. Pascal Hausermann entwarf 1960 ein Wohnhaus gleicher Art für Grilly in Frankreich, das auch gebaut wurde. Der letzte Entwurf Frank Lloyd Wrights, der in Zusammenarbeit mit seinen Schülern entstand, war eine schwimmende Stadt ungeheuren Ausmaßes für Ellis Island New York (1959–1961), die aus sieben Hängehäusern mit dazwischenliegenden hängenden Gärten bestand. Die französische Zeitschrift *L'architecture d'aujourd'hui* widmete 1962 ein Heft dem Thema *Architectures fantastiques*, in der sich die Raumkonstruktionen von Yona Friedmann, Paolo Soleri oder Eckhard Schulze-Fielitz an Grandiosität geradezu übertrafen. Yves Klein, der der Künstlergruppe *Zero* angehörte, die ihren Namen dem Count-Down des Raketenstarts entliehen hatte, propagierte zusammen mit Werner Ruhnau die Entwicklung der *Architektur aus Luft* (Bauwelt 1959, S. 371), eine Idee, die auch Frei Otto begeistert hat und die ihm im Pneu bereits vor Augen stand. Allerdings war das große Ziel auch für ihn die *immaterielle Architektur*, die er deshalb befürwortete, weil die Welt im Angesicht der Bevölkerungsexplosion *nicht irreparabel* (Frei Otto) verbaut werden sollte. Eines Tages werde man materielos bauen, so lautete sein futurologisches Resumée 1962. In diesen Zeiten, da Kenzo Tange die Neuplanung für Tokio (1961) aufs Meer hinaus verlegte, ein Projekt, das damals nur durch seine immense Größenordnung herausstach, aber keineswegs einzigartig war, in diesem Klima von Eroberungsstrategien, Überbevölkerungsängsten, forcierter Land- und Raumgewinnung, entwarf auch Frei Otto Visionäres. In drei Bleistiftzeichnungen aus dem Jahre 1963, einer *Klimahülle innerhalb einer Millionenstadt*, einem *großstädtischen Konzentrationspunkt* und der *Skizze einer Hauptfußgängerader für eine dichte Großstadt*, hat Otto seine Vorschläge zur Bewohnbarkeit der Erde mit aller Genauigkeit dargelegt. *Seine Zukunftsstadt* liegt in einem Küstengebiet, sie nimmt in ihrer Oberflächenstruktur das Montreal-Dach vorweg, besteht tatsächlich aber aus mehreren vielgeschossigen Hängehäusern, wie sie von den Brüdern Heinz und Bodo Rasch oder auch Buckminster Fuller in den 20er Jahren entwickelt worden waren. Mit zugbeanspruchten Konstruktionen für mehrgeschossige Bauten und Raumfachwerke hatte sich Otto vielfach beschäftigt und einen umfassenden Überblick über mögliche Systemfolgen solcher Masthauskonstruktionen in einer EL-Publikation vorgelegt. In seiner Stadtvision aus dem Jahre 1964 bestehen die Hängeskelette aus einem abgespannten Mast und einem vorgespannten Netzwerk, in das die Verwaltungseinheiten, die Schulen, die Theater und Museen eingefügt sind. Dabei handelt es sich um terrassenförmige Gebäudekomplexe, die in ihrer räumlichen Anordnung bequem zu Fuß zu erreichen sind. Diese Stadt, in die die alten Bauten harmonisch integriert sein sollen, ist von Schienen für elektrisch betriebene Fahrzeuge durchzogen, die die Passagiere lautlos von einer Haltestelle ohne Zwischenstopp zum Bestimmungsort bringen. An der Entwicklung solcher Schnelltransportfahrzeuge arbeitete Frei Otto seit 1957. Sie waren für maximal fünf Personen gedacht und einem Taxisystem vergleichbar, wobei sich ihre Bahnen auf vier Spuren als *Selbstwähl-Individualverkehr* innerhalb eines kreuzungsfreien Netzes bewegten. Der City-Bereich wurde ferner von einem Schiffahrtskanal durchzogen, auf dem Vergnügungs- und Ausflugsboote fahren sollten. *Maler und Gaffer sitzen am Ufer. Überall gibt es Cafés, Restaurants und überall sind Spaziergänger* (Architecture d'aujourd-hui, 1964, S. 24f.). Eine Stadt ohne Autos, denn die werden im Ringverkehr um die Stadt herumgeführt, und der Versorgungsverkehr verläuft unterirdisch. Frei Otto versteht sie als *eine Stadt der Kultur, der Geschäfte und der Arbeit, in der der Mensch seine bevorzugte Stellung wiedergefunden hat und sich mit all seinen Aktivitäten entfalten kann* (Architecture d'aujourd'hui, 1964, S. 24). Das trägt Züge eines neuzeitlichen Garten Eden, in dem das Leben eine Lust ist, und wenngleich die Arbeit als Fluch nicht überwunden werden kann, so trägt sie doch den Charakter selbstauferlegter Freiwilligkeit. Mit den Mitteln des High-Tech sehnt Frei Otto das Paradies zurück, das ihm seiner Überzeugung nach zur Gartenstadt wird, die er bis heute als dreidimensionale konzipiert.

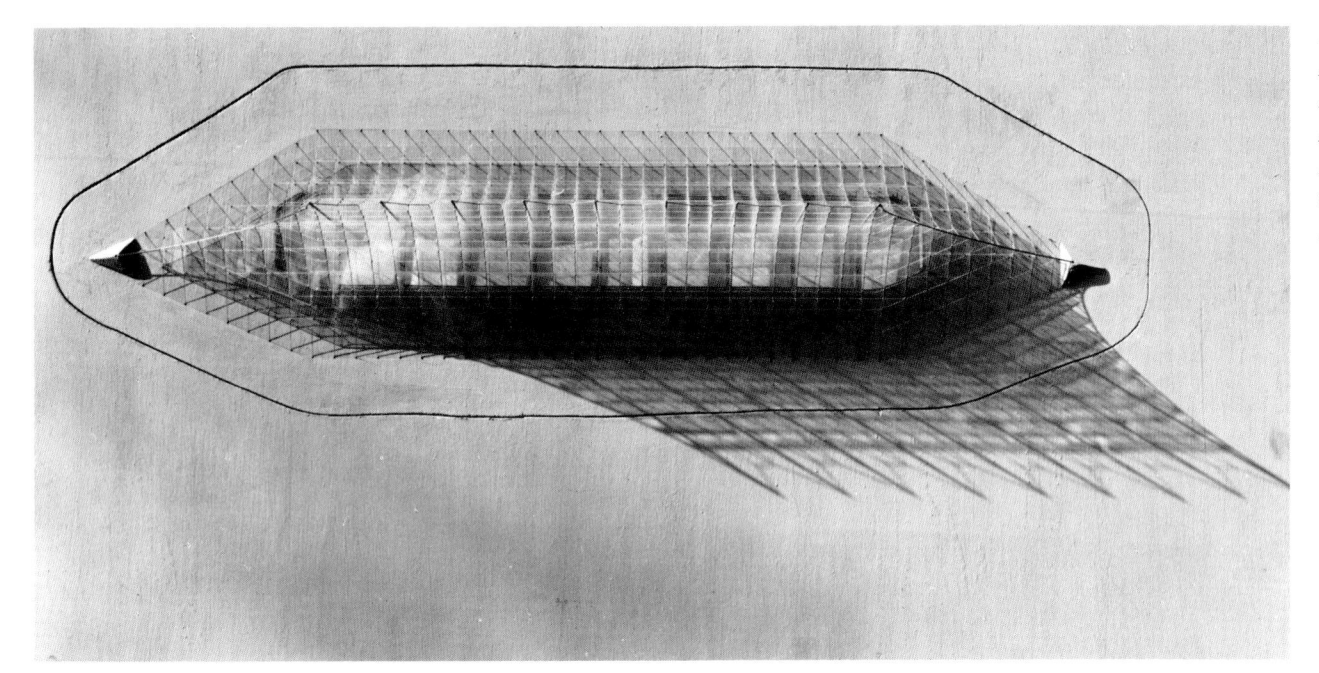

»Schiffshaus« nach dem Hängehausverfahren für Studentenwohnungen im Flußbett des Ahmedabad-Rivers, Studienarbeit mit indischen Studenten, 1966, Modell

»Schiffshaus« nach dem Hängehausverfahren für die Medizinische Fakultät der Universität Ulm, 3. Entwurf 1965, Modelle

93

*Konzentrationspunkt in einer
dichtbesiedelten Küstenregion,
Zeichnung Frei Otto, 1963*

*Hauptfußgängerader
für eine dichte Großstadt,
Zeichnung Frei Otto, 1963*

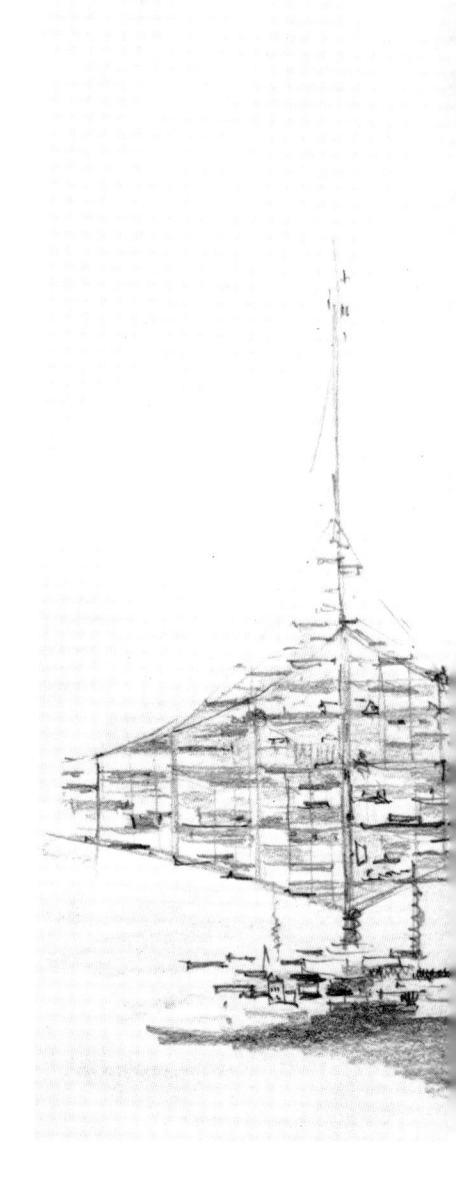

Ideenskizze für Großschirme in einer Großstadt, Zeichnung Frei Otto, 1980

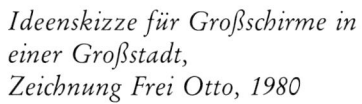

Ideenskizze für eine kombinierte Mast- und Hängehauskonstruktion, Zeichnung Frei Otto, 1980

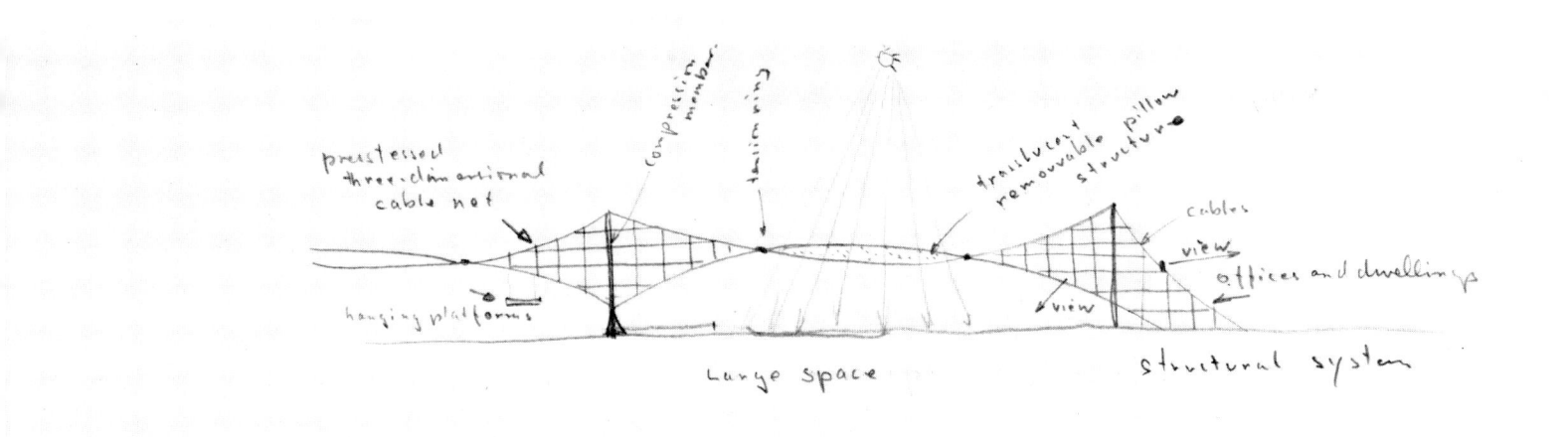

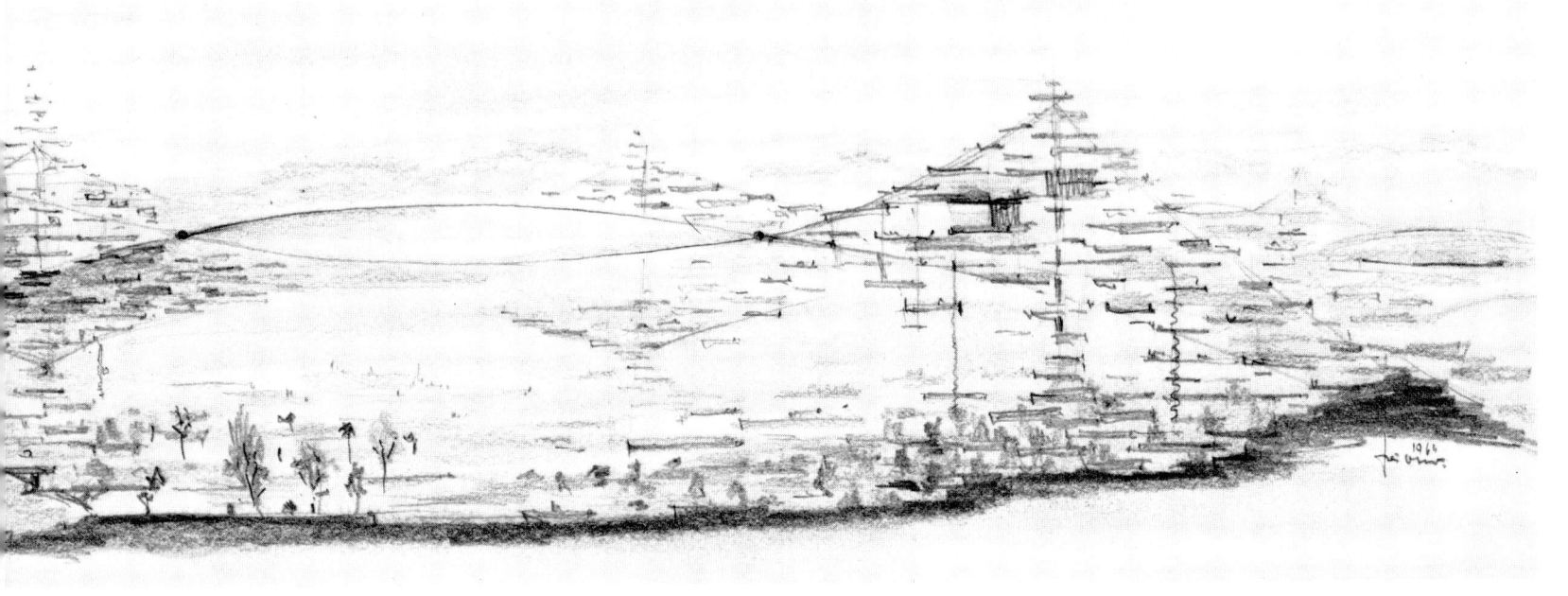

Ideenskizze und Klimastudie für Mast- und Hängehäuser, Zeichnung Frei Otto, 1964

»Die wachsende Stadt« – Das Haus als Nest

Bereits in seiner Studienzeit hatte Frei Otto die Leitideen zum Stadt- und Hausbau angerissen, und er vertritt sie bis heute. Viele Einflüsse sind darin verarbeitet worden. Zunächst einmal das Individiualitätsbedürfnis der Nachkriegsjahre, das seine Begründungen in einem der meistgelesenen Bücher jener Jahre *Der Aufstand der Massen* des Spaniers Ortega y Gasset finden konnte. Da ist ferner der Wunsch nach Mobilität, den sich die Campingbewegung jedenfalls als Freizeitkultur zu erfüllen wußte, und da gibt es den Wunsch nach der *Auflösung* der versteinerten Städte wieder, die nicht nur Bruno Taut vor Augen stand. Die erste Überlegung wird städtebaulich durch das Broadacre City-Konzept Wrights abgedeckt, die Vorlage zum Bild des mündigen Demokraten, der im Eigenheim lebt, im in die Landschaft eingepaßten organischen Haus, der freie, sich selbst verpflichtete Bürger *Weitlands*, der, was heute kurios erscheint, durch Benutzung des Automobils zum Weltbürger wird, der in keiner Stadt wohnt, da die Stadt überall *ist*. Für solch eine zersiedelte Landschaft in unseren Breiten prägte Frei Otto später den Begriff von der *Europastadt*. Der zweite Gedanke beruft sich auf Martin Wagner, der in seiner Studie zum *wachsenden Haus* und der gleichnamigen Bauausstellung in Berlin 1932 erstmals die bedürfnisgerechte Planung eines Hauses bis in die bautechnischen Voraussetzungen hinein verlängert hatte. Schließlich die Stadtkritik, die sich auf Ansätze der unmittelbaren Nachkriegszeit beruft, die die Bandstadtkonzepte ebenso aufgreift wie die Neighborhood-Idee aus dem angelsächsischen Raum. In *seinem* Konzept einer *wachsenden Stadt* (1959) entwarf Frei Otto eine verkehrsgerechte horizontal gestaffelte *Autobahnstadt* mit einem erweiterungsfähigen Kern und ebenerdigen Siedlungseinheiten für zunächst 5000 Einwohner, die bis zu 200 000 Einwohner anwachsen kann und damit eine Stadtgröße erreicht, die schon Wagner prognostiziert hatte. Als ideale Lebensform propagiert Otto das *anpassungsfähige Einfamilienhaus unter einem flachen Dach*, das von einem Nutz- und Ziergarten umgeben ist und *im privaten Besitz auf gemeinschaftlichem Grundeigentum* (Lit. 23, Nr. 6, S. 54) entstehen soll. Dieses Siedlungskonzept ist dem Hubert Hoffmanns verwandt, in dessen Atelier Frei Otto 1948 arbeitete, und das Hoffmann zusammen mit Johannes Göderitz und Roland Rainer 1957 in dem Buch: *Die gegliederte und aufgelokkerte Stadt* publik gemacht hatte.

Die Überlegung, das Eigentum in ein privates Ober- und ein gemeinschaftliches Untereigentum aufzugliedern, zeigt hingegen Anlehnung an Hebebrandt und Bernoulli. All das vorausgesetzt, fordert Frei Otto als obersten Planungsgrundsatz »... daß der Nachbar nicht in das eigene Grundstück sehen kann und daß er die Sonne nicht wegnimmt. Alles andere ist von zweitrangiger Bedeutung.« (Lit. 23, Nr. 6, S. 61) Die Siedlungsform, die Frei Otto vorgibt, ist demgemäß einfach. Quer zur Schnellstraße führen Erschließungswege zu den in Zeilen verlaufenden Einzelhäusern, wobei zwischen reinen Wohnstraßen, Fußgängerstraßen und befahrbaren Wohnwegen unterschieden ist. Ein Zentrum mit

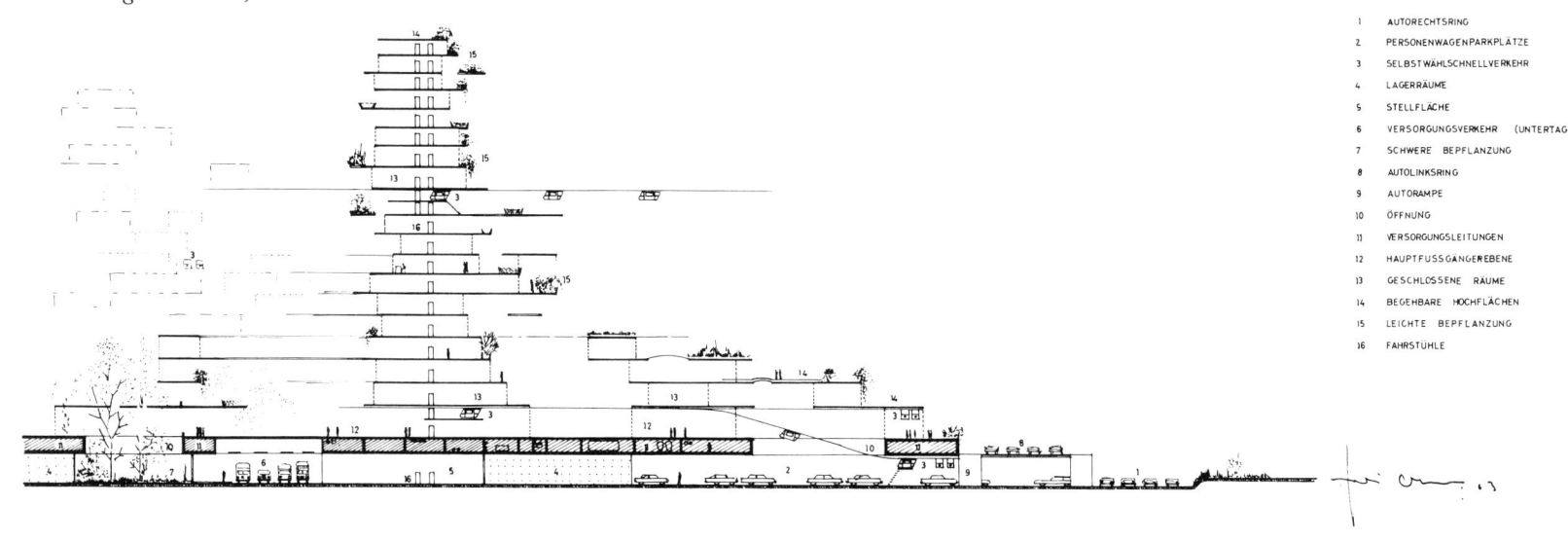

Schnitt durch ein Hängehaus in der »dichtbesiedelten Küstenregion«, Zeichnung Frei Otto, 1963

1	AUTORECHTSRING
2	PERSONENWAGENPARKPLÄTZE
3	SELBSTWÄHLSCHNELLVERKEHR
4	LAGERRÄUME
5	STELLFLÄCHE
6	VERSORGUNGSVERKEHR (UNTERTAG)
7	SCHWERE BEPFLANZUNG
8	AUTOLINKSRING
9	AUTORAMPE
10	ÖFFNUNG
11	VERSORGUNGSLEITUNGEN
12	HAUPTFUSSGÄNGEREBENE
13	GESCHLOSSENE RÄUME
14	BEGEHBARE HOCHFLÄCHEN
15	LEICHTE BEPFLANZUNG
16	FAHRSTÜHLE

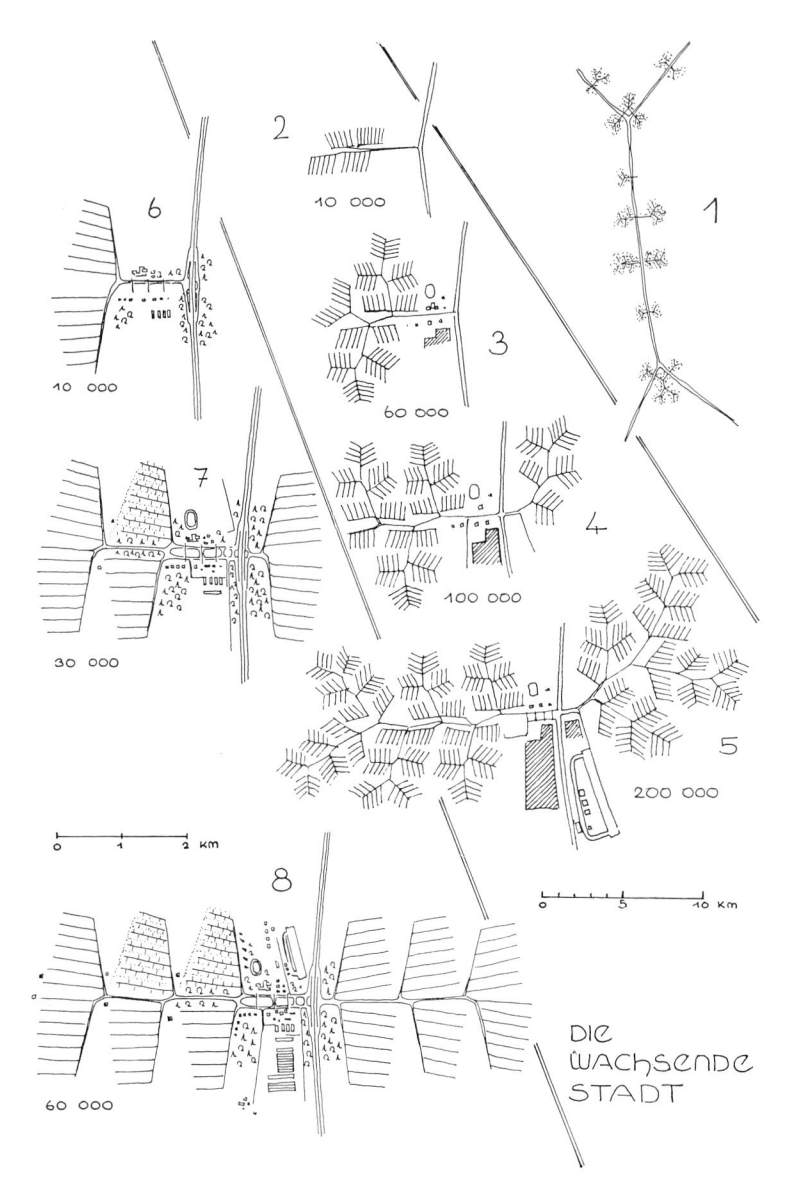

Schematische Darstellung zum Wachsen einer »Autobahnstadt« mit erweiterungsfähigem Kern, Zeichnung Frei Otto, 1959

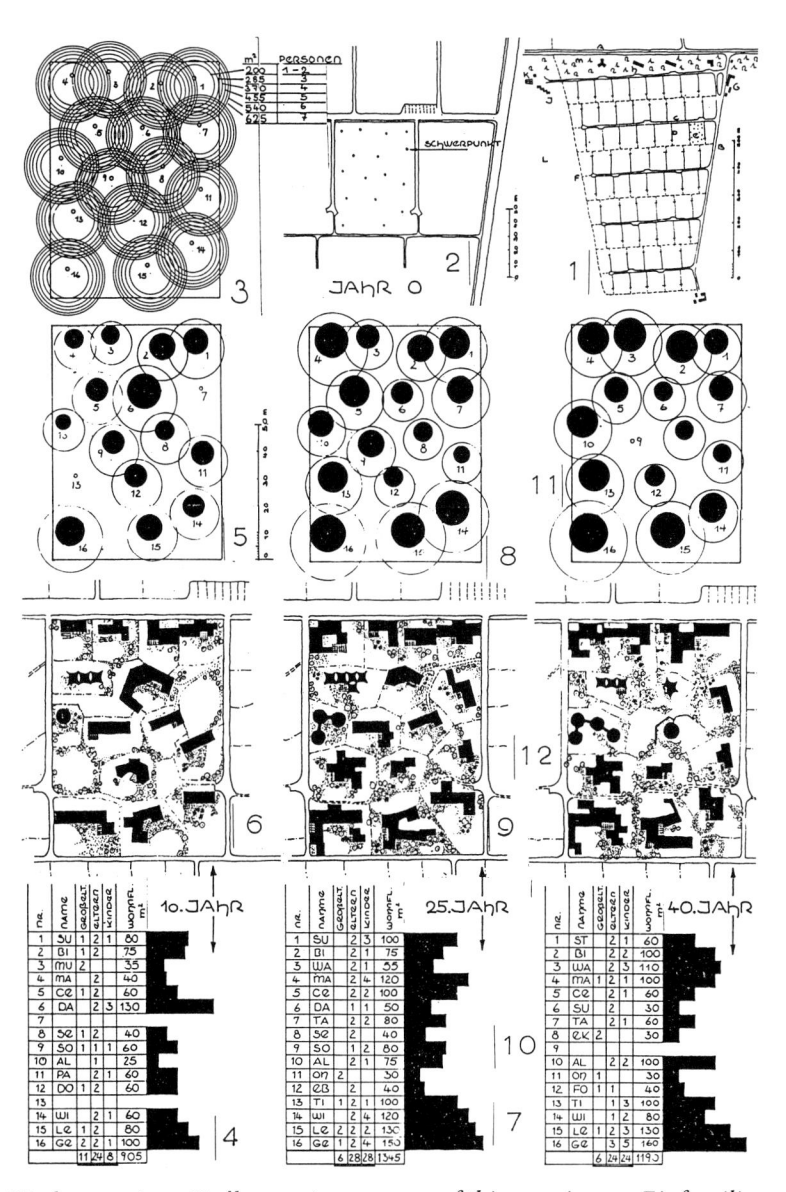

Wachstum einer Siedlung mit anpassungsfähigen privaten Einfamilienhäusern auf gemeinschaftlichem Grundeigentum in 40 Jahren

Hochhäusern für Alleinstehende, die Schule, die Kirche und das Einkaufszentrum liegen in der Nähe der Zubringerstraße. Auch Wohnwagen können anstelle des Eigenheims in die Gärten hineingestellt werden, ganze Trailerstädte, wie man sie aus Amerika bereits kennt, wären derart denkbar.

Das mobile Haus in einer gartenstadtähnlichen Stadtstruktur ist das Ziel dieser Planung. Die Überlegungen zu einem anpassungsfähigen Siedlungskörper beginnen bei den sozialen und ökonomischen Voraussetzungen. Entsprechend des sich ändernden Raumbedarfs der Menschen und ihrer jeweiligen Finanzkraft baut man abschnittsweise, oder

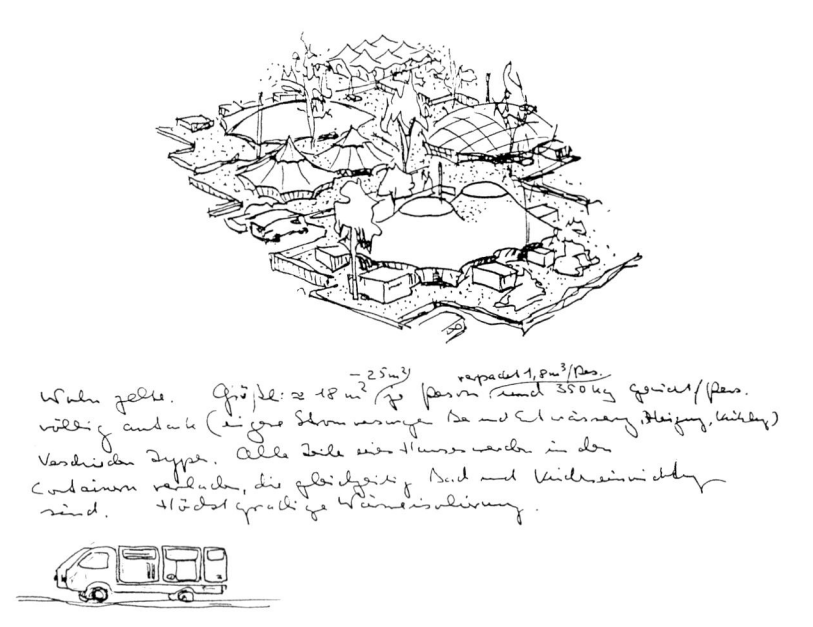

Zeichnung Frei Otto, 1959

wie Wagner das nannte: Der Bürger *baut auf Stottern*. (Lit. 21, S. 12) Gelöst wird das Problem grundsätzlich aber erst dann, wenn auch die Bautechnik dieser Anpassungsfähigkeit entspricht. Die Fertigbausysteme, die beispielsweise Konrad Wachsmann und Walter Gropius 1941 im *General Panel System* entwickelt hatten, gelten als wichtige Voraussetzungen, die Frei Otto in der Zusammenarbeit mit der Gruppe Geam (Group d'Étude d'Architecture mobile) um Yona Friedmann ausbauen will. Natürlich werden die Untersuchungen Buckminster Fullers berücksichtigt, der mit den *domes* leicht zu montierende Konstruktionen zur Verfügung gestellt hatte, die die Stadtfluchtbewegung der amerikanischen Hippies in den 60er und 70er Jahren tatsächlich bevorzugte, um im Selbstbau, entfernt von den großen Städten oft skurile Wohngebilde zu errichten, die zwischen *Gemüsebeet-Image und planetarischem Design* (Lit. 14, S. 204) schwanken.

Frei Ottos damalige Konzeption ist ohne Zweifel eine Kritik am bisherigen Stadtbau gewesen, strenggenommen eine Fluchtbewegung, einem *paradiesischen Sozialismus* verpflichtet, der schon Bruno Taut motivierte. Sie steht damit in der Tradition der Kritik an der Industriestadt, die von den französischen Sozialutopisten über die englische Gartenstadtbewegung reicht, und selbst Le Corbusier einschließt. Zwischen Affirmation des Stadtdschungels und seiner totalen Auflösung war deren tertium komperationis die Integration der Natur, in zwar unterschiedlichen, aber gleichermaßen biologische Voraussetzungen des Menschen reklamierenden Entwürfen. Den erhofften Effekt hat wohl Martin Wagner in seiner Dissertaton über *Das sanitäre Grün der Städte* am treffendsten formuliert. Dieser heilenden Wirkung auf die Psyche des Städters gesellte sich in den *organischen* Stadtkonzepten nach 1945 der Gedanke einer pazifizierenden Ausstrahlung der Natur hinzu. Die Zeitschrift *Der Bauhelfer* begann das erste Heft 1946 mit einer Zeichnung des Brandenburger Tors, dessen Instandsetzung gefordert wurde, wenngleich mit Veränderungen. Links und rechts ragen Bäume auf, Rankgewächse sollen das Tor überziehen und es irgendwann überdecken. Der Verzicht auf Erinnerung durch Verdeckung mag Verheißung eines Neuen, eines Besseren und womöglich auch Ursprünglichen reklamiert haben, auf jeden Fall aber wurde der Natur eine versöhnende Rolle zugemessen. Dieses Naturverständnis ist von der Stadtkritik als Zivilisationskritik im pragmatischen Kontext des Städtebaus in vielen Varianten auszumachen: als Stadtgrün in den Laubenkolonien, den öffentlichen Parks und den privaten Gärten, neuerdings in den Grasdächern, in den Hinterhofbegrünungen und begrünten Fassaden. Neu beansprucht wird dafür der Begriff der Ökologie des Biologen Haeckel, der schon um 1900 als *human ecology* den Soziologen und Sozialarbeitern in den Slums amerikanischer Großstädte dazu diente, den Entfremdungsprozeß des Menschen aus der verlorengegangenen Beziehung zu einer seinen biologischen Bedürfnissen angemessenen räumlichen Umgebung zu erklären.

Dem hat Frei Otto eine Variante hinzugefügt. Für den künftigen Stadtbau forderte er ein anthropologisches Grundmuster: *Das Haus ist eine Maschine*, so schrieb er 1954. *So soll es auch aussehen..., doch etwas am Haus ist untechnisch: das Nest, sein intimer Kern.* (Lit. 4, S. 14) Dieser intime Kern liegt für ihn im sozialen Feld die Familie, ihr Ort ist das Eigenheim, mit der Betonung auf der zweiten Silbe, denn Frei Otto ist nicht an jener *Entmarxung* (Baukunst und Werkform 1955, S. 281) interessiert, die man nach 1949 in der Förderung des Eigenheimbaus politisch gemeint hat. Von Bedeutung aber ist ihm die Suche nach einer *neuen Geborgenheit* (Lit. 11), die den Nachkriegsmenschen mit seinen *unendlich vielen Maskierungen der Leere* (Lit. 19, S. 21) kennzeichnete. *Die Kunst zu Hause zu sein* (Lit. 17) hieß noch 1965 der Titel einer Anthologie, in der Richard Neutra aufgriff, was Frei Otto dem Menschen im Nest-Haus geben will: den Hauch des *Urhauses*, das *untechnisch*, also natürlich ist, von der Harmonie zwischen Mensch und Natur geprägt, das die natürliche Umwelt respektiert und aus dem gemacht war, was der Mensch gerade vorfand; das über ein natürliches *paradiesisches Klima* verfügte, das *mitgeschleppt* werden konnte wie das *Zelt oder die Jurte. Es wurde von den Bewohnern selbst gebaut, war veränderbar und anpassungsfähig. Es war nur haltbar, wenn es gepflegt wurde. Sonst verschwand es umweltfreundlich von selbst.* (Lit. 4, S. 143) So hatte Frei

Otto diesen Gedanken im Vortrag zum 122. Schinkel-Fest in Berlin 1977 formuliert. Das Haus ist nach seinem Verständnis im wesentlichen Klimahülle, das *Architekturhaus* hingegen eine Fehlentwicklung, *ein aggressives Werkzeug zur Unterjochung der Natur.* (Lit. 4, S. 143) Seit 1952 hat er an der Rückgewinnung solcher Klimahüllen für den Wohnbereich gearbeitet. Im ersten von ihm gebauten Einzelhaus, dem Haus Mrozek bei Bremerhaven, hatte er durch die passive Nutzung der Sonnenenergie und die Anwendung neuer Dämmvorrichtungen und Isolierverglasungen *das natürliche Innenklima* verbessern können und damit versucht, das Haus selbst zu renaturalisieren. Im Atelierentwurf Dierkes ist der Wunsch nach Adaption des Hauses noch deutlicher; es ist in einen Erdhügel hineingesetzt und mit einer aufgebuckelten Membrane überspannt, eine Idee, die er in der Skizze zum *Landhaus in Italien* in der Toscana vollendet hat.

Ebenerdiges Wohnhaus aus sandgefüllten Foliensäcken, Zeichnung Frei Otto, 1959

Bildhaueratelier Paul Dierkes, 1958, Modell

Landhaus in Italien, in einen Hang eingefügt. Zeichnung Frei Otto, 1980

Das Glanzstück aber ist sein eigenes Wohnhaus in Warmbronn, das in zwei übereinanderliegende Bereiche gegliedert ist; an der Straße befindet sich das Ateliergebäude, darüber und für den Vorbeigehenden unsichtbar, das Wohnhaus. Beide Gebäude sind an den kleinen Hügel angeschmiegt. Das Wohnhaus ist bestimmt durch den zentralen Wohnraum unter einem Gewächshaus aus Drahtspiegelglas zwischen Stahlsprossen, das ein einfahrbares Südtor hat und eine ausfahrbare Markise als Sonnenschutz. Links und rechts davon liegen die außen mit Holzlatten verkleideten Wohnräume der Familie.

Daß Frei Otto meinte, durch diese Adaptionsarchitektur in ebenerdigen Einzelhaussiedlungen dem zersiedelten Landschaftsbild zu entgehen und auch der Kritik, wie sie beispielsweise Alexander Mitscherlich 1965 zum *Unfrieden anstiftend* im Namen des *Biotop Stadt* (Lit. 18, S. 26f.) geführt hat, ist immerhin bedenkenswert und noch in anderer Hinsicht von Bedeutung. Denn anstatt die Sehnsucht nach dem Ursprünglichen im konsumistisch verkehrten, *unberührten* Urlaubsparadies zu akzeptieren, versuchte Otto deren Rückgewinnung für den Alltag nicht durch die Wiederbelebung eines *formal* Archetypischen, sondern im Sinne einer psychokulturellen Identifikationsfigur – die ihm das Nest ist. Gaston Bachelard hat in seiner *Poetik des Raumes* das Nest als ein zentrales Motiv des Lebenstriebs interpretiert: *Weder das Nest noch das Traum-Haus, weder der Haus-Traum noch das Nest – wenn wir wirklich am Ursprung der Bilder sind – kennen die Feindlichkeit der*

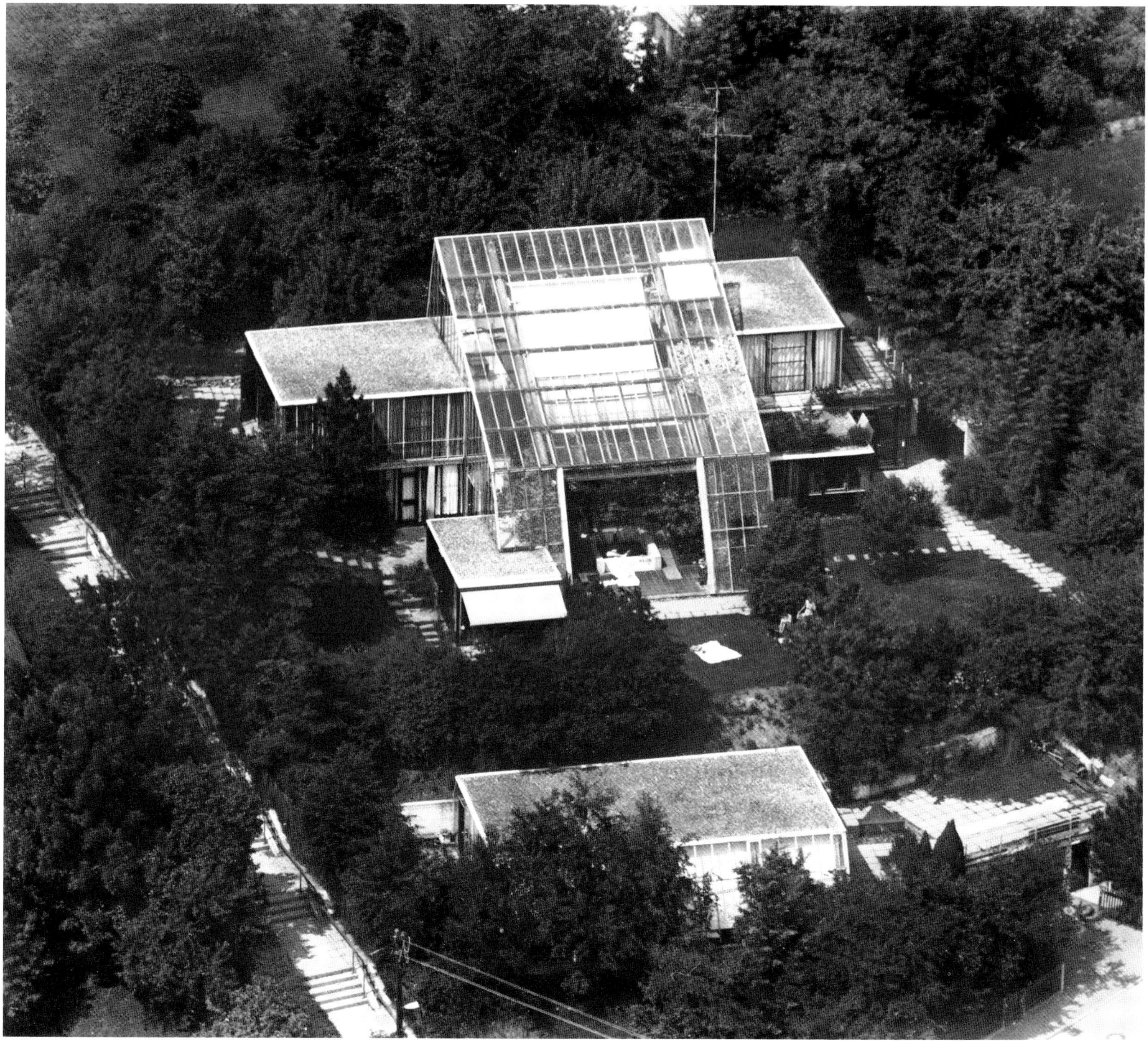

Atelier und Wohnhaus des Architekten in Warmbronn, 1967/69. Ansicht, Schnitt und Grundrisse

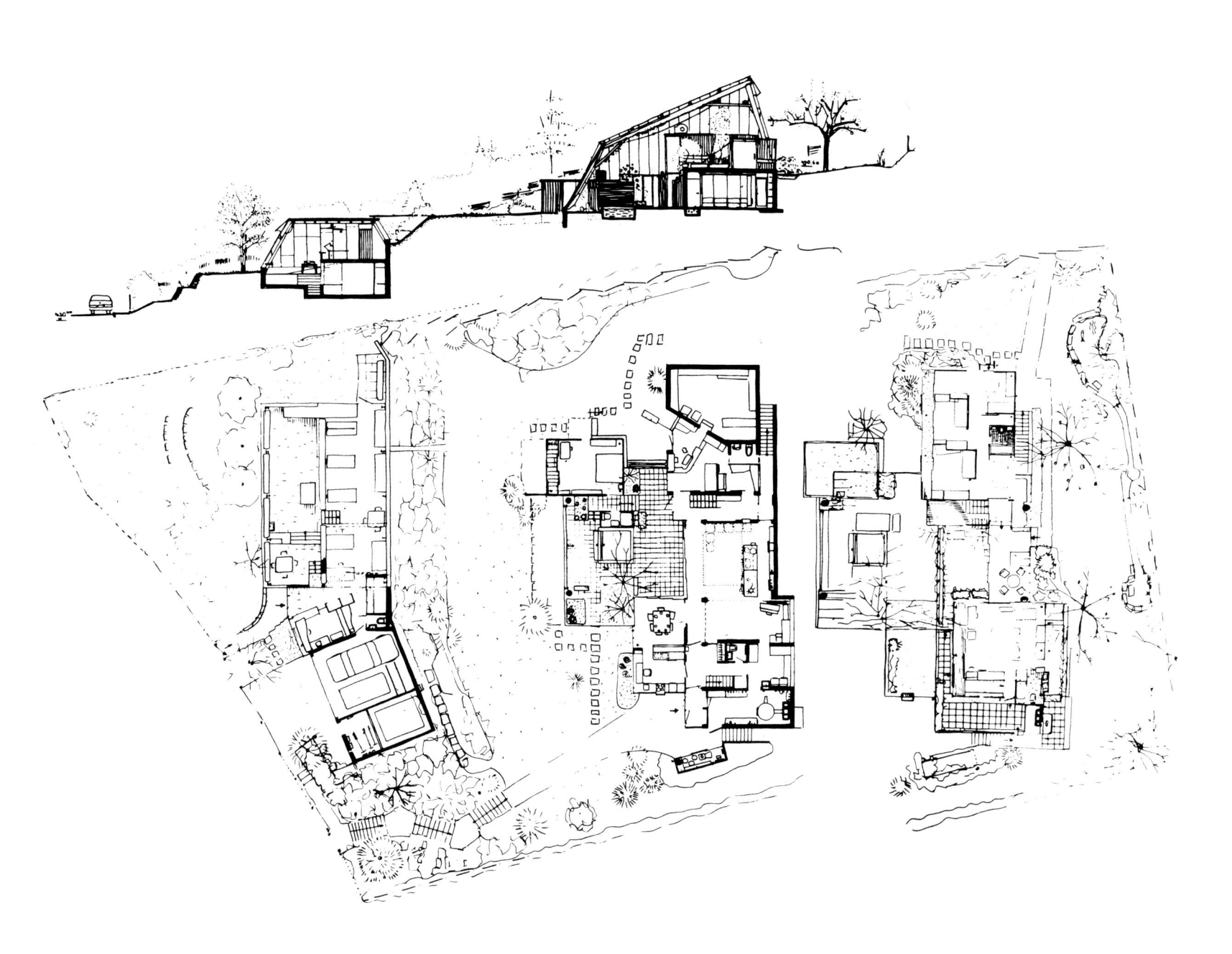

Welt. (Lit. 9, S. 132) Davon ist Frei Ottos Idee der Klimahülle, ob als Einzelhaus oder Großraumstruktur, durchzogen, und trotz aller technologischen Brisanz solcher Projekte zeigt sein Entwurf für eine *Schwimmende Stadt* von 1959 den Kern dieser Architekturauffassung: Es ist eine aufs Wasser verlegte Gartenstadt, eine Laubenpieperkolonie, womit einer Lebensform gehuldigt wird, die Otto inmitten des *steinernen Berlin* (Werner Hegemann) immer besonders geschätzt hat.

Die schwimmende Stadt, Zeichnung Frei Otto, 1959

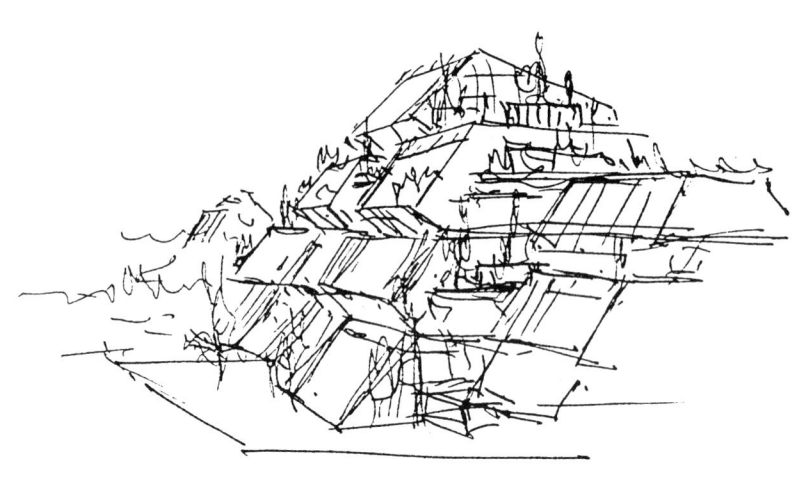

Mehrgeschossiges Wohnhaus nach dem Baukastenprinzip (Grundeinheit wie Wohnbereich Warmbronn), Ideenskizze Frei Otto, 1967/68

Ideenskizze zum Wohnhaus Warmbronn, Frei Otto 1966/67

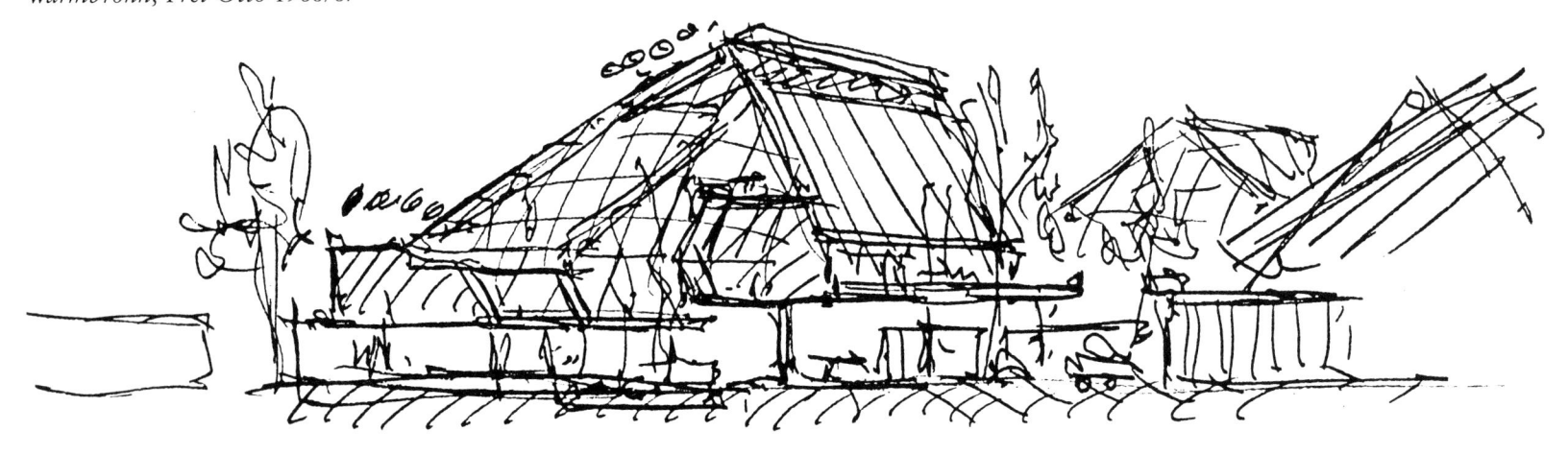

*Atelier Warmbronn,
Innenansicht*

*Zentraler Wohnbereich des
Wohnhauses in Warm-
bronn, Innenansicht*

SO SIEHT DAS UNGEFÄHR AUS.

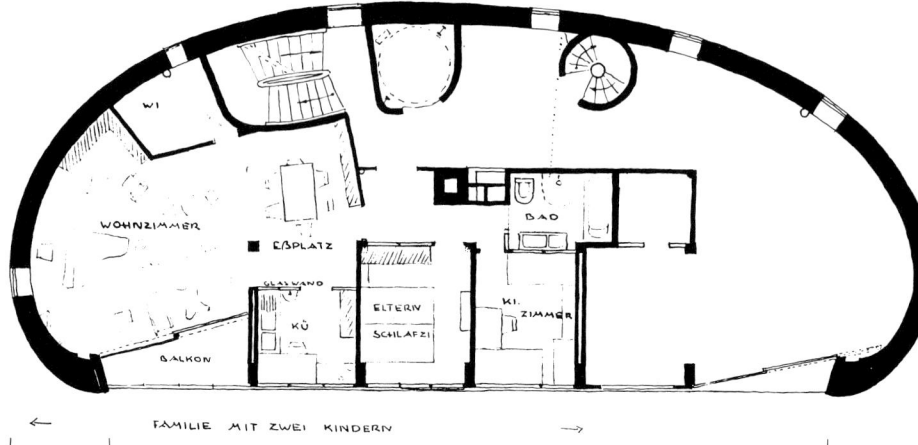

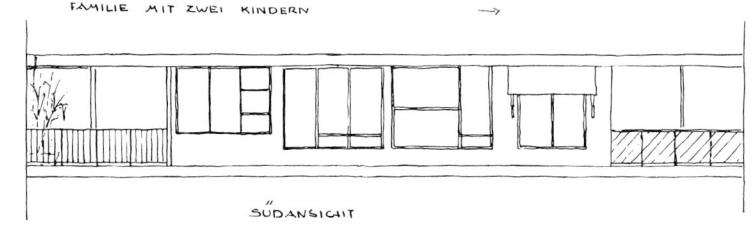

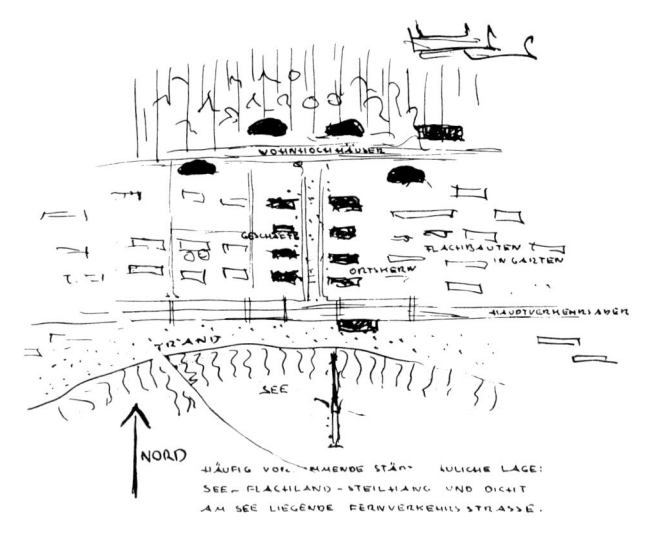

Städtebaulicher Entwurf am Lehrstuhl Freese, Technische Universität Berlin, Zeichnungen Frei Otto, 1951. Wohnhochhaus als senkrechte Schalenkonstruktion, Grundriß und Fassadenausschnitt

Lageplan

Wohnhochhaus für 12 Familien, Grundriß, Ansicht (rechts oben)

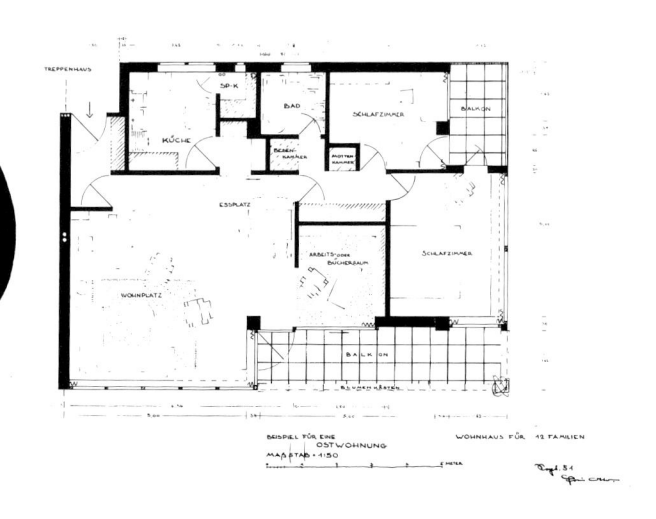

Frei Otto wußte natürlich, daß die herkömmlichen Städte nicht ganz und gar überfällig waren, was ihn veranlaßte, die Überlegungen zum Einzelhaus, zum naturgebundenen ebenerdigen Wohnen auf städtische Verhältnisse zu übertragen, sozusagen in die Dreidimensionalität zu erhöhen. In einem städtebaulichen Entwurf, der am Lehrstuhl Freese der Technischen Hochschule Berlin 1951 entstand, hatte er das erstmals versucht. Am Beispiel eines Zwölffamilienhauses führte er damals aus: *Ein Unternehmer baut ein Hausgerippe klarsten Grundrisses bestehend aus Decken, Stützen und senkrechten Verkehrsanlagen (Treppe, Fahrstuhl, Versorgung). Jede Wohnung wird gleichzeitig mit dem dazugehörigen Grundstücksanteil verkauft. Es gibt also keinen Hausalleinbesitzer. Jeder Teilbesitzer hat vollstes uneingeschränktes Recht von Decken bzw. Mittelwandmitte. Er baut sich mit seinem Architekten nach seinem Gutdünken sein Haus. Er hat dafür volle Freiheit. ... Man hat das Gefühl der Unantastbarkeit. Man kann seine Wohnung mit aller Sorgfalt eines Eigenheimes gestalten ... Überall wohnen verschiedene Menschen mit verschiedenen Wohnungen. Man sieht es dem Hause von außen an. Man weiß sofort, wo wer wohnt.* (Erläuterungsbericht) Für solche *Eigenheime auf der Etage*, die seit 1951 durch das *Wohnungseigentumsgesetz* gefördert wurden, hatte Frei Otto ein konstruktives Gerippe aus Stahl-Schwerbeton mit durchlaufenden Platten zwischen 32 bzw. 34 Zentimetern Dicke vorgesehen, die von einfachen Stützen getragen sein sollten. Veränderlich im Grundriß, anpassungsfähig an die jeweiligen familiären Bedürfnisse, selbständig ausbaubar, bewohnerbezogen. Wenngleich die besondere Wertschätzung des Selbsthilfegedankens hier wegen der besonderen Aufgabe fallengelassen worden war, jetzt nach 36 Jahren ist sie für das Ökohausprojekt, das Frei Otto zusammen mit Hermann Kendel im südlichen Tiergartenviertel Berlins plant, wieder im Gespräch. Natürlich hat der Zeitraum neue Gesichtspunkte in das Berliner Projekt einfließen lassen, aber der Grundgedanke von einst ist auch hier derselbe. Auf einem der schönsten Grundstücke, das sich in dem Berliner Wettbewerbsgebiet der Internationalen Bauausstellung befindet, citynah und gleich neben der grünen innerstädtischen Lunge, dem Tiergarten gelegen, sind auf einem Gelände mit herrlichem altem Baumbestand drei mehrgeschossige Stahlbetonskelette geplant. Mit großer Sorgfalt hat man ihre Position im Gelände herausgearbeitet, um den nach der Kriegszerstörung entstandenen Biotop möglichst unangetastet zu lassen und gleichzeitig die größtmögliche Besonnung für die einzelnen Wohneinheiten zu garantieren. Der konstruktive Kern besteht hier aus einer doppelschaligen Betonkonstruktion, die von T-Stützen getragen wird; die Versorgungseinrichtungen sind in einem zentralen Kern untergebracht. Durch die aufgekanteten Platten, die in den oberen Geschossen weit zurückgesetzt sind, um den darunterliegenden Wohneinheiten genügend Belichtung zu garantieren, erhält das Gerüst bereits eine organische Form, die an Ottos Baumhäuser aus den 60er Jahren erinnern. In diese Gerüste sollen 25 bis 30 *Eigenheime auf der Etage* von den zukünftigen Bewohnern mit Architekten ihrer Wahl eingeplant werden, so daß individuell gestaltete Wohneinheiten entstehen, für die einzig gemeinsame ökologische Richtlinien bindend sind. Alle Wohneinheiten werden über einen Innen- und einen Außengarten verfügen, der je nach Geschmack der Bewohner zu begrünen ist; Frei Otto stellt sich hängende Gärten vor, die selbst zur Kleintierhaltung nutzbar sein können. Ob Nutz- oder Zierpflanzen gewählt werden, zusammen mit den anzulegenden Wasserbecken ist eine Gartenlandschaft geplant, die den verglasten Innengärten als Wärmepuffer dienen soll und ein natürliches Wohnklima unterstützt. An passive und aktive Sonnenenergieausnutzung ist gedacht, die großen Außenfenster können durch *Steppdecken* (Frei Otto) wärmegedämmt werden, Sonnenkollektoren sind so angebracht, daß sie wie Schirme aufgespannt werden können und bei großer Sonneneinstrahlung gleichzeitig als Schattenspender fungieren. Da jedoch die Sonnennutzung in Berlin eine ausreichende Beheizung und Warmwasserversorgung nicht gewährleistet, wird es in diesen Häusern ein konventionelles Heizungssystem geben, das den dritten, den eigentlichen Wohnbereich versorgen muß.

Unter besonderer Berücksichtigung energiesparenden Bauens lebt für die Internationale Bauausstellung ein Konzept wieder auf, das Frei Otto 1959 in seinen Baumhäusern für New York vorschwebte. Damals hatte er am Rande des Central Park abgeschirmte Wohnungen nach dem

Rohbaukonstruktion für die »Öko-Baumhäuser« auf der Internationalen Bauausstellung Berlin 1987, Modell

Ideenskizze, Modelle und Sonnenkollektor (rechte Seite) der Öko-Baumhäuser

Hängehausverfahren vorgeschlagen, mit Parkplätzen im unteren Bereich, Läden und Galerien auf den verschiedenen Ebenen und begrünten Dächern. *Die vielen Stockwerke eines solchen Hauses können vom Mittelmast aus nach allen Seiten wachsen wie ein Baum.* (Lit. 23, Nr. 6, S. 82) Sieht man die Ökohäuser aus den 80er Jahren in diesem Kontext, dann erscheinen sie als späte Realisationen dessen, was Frei Otto damals die *Reparadiesierung der Städter* genannt hat. Um die Probe aufs Exempel zu geben, daß das anpassungsfähige Bauen nicht zu Raumtragsystemen führen muß, wie sie die Riesenhauskomplexe *mit Löchern drin zum raussehen* (Frei Otto über die architecture brut) der *Habitat 67* auf der Weltausstellung in Montreal oder das Metastadtsystem in Wulfen-Barkenberg darstellen, ist zu wünschen, daß diese Häuser 1987 zur Eröffnung der Internationalen Bauausstellung Berlin fertiggestellt sind.

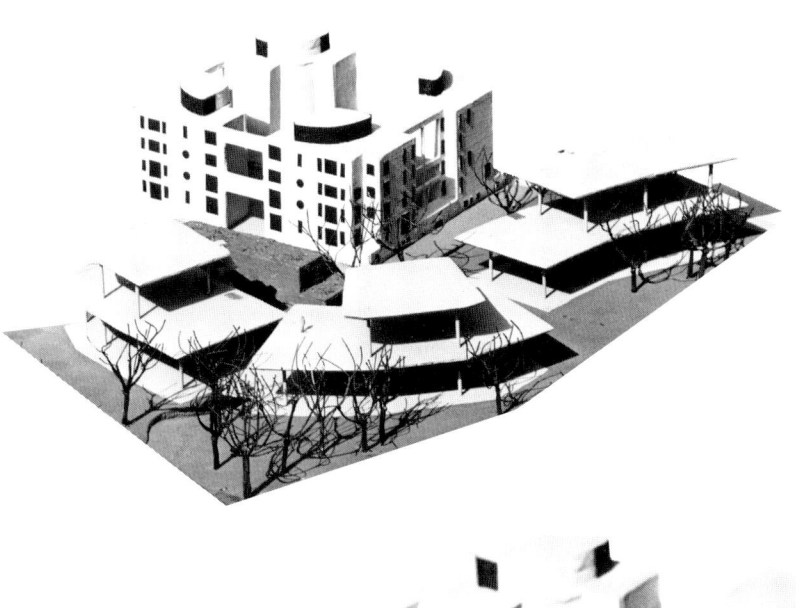

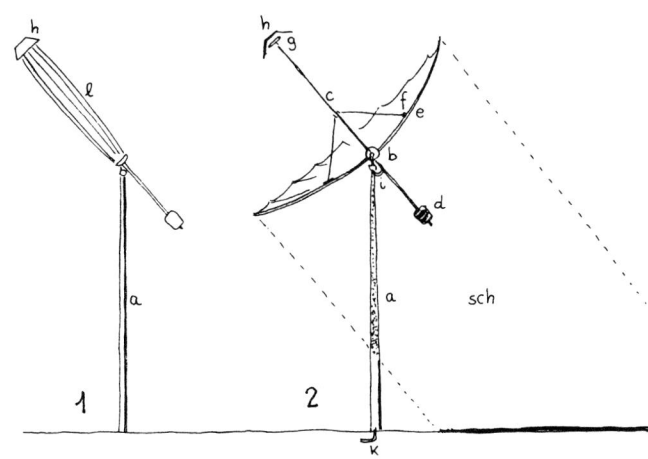

a = Stab, b = Gelenk, c = Schirmstiel, d = Gegengewicht, e = Schirmspeiche,
f = Spiegelfolie, g = schwarze Heizschlange, h = Schutzkappe

Design Projekt »Golden Eye«, Entwürfe Frei Otto, 1984/85, Vormodelle

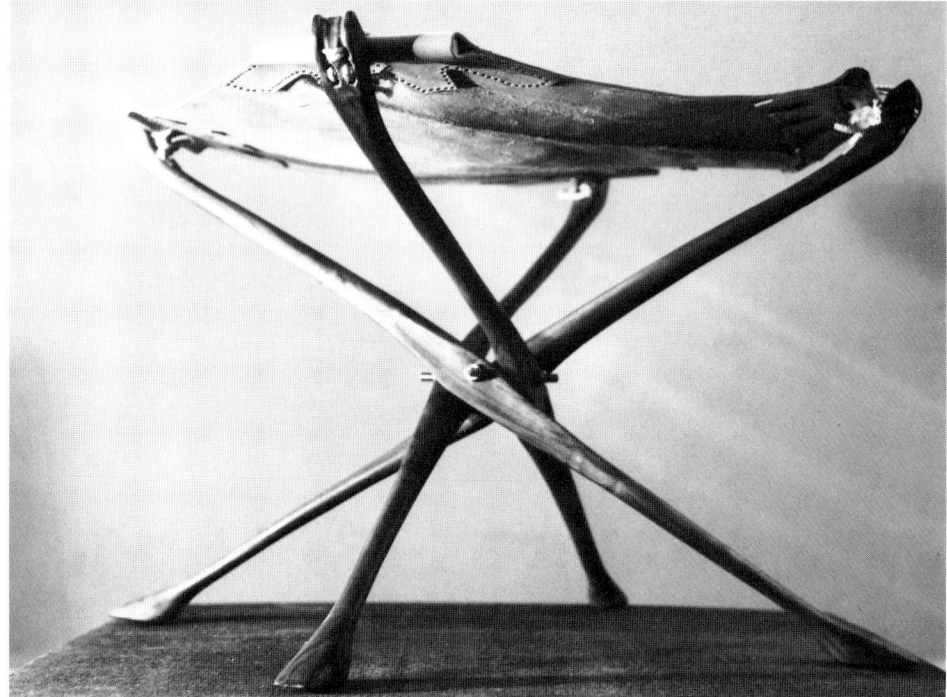

Erweiterungsbau der Möbeldesignschule Hooke Park Forest, Modellbau für das Studentenwohnhaus, 1983/84

Detail der Holzbalken- und zugbeanspruchten Seilkonstruktion

Arabien und anderswo...

»Jetzt habe ich soviel von der Wüste erzählt, daß ich nun auch eine Oase beschreiben möchte.«
(Antoine de Saint-Exupéry, 1939)

Frei Otto ist ein hochgerühmter Architekt, ja mehr, er ist zu einer Institution geworden. Heute betreut er architektonische Großprojekte überall in der Welt, aber auch kleineren *Pretiosen*, – was wörtlich zu nehmen ist – widmet er sich mit Hingabe. Seit der Steinmetzlehre beim Vater galt sein Interesse der Bildhauerei, aber auch der Malerei und dem Design. Gern nahm er daher die Bitte des New Yorker Cooper-Hewitt Museums an, sich an einem Ausstellungsprojekt zu beteiligen, das unter dem wohlklingenden Namen *Golden Eye* Ende 1985 eröffnet werden soll. Ein Kulturabkommen zwischen den USA und Indien war für das amerikanische Museum der Anlaß, westliche Designer und Architekten um Entwürfe zu bitten, die von indischen Kunsthandwerkern ausgeführt werden, aber den westlichen Käufergeschmack treffen sollen. Frei Otto hat sich entschlossen, ein kleines, exklusives Ensemble für eine amerikanische Party zu entwerfen, eine Aufgabe, die dem Gesamtkünstler Frei Otto sichtlich Freude macht. Da wird es zwei Zelte geben, ein größeres, das zehn mal zehn Meter große taj (Krone) – Zelt aus Holz, Bambus und einem Baumwollbezug, das ein indischer Maler bemalen soll und das im Freien stehen wird. Und es gibt den Entwurf für eine kleinere Jurte, ein umbrella-tent, das sehr schnell aufzuschlagen ist und im Inneren des Ausstellungsbereichs stehen wird. Für die Partybesucher hat er ein Festgewand aus kostbarer indischer Seide vorgesehen, die Dame und den Herrn schmücken Diamantringe, deren Steine in schwarzem Kohlefasersamt gefaßt sind. Für die Möblierung ist gesorgt, und der Entwurf zu einem Marmortisch liegt vor. Bestecke aus damasziertem Stahl mit Goldplättchenauflagen für die Finger und ein Service aus türkis gefärbtem Steingut sind bereits in Ahmedabad hergestellt worden. So überraschend uns diese Exkursion ins Reich des Luxus auch vorkommen mag, es ist kein Neuland, das Otto hier betritt. Dem Design galt seine Liebe schon in früheren Zeiten. Die Stühle, Tische, Sessel, Betten und Lampen, die er in den 50er Jahren meist für den eigenen Gebrauch herstellte, haben immerhin im Montrealsessel und dem entsprechenden Stuhl, beide aus Holz mit einem hellbraunen Lederbezug, Nachfolger gefunden, die auch für den Markt bestimmt waren.

Zur gleichen Zeit arbeitet Frei Otto mit seinen Mitarbeitern an einem neuen bautechnisch interessanten Projekt. In Hooke Park Forest, Dorset (England) planen die Architekten Richard Burton, Koralek und Ahrend in Kooperation mit dem Statikbüro Happold einen Schulkomplex. Er ist als Erweiterungsbau der bestehenden Möbeldesignschule vorgesehen. In getreuer Befolgung des Axioms von der notwendigen Referenz eines Bauwerkes an seine Umwelt, wird diese Schule aus dem Holz errichtet, das auf dem angehenden Baugelände verwurzelt steht und den Baumaßnahmen weichen muß. Dieser Vorgang des Recycling muß mit einer Schwierigkeit rechnen, denn da geplant ist, die noch nassen Hölzer sofort zu verarbeiten, muß die Konstruktion die starke Schrumpfung berücksichtigen. Die Anlage wird aus drei unabhängigen Komplexen bestehen: dem Gemeinschaftsraum, für den ein Rundzelt vorgeschlagen ist, einer Lehrwerkstatt, die eine PVC-beschichtete, mit Grassoden überzogene Gitterschale überdeckt und dem mehrgeschossigen Gebäudetrakt für die Studentenwohnungen, der unter einem hängenden Giebeldach entsteht. Ein kleines Modell vermittelt bereits einen Eindruck dieses Wohnhauses, bei dem der starre Firstbalken durch ein Gratseil ersetzt worden soll, das die zugbeanspruchten Seile hält. Die Eindeckung wird aus einer PVC-Membran mit Kiesbeschichtung bestehen, so daß auch dieses Dach bald begrünt sein wird.

Den Architekten der kühnen Großkonstruktionen finden wir heute vornehmlich in dem Land, in dem er seit 1967 beinahe alle Konstruktionen, die ihn bislang beschäftigt haben, hat realisieren können. Dort findet man sein hängendes Dach ebenso wie seine Zelte, denn die Rede ist von Saudi Arabien, dem Land, dessen Bewohner seit alters her leichte Flächentragwerke bewohnen, ein Land des unermeßlichen Raumes und eines Reichtums, mit dessen Hilfe der Sprung zur mächtigen Industrienation nun architektonisch deutlich werden soll. Im Wadi Hanifah in der Nähe Rijads entsteht derzeit ein Projekt, das nach einigem Verwirrspiel jetzt nach den gemeinsamen Plänen des arabischen Architektenteams OMRANIA (Nail Fanous und Basem Shihabi) und dem Team Frei Otto gebaut wird. Auf einem hohen, rötlichbraunen Felsplateau ist der Diplomatic Club nach dem Vorbild einer arabischen Wüstenstadt geplant. Das Zentrum ist der weitläufige, begrünte Innenhof mit einem Brunnen. Darüber entsteht erstmals ein farbiges Zelt, die Glasbemalung entwarf Bettina Otto, die Tochter des Architekten. Nach langen Jahren erfüllt sich hier ein Wunsch, denn Otto hätte gerne schon einmal ein bemaltes Zelt gebaut, am liebsten nach einer Vorlage des befreundeten Hermann Finsterlin. Was dem riesigen Komplex aus Konferenzräumen, einem Hotel und Restaurants, zu dem Büroeinheiten wie umfangreiche Sportanlagen gehören, aber den auftrumpfenden Charakter nehmen sollte, das luftige Innenzelt, wird jetzt von einer hohen Mauer mit Natursteinverkleidung umfriedet. Allein die drei Außenzelte als reine Membranbauten aus Teflon beschichtetem Glasfasergewebe vermögen den Eindruck einer Zitadelle noch zu mildern. Denn entgegen Ottos ursprünglichem Wunsch hat man die Anlage statt zwei- später dreige-

DIPLOMATIC CLUB AERIAL VIEW

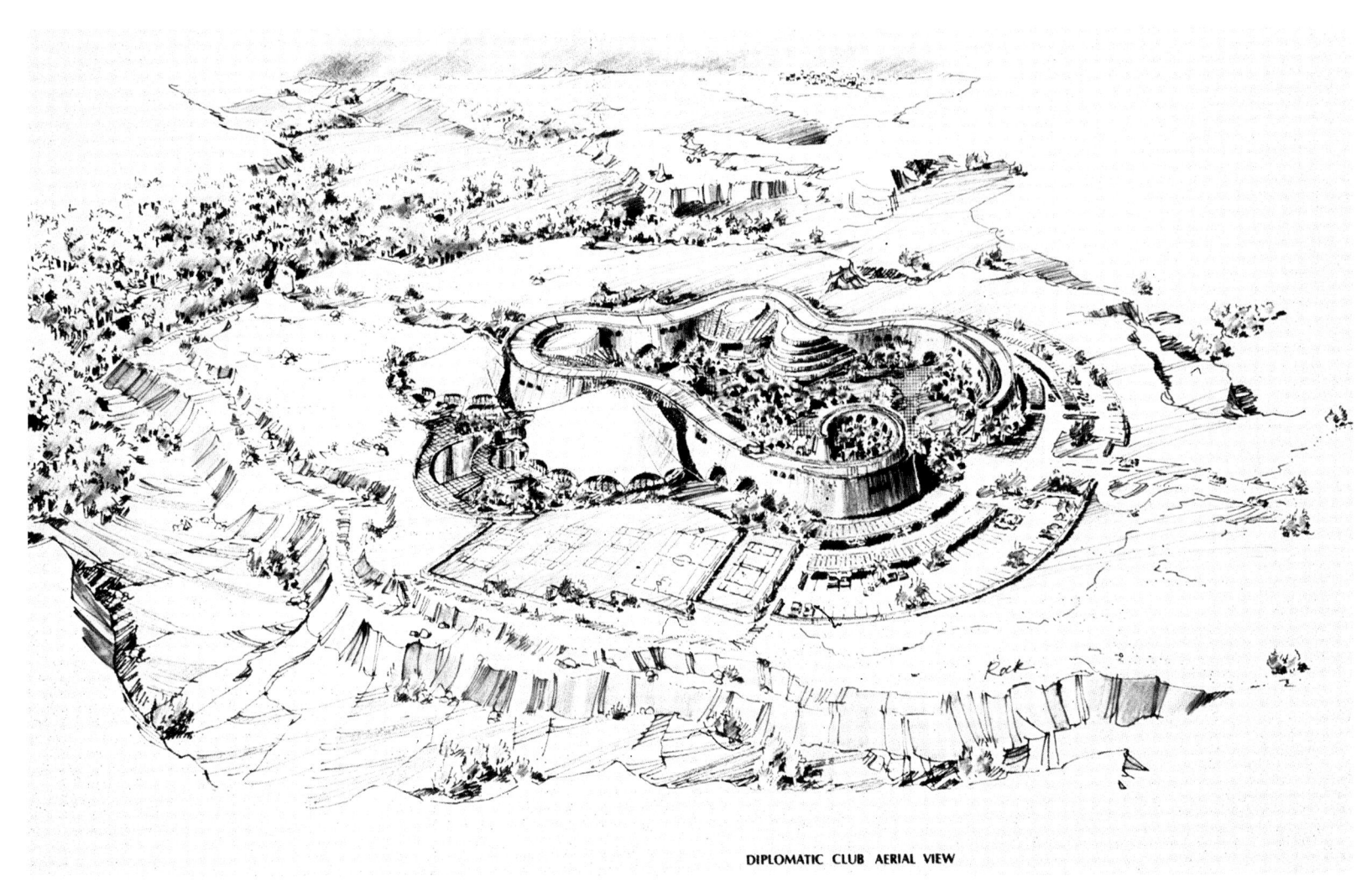

Diplomatic Club bei Rijad, Zeichnung Büro OMRANIA, 1981/82

schossig gebaut; jetzt ist sie ihm zu monumental. *Zarte Sensibilität, Menschenliebe, die besondere Sinnlichkeit der gastfreundlichen Moslems ist dem Verlangen nach Repräsentanz neureicher Nomaden gewichen.* (F. Otto, unveröffentl. Ms.)

Unter diesem veränderten Repräsentationsbedürfnis hat inzwischen auch ein anderes Projekt zu leiden, das Frei Otto zusammen mit dem Büro Gutbrod für die *Abdul Aziz University* in Jeddah 1981 fertiggestellt hat. Eine Sporthalle mit einer Grundfläche von 7500 m², die drei Handballfelder, drei kleinere Turnhallen und Tribünen beherbergen sollte, fand unter einer riesigen Seilnetzkonstruktion Platz. An acht Stahlrohrmasten befestigte man das Netz mit der bekannten 50 cm Maschenweite. Außen war es mit einem sandfarbenen PVC-beschichteten Polyesterfaserschwergewebe eingedeckt worden und auch im Inneren ist das Seilnetz unsichtbar, denn hier spannte man eine leichte Membrane unter das Netz. Wie bei den traditionellen Nomadenzelten garantierte auch in diesem Großzelt die Querlüftung durch den Wind eine natürliche Klimatisierung, die bei Bedarf jedoch durch eingebaute Klimageräte unterstützt wird. Das geplante kleine Dorf, in dem Clubräume, Restaurants und Umkleideräume untergebracht werden sollten, wurde nicht errichtet, und jetzt steht auch das Zelt nicht mehr unwidersprochen: Es ist im Laufe der Jahre für das Verständnis der Saudis zu schmutzig geworden. In der Tat war es dem Team nicht gelungen, den Staub fernzuhalten, der sich in die Zwischenräume setzte. Daß sich das Zelt dadurch seiner natürlichen Umgebung anpaßte und einer großen Sanddüne, einem ganz alltäglichen Nomadenzelt immer ähnlicher wurde, entspricht nun gar nicht dem an westlicher Architektur orientierten Geschmack saudischer Ölscheichs, die diesem seltenen Fall von gelungener Integration westlich geprägter Bautechnik und morgenländischer Bau- und Lebensweise zunehmend unverständig gegenüberstehen.

Einen Hauch von Märchenarchitektur hätte denn auch das repräsentative Regierungszentrum von Rijad umgeben, das Gutbrod und Otto zwischen 1977 und 1980 planten, und das Udo Kultermann (arcus 1985, Nr. 2, S. 85ff.) aus dem Reigen einer imposanten Metropolenarchitektur, wie sie in den letzten Jahren für das einstige Oasendorf in Betracht gezogen wird, ob seiner Nähe zur arabischen Bautradition herausgehoben hat. Im Zentrum dieser kleeblattförmigen Anlage steht das *King's Office* mit der angegliederten Moschee. Es wird flankiert von dem Komplex des *Council of Ministers* und der *Majlis-Al-Shura*, der traditionellen Versammlungsstätte der Volksanhörung. Die gewählte Zuordnung der einzelnen Gebäude läßt Assoziationen an die Risalitgliederung einer barocken Schloßanlage durchaus aufkommen, wenngleich ikonografische Bezüge die moslemische Tradition streng beachten, die wie im Falle des Symbolgehaltes der Zahl Sieben auf ältere Mythologien zurückgeht, die unseren christlichen Kulturkreis gleichermaßen geprägt haben. Auch Frei Otto hat sie in seinen Schalenkonstruktionen beachtet; so wurde die Schale über der *Majlis-Al-Shura* statt mit den konstruktiv leichter zu handhabenden sechs Stützen mit sieben ausgestattet.

In mehreren Modellbauten, die aus Hängeversuchen entstanden, entwickelte sein Team Gitterschalen aus sechseckigen Maschen, die aus verschweißtem Stahlrohr mit Glasausfachung oder bespannt mit einer lichtdurchlässigen perforierten Membrane hätten hergestellt werden sollen. Besondere Aufmerksamkeit widmete man auch hier der natürlichen Klimatisierung. Man hoffte, gegenüber einer Außentemperatur von ca. 50°C ein Zwischenklima von ungefähr 25°C dadurch herstellen zu können, daß man durch die neu entwickelten *Schattenfedern* genügend Verschattung und gute Belichtung bei guter Hinterlüftung gewährleisten könnte. Diese leicht vibrierenden Dachelemente wären eine irisierende Variante zur kinetischen Architektur (Philip Drew) der wandelbaren Dächer gewesen, wie wir sie seit den Theaterüberdachungen der Freilichttheater von Bad Hersfeld, Heppenheim oder Nijmwegen kennen. Hätte der Auftraggeber das Projekt realisiert, so würde man damit vermutlich dem architektonischen Höhepunkt der jahrelangen Untersuchungen zu den natürlichen Konstruktionen gegenüberstehen. Die Modelle in Frei Ottos Atelier jedenfalls übermitteln einen Eindruck von der ungemein filigranen Struktur, die durch die tragenden Baumstützen entstanden wäre. Vermutlich begegneten wir in diesem Projekt dem Idealbild der materialoptimierten Tragwerke, wie sie sich der Architekt immer gewünscht hat. So bleibt als zentrales Bauwerk des arabischen Engagements Frei Ottos das berühmte Konferenzzentrum in Mekka, sein Erstlingswerk für Saudi-Arabien, das den Zeltbau in den 60er Jahren noch zu schätzen wußte.

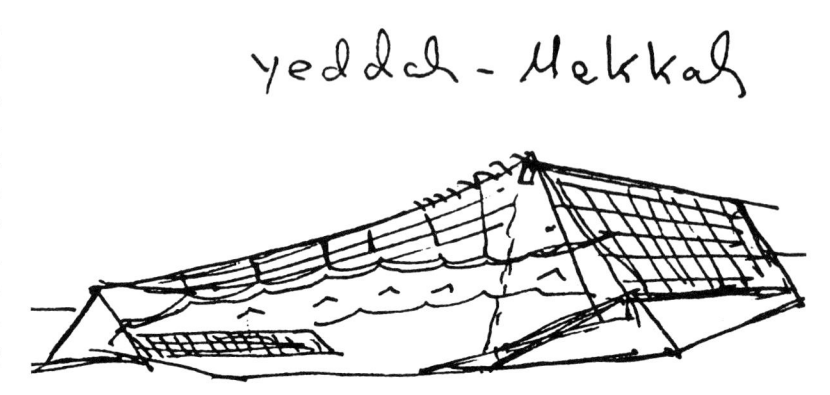

Ideenskizze zum Schwergewichtshängedach für das Hotel- und Konferenzzentrum in Mekka, Frei Otto, 1975

1966 erhielt Rolf Gutbrod die Aufforderung zur Teilnahme an einem internationalen Wettbewerb für ein Hotel- und Konferenzzentrum in Rijad. Gutbrod bat Frei Otto wieder um Mitarbeit, und man entwickelte ein großes, die Einzelgebäude übergreifendes Schattendach, eine hochaufragende Seilnetzkonstruktion, die im unteren Teil mit Aluminiumplatten, im oberen mit Jalousien verkleidet werden sollte. Die Radialseile dieses Zeltes wären von einem mittleren Mast abgespannt worden, der einen Wasserbehälter als Bekrönung trug. Zwar erhielt dieser Entwurf den ersten Preis, doch der damalige König Feisal entschloß sich, das Projekt nach Mekka zu verlegen. So entging dem ehemalige Oasendorf schon einmal die Chance, eine *Stadtkrone* (Bruno Taut) zu besitzen, die die alte arabische Baukultur mit den westlichen Kulturambitionen des Landes versöhnt hätte.

Für Mekka mußte das Team eine neue Planung vorlegen, denn die Nähe zur Kaaba gebot Zurückhaltung. Das Zentrum dieser neuen

Anlage bilden die beiden Innenhöfe, um die herum die Hotelanlage mit dem Restaurant und den Konferenzräumen terrassenförmig angelegt ist. Von hier aus gelangt man zu den Konferenzsälen, dem größeren für 1800 Personen und den drei kleineren Seminarräumen mit jeweils 200 Sitzen, für die Frei Otto biegeunsteife Schwergewichtshängedächer entwickelte. Das Dach über dem großen Saal wird von drei abgespannten und zwei weiteren Masten auf Stahlträgern gehalten, die verzinkten Stahllitzen sind mit Holzbrettern ausgefacht und außen mit Aluminiumblechen abgedeckt. Zur Verschattung des Innenbereichs wählte Frei Otto Lattenrostelemente, die die Tradition der arabischen Kafesse wieder aufleben ließen. Im ganzen Komplex sind große, farbige Keramikplatten zur Orientierung angebracht, die im Zusammenspiel mit der üppigen Vegetation die Pracht einer Palastoase aus *Tausend und einer Nacht* entfalten. Als die Anlage 1975 eingeweiht wurde, war ein kleines Wunderwerk entstanden, das nicht nur dadurch beeindruckte, daß hier das größte Hängedach der Welt gebaut worden war.

Nur ein einziges Mal hat Frei Otto bisher die Gelegenheit gehabt, alles, was ihm zum Inbegriff des *arche techne* wurde, in einem Projekt zusammenzuführen: Stadtbau, anpassungsfähigen Hausbau und umweltbewußte Technik. Auch dieses entstand für einen international ausgeschriebenen Wettbewerb, bei dem er erstmals in Konkurrenz zu Rolf Gutbrod arbeitete und im Wettstreit mit Kenzo Tange und einem schwedischen Ingenieursteam lag. Im Jahre 1974 hatte die Regierung Saudi-Arabiens zur *Competition for Accommodating Pilgrims in Muna* eingeladen. Das Land der großen Heiligtümer des Islam hatte große Schwierigkeiten, die Pilgermassen während des Hadsch, der großen Wallfahrt nach Mekka aufzunehmen und unterzubringen. Damals begannen nahezu zwei Millionen Pilger in Muna den eigentlichen Hadsch, zumeist von Mekka kommend, um sich am zweiten Tag entweder zu Fuß, zunehmend jedoch in Bussen, Lastwagen oder Privatautos nach Arafat und von dort ins Tal nach Muzdalifat zu begeben. In allen diesen Oasendörfern hatten die Pilger an den heiligen Stätten rituell festgelegte Handlungen zu vollziehen. Man übernachtete hier in Zelten, die früher vermietet wurden. Inzwischen wurden sie von den Pilgern mitgebracht und die wohlhabenden unter ihnen hatten sie durch komfortable Wohnwagen ersetzt. Alljährlich entstanden derart riesengroße Zeltstädte, die vor allem im engen Bergtal von Muna 1974 kaum noch Platz fanden. Das Problem war noch dadurch verschärft worden, daß die Wege zu den beiden Plätzen, an denen man die symbolische Teufelsaustreibung und das Schlachtopfer zu vollziehen hatte, inzwischen verkehrsgerecht ausgebaut worden waren, so daß das Gelände für die Zeltstadt immer kleiner wurde und man die Zelte inzwischen bereits außerhalb des kanonisierten Bezirkes aufschlagen mußte. Um das Problem gewissermaßen städtebaulich zu lösen, suchte man Hilfe in dem erwähnten Wettbewerb. Frei Otto, der zusammen mit Sami Angawi und Bodo Rasch jun. arbeitete, fertigte erstmals einen *masterplan*, der das Problem der Unterbringung, des Verkehrs und der Pilgerzüge im vorgegeben religiösen Rahmen zu lösen versuchte. Danach haben Fußgänger den absoluten Vorrang vor den automobilisierten Pilgern; im Bereich Muna soll der Pilgerstrom, von Schattendächern geschützt, über eine Brücke führen, darunter ist Platz für den notwendigen Verkehr und die Zelte. In Muna-Dorf werden die Pilger in einer konzentrierten Terrassenbebauung untergebracht, für die man das mountaintent entwickelte, ein Zelt, das *keine Abspannungen hat, zu großen Flächen addierbar ist* (Lit. 24, Nr. 26, S. 123), und ein Schattendach hat. Alle hygienischen Einrichtungen sind mobil, die Schlachtopfer sollen dezentralisiert werden und vor allem: *Die Orientierung der Pilger soll hauptsächlich durch ein der natürlichen Wegeführung angepaßtes Straßennetz und visuell erfolgen.* (Lit. 24, Nr. 26, S. 126) Diese organische, die Topografie nicht zwingende, sondern sich ihr anpassende Planung erweist ihre Einzigartigkeit im Vergleich mit Tanges Plan. Dieser hatte ein strenges Raster über das Tal gelegt, die Pilger finden hier am Fuß der Berge Platz, darunter befinden sich große Parkflächen. Die traditionellen Zelte sollten langfristig durch *camps* ersetzt werden, ein *standardisiertes Programm aus Zugfahrzeugen mit WCs, Küchen usw.* (Lit. 24, Nr. 26, S. 130) Ein touristisches Zentrum, das *Hajj-Center* war für Muna geplant, Verwaltungsräume, Museen und ähnliches hätten darin untergebracht werden können. Die Gebäude sollten langfristig stationär werden und das ganze Jahr über nutzbar sein.

Und Frei Ottos Planung? Sie geht in allem von konträren Positionen aus: mobile Entsorgungseinrichtungen, *um das geheiligte Tal nicht permanent mit Wasser-, Abwasser-, und elektrischen Leitungen zu verändern* (Lit. 24, Nr. 26, S. 123), die Autos bleiben vor der Zeltstadt und außerhalb der heiligen Bezirke, nur Pendelbusse für ältere Leute dürfen hier verkehren. Die Zeltstädte werden aufgebaut, wenn man sie braucht und verschwinden mit Beendigung des Hadsch.

Wieder einmal ist das Auszeichnende die Achtung vor der fremden Kultur, den tradierten Werten, der natürlichen Umgebung, und nicht zufällig finden sich in der von Bodo Rasch jun. verfaßten IL-Publikation zu den arabischen *Zeltstädten* die prophetischen Worte zitiert: *Aiyscha, die junge Lieblingsfrau des Propheten, berichtete, daß sie den Propheten fragte, ob sie ihm nicht in Muna ein Haus bauen sollte, um Schatten zu spenden, aber er antwortete: »Nein, Muna ist ein Lagerplatz für die Kamele derjenigen, die es zuerst erreichen.« Diese klare Aussage stand am Anfang* (Lit. 24, Nr. 26, S. 97) – hatte Rasch hinzugefügt.

Es sind diese Anfänge, denen Frei Otto in seiner Arbeit stets Respekt bezeugt hat und die noch staunen lassen in einer Welt, die das Einfache, das so schwer zu machen ist, kaum noch wahrnimmt.

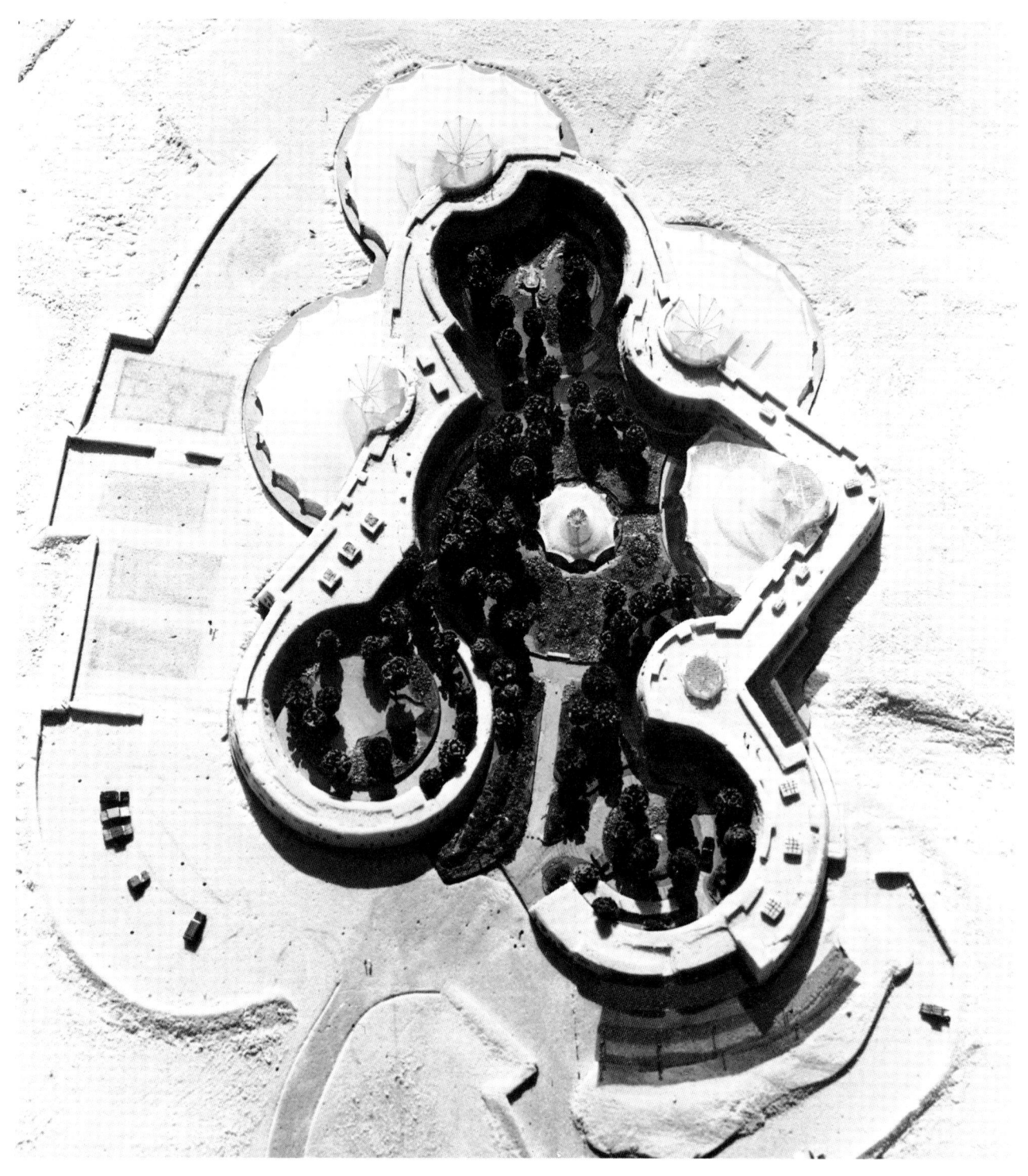

*Diplomatic Club bei Rijad,
Saudi Arabien, 1982/85,
Modell in Gesamtansicht*

*Modell des ersten unausge-
führten Entwurfs, 1980*

Modelldetails

*Umfassungsring während
der Bauarbeiten, 1985*

117

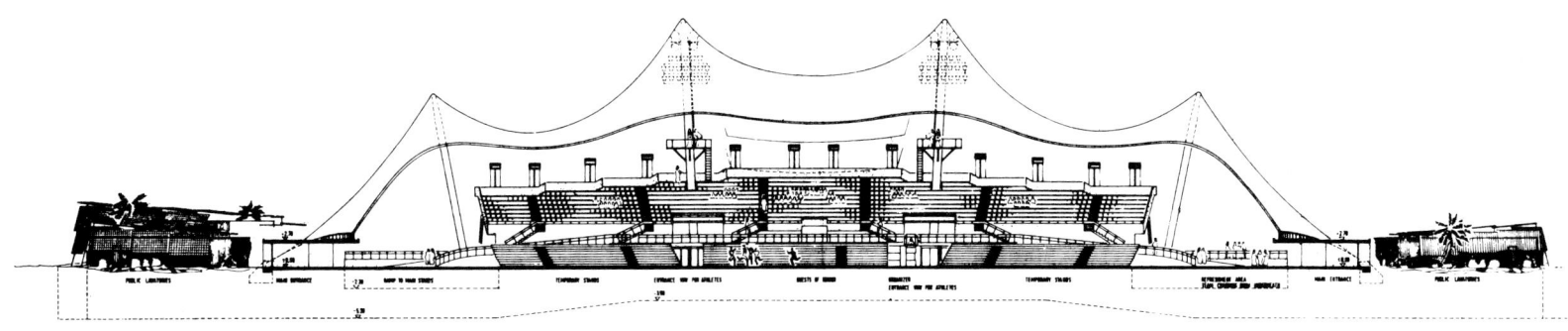

Sporthalle in Jeddah, Saudi Arabien, 1978/81, Schnitt und Grundriß mit der Umrißlinie des Zeltes

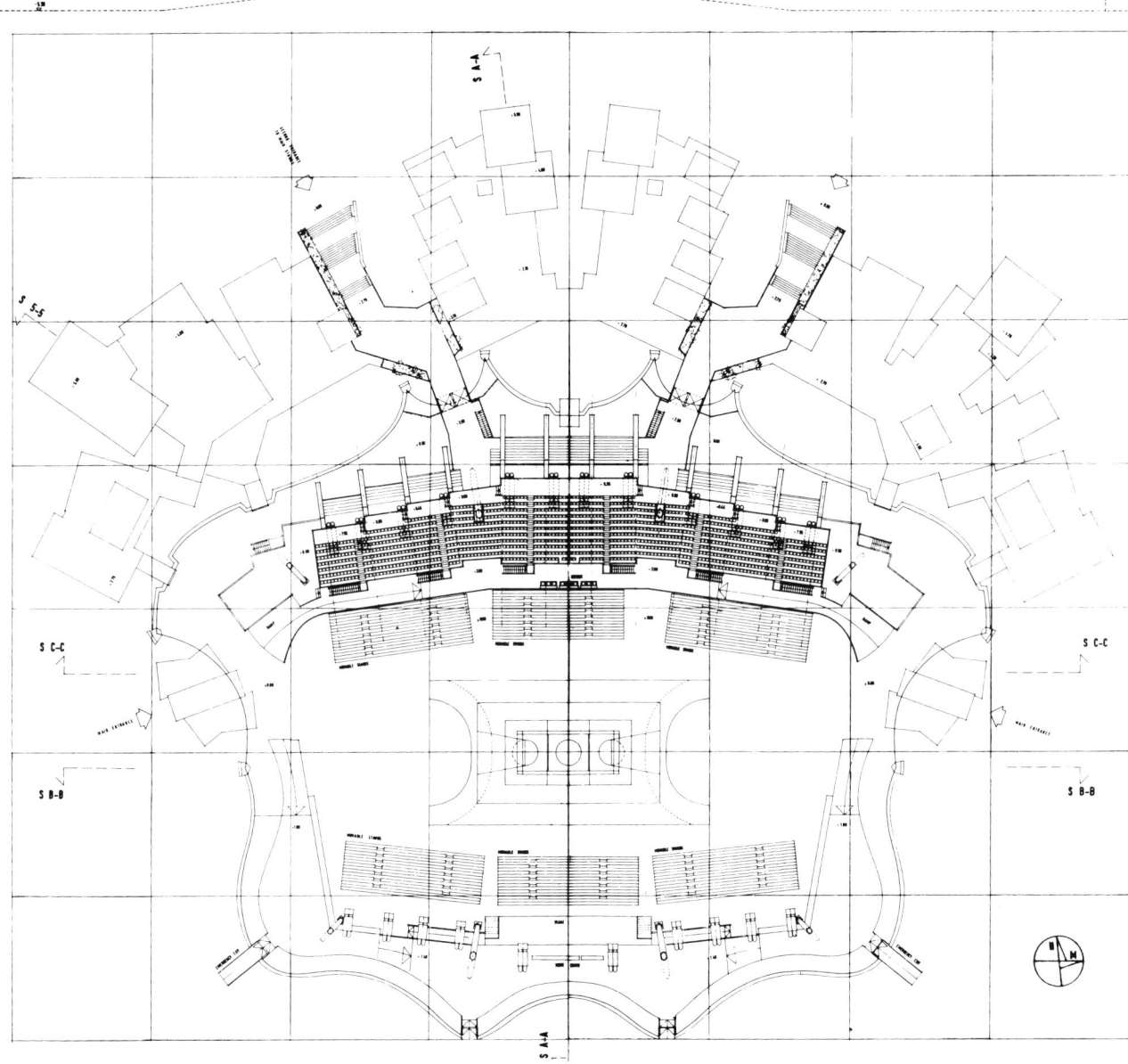

Sporthalle in Jeddah, Saudi Arabien, 1978/81, Außen- und Innenansicht

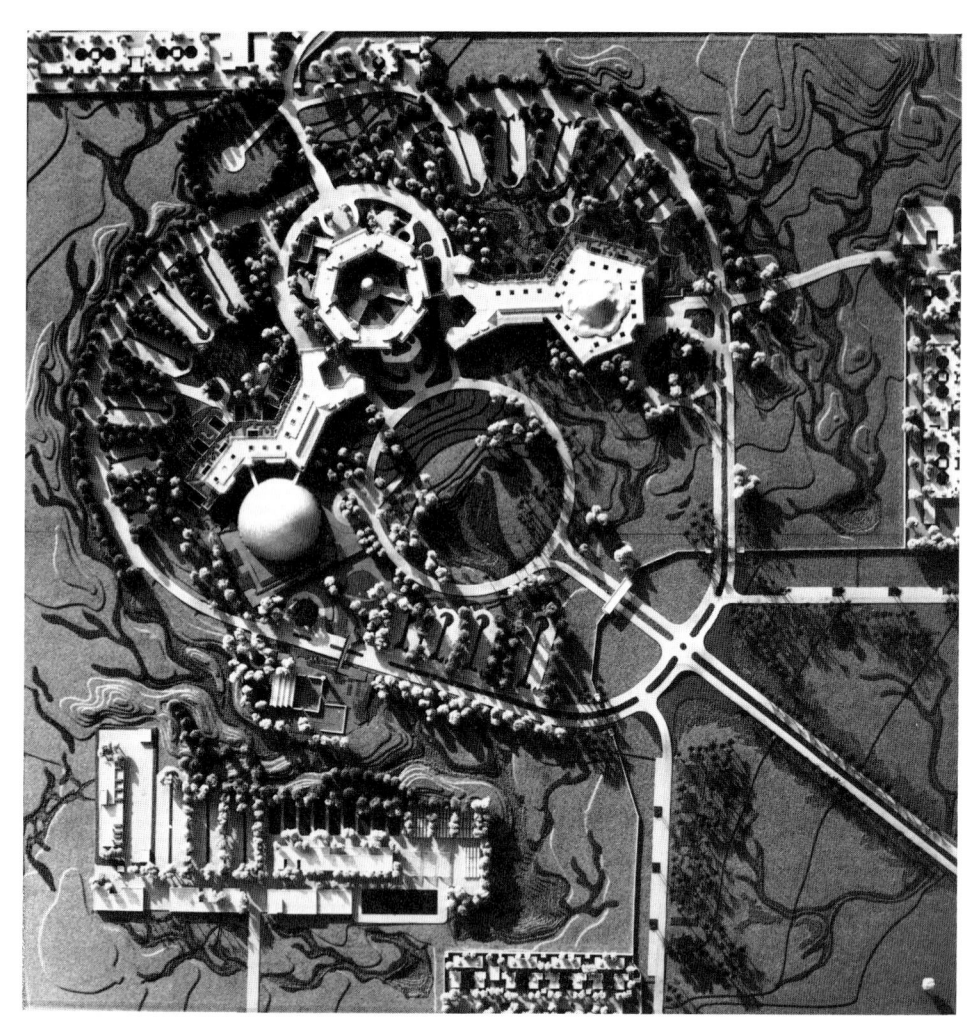

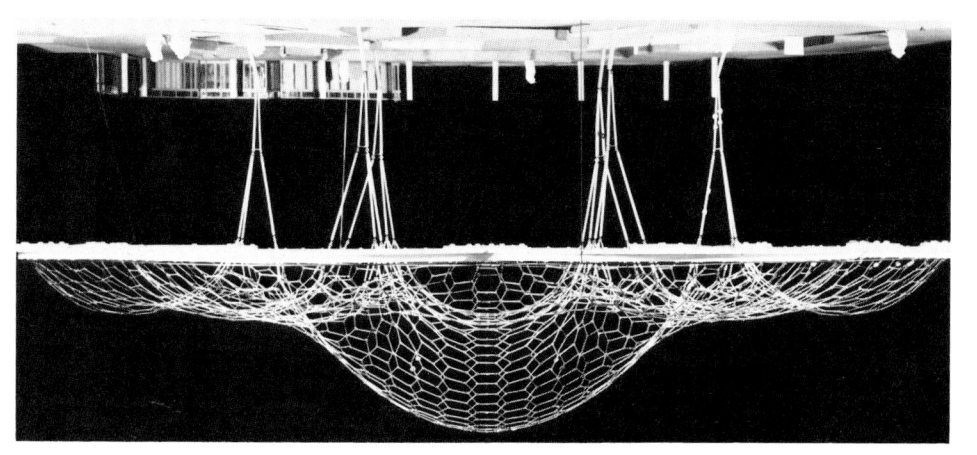

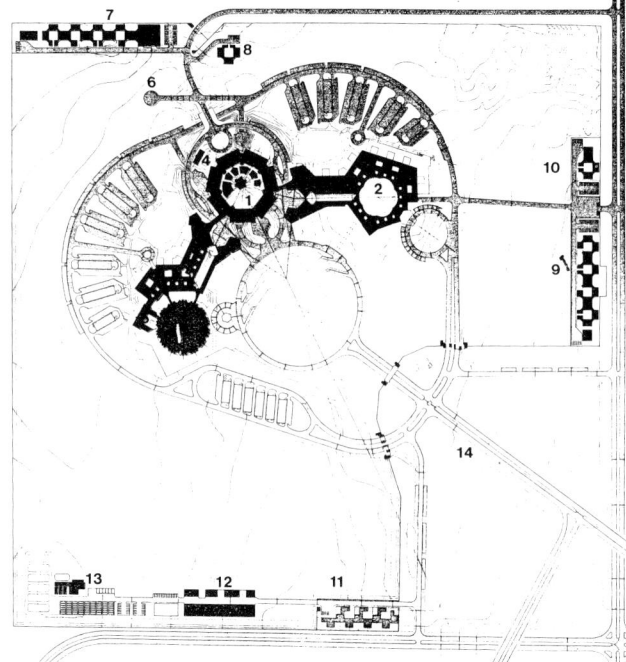

*Regierungszentrum für Rijad, Saudi Arabien, 1976/80. Modell und Lageplan.
Im Zentrum das ›Kings Office‹, links und rechts davon der ›Council of Ministers‹ und die ›Majlis al Shura‹*

›Schattenfedern‹, Modellstudien zur Verschattung der Gitterschalen sowie Schall- und Klimadämmungen durch abgehängte Teppiche

Seitenansicht des Hängemodells für die zentrale Gitterschale

Gitterschalen und Baumstützen

121

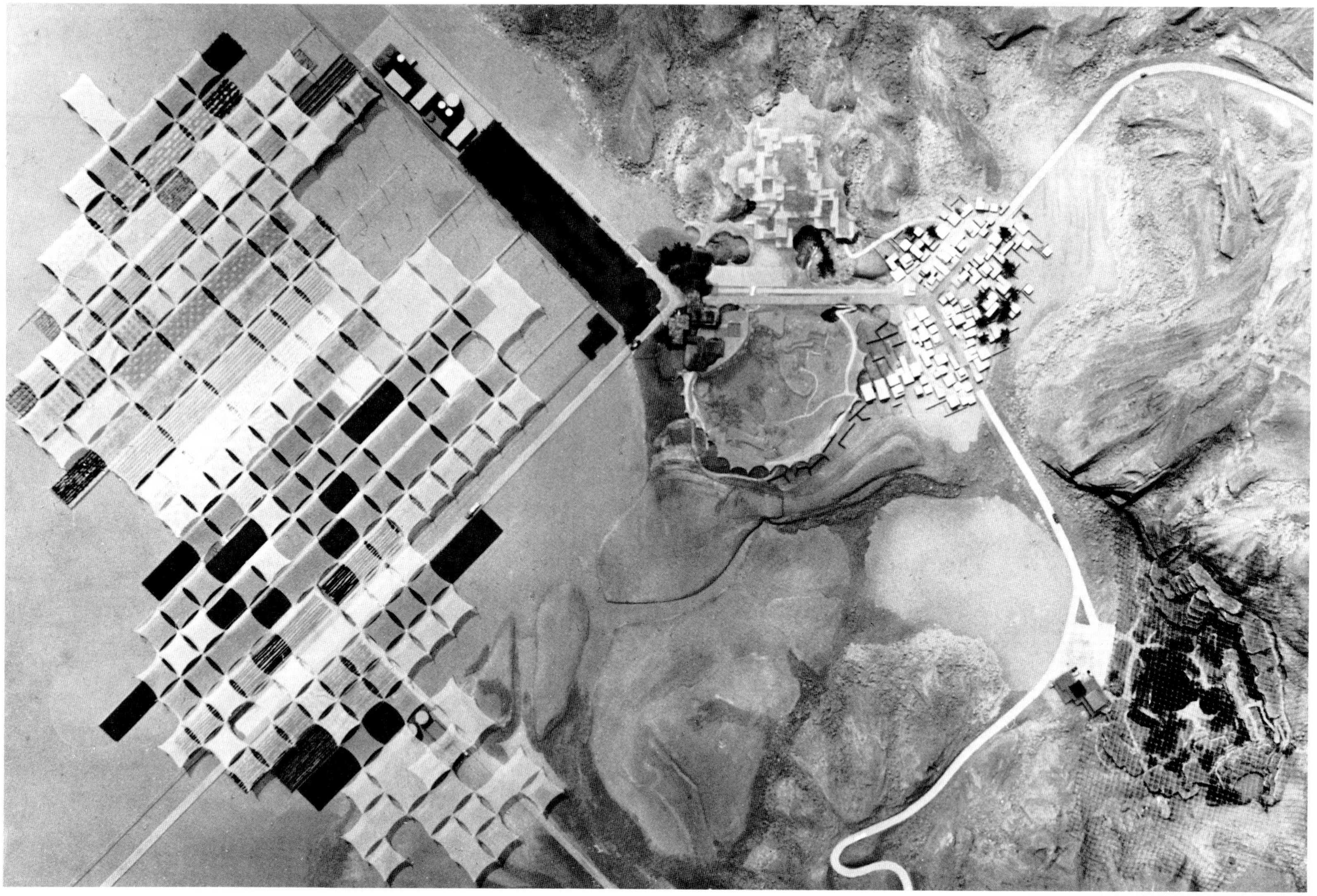

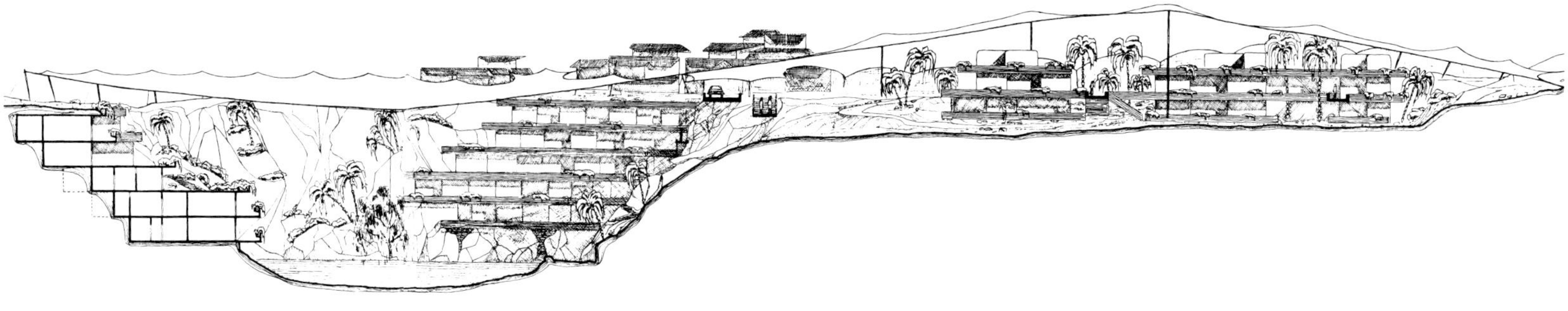

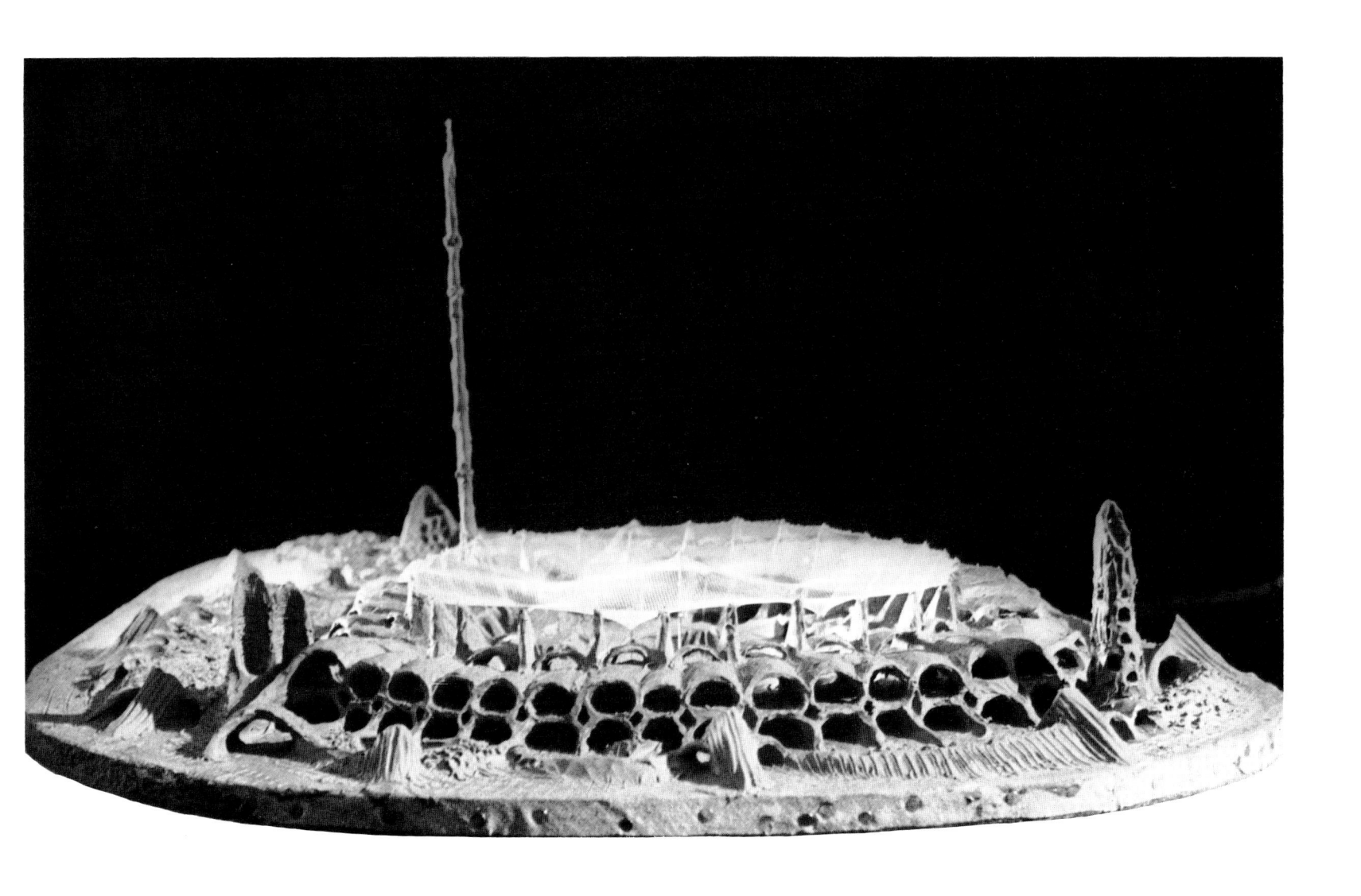

Projektstudie ›Schatten in der Wüste‹, 1972. Modell der addierbaren Schattennetze, Gitterschalenkonstruktionen und Schnitt durch die Vegetations- und Klimastudie

Außenministerium in Rijad, Saudi Arabien, 1980/81, nicht eingereichtes Wettbewerbsmodell

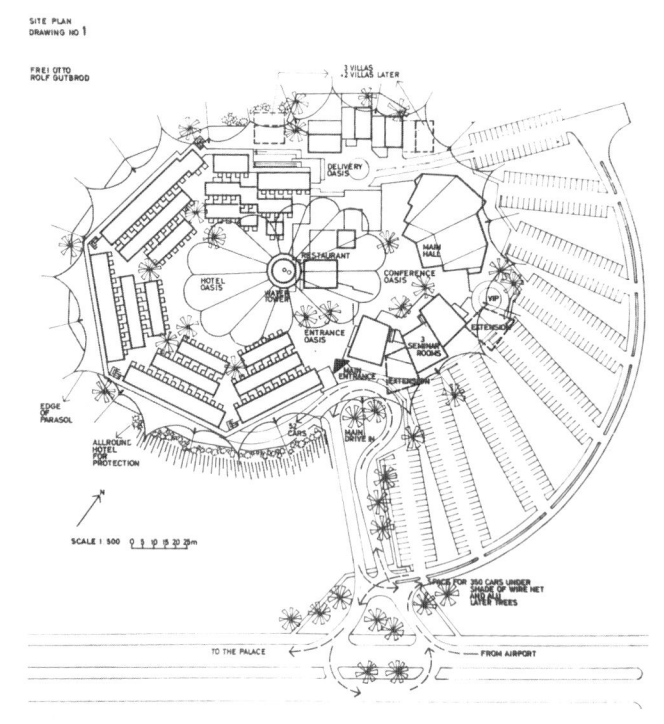

Hotel- und Konferenzzentrum in Mekka, 1968/74, Lageplan und Modell

Schwergewichtshängedach über dem großen Konferenzsaal während der Bauarbeiten

Blick in den mit Kafeesen verschatteten Innenhof

*Gesamtansicht des Hotel-
und Konferenzzentrums
Mekka*

Mountain-Tent, Erprobung beim Hadsch in Mekka 1981, entworfen 1974

Muna-Zeltstadt während des Hadsch (rechts)

126

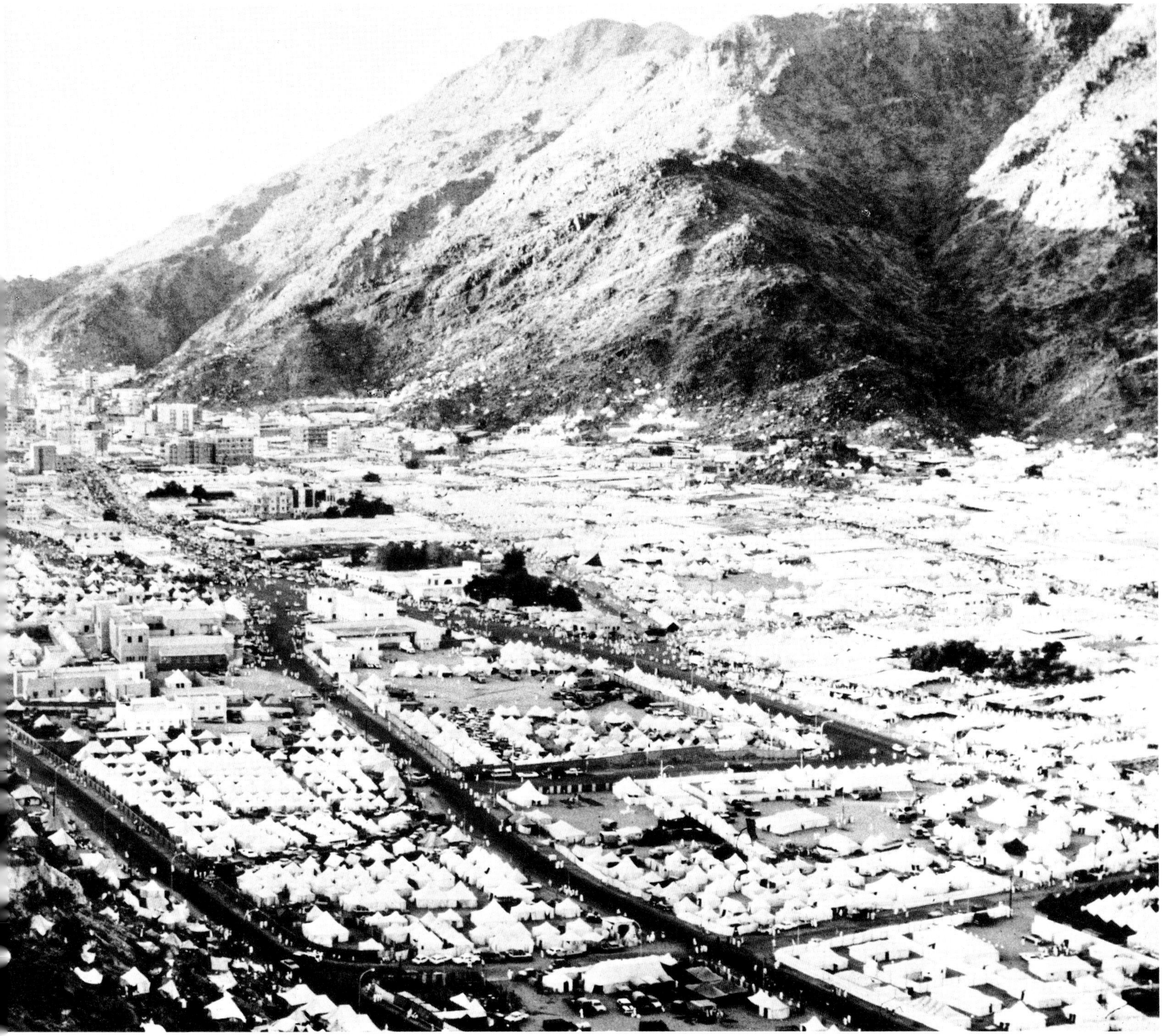

Fußgängerbrücke für die Muna-Zeltstadt, Wettbewerbsmodell 1974

Frei Ottos Masterplan für Muna, Zeichnung mit Mukki Nestler und Bodo Rasch jun., 1974 (rechts)

Zufahrt nach Arafat während des Hadsch

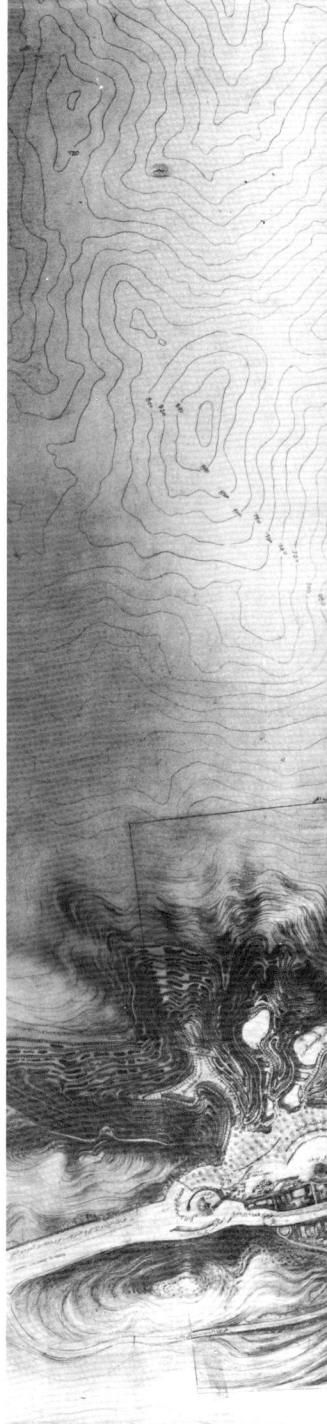

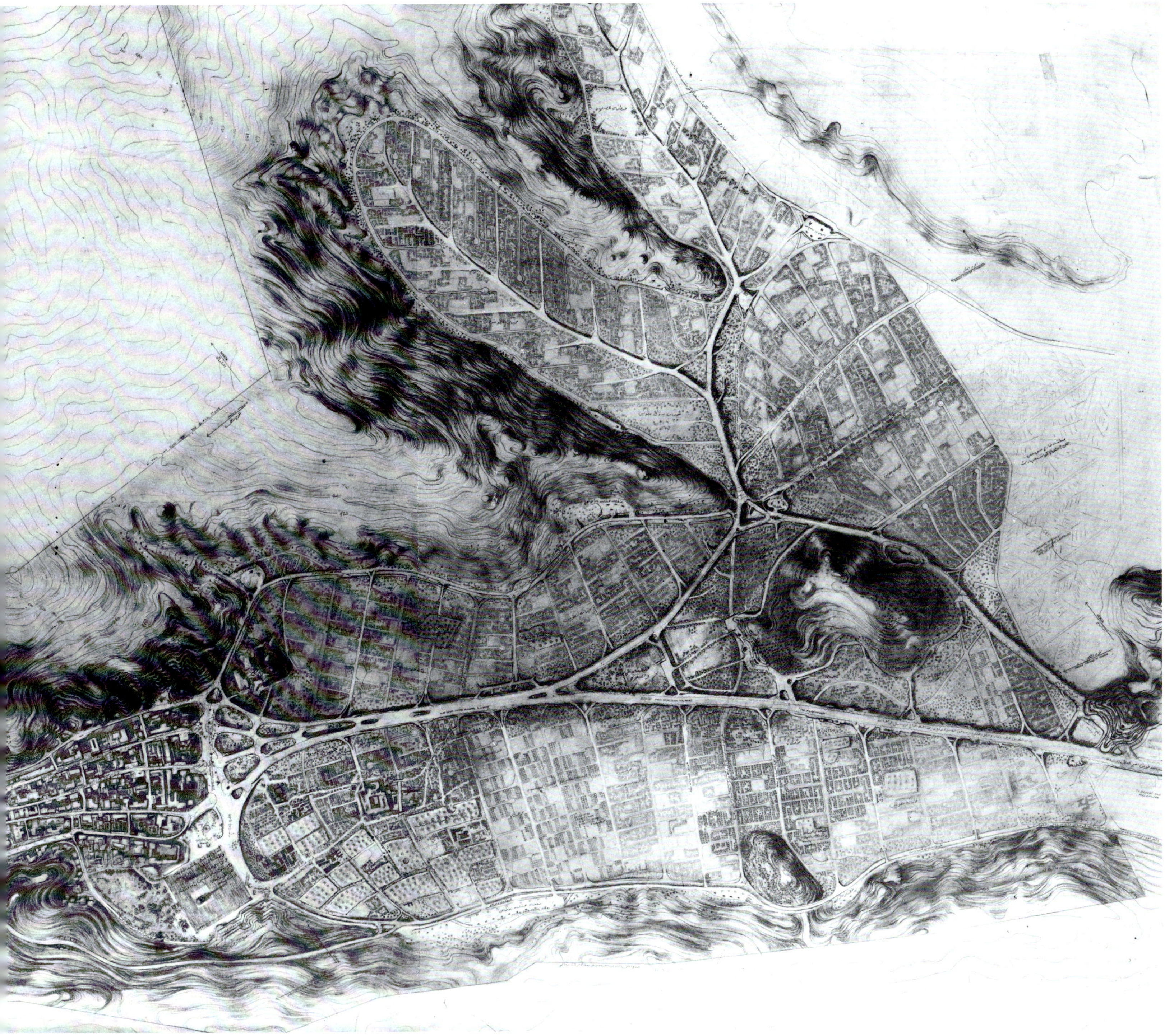

Frei Otto auf einem zusammenfaltbaren Dach in Neuburg bei Stuttgart

Frei Otto

Subjektives und Kritisches zu dem, was andere als mein Werk bezeichnen

Ein Architekt muß bekannt sein, damit er Aufträge bekommt und seine Familie und sich ernähren kann, aber ich wollte nie populär werden.

Wie habe ich gegen den Rummel der wiedererstarkenden Figur des gottvatergleichen Baumeisters gekämpft, der da vom Zeichentisch aus Heere von Ingenieuren, Arbeitern und Maschinen lenkt, um sein Werk zu bauen! Wir, meine Generation, die im Krieg zu Erwachsenen geschossen wurden, wollten helfen beim Wiederaufbau, wollten den Krieg, den Größenwahn, den Führer- und Personenkult überwinden, wollten leben dürfen – dabei aber bescheiden bleiben.

Wie kann man das aber?

Ich habe oft genug gesagt und geschrieben: Ich lege keinen Wert darauf, daß ich *Bleibendes* baue, obwohl ich der Versuchung nicht widerstand und mithalf, Dinge zu machen, die nicht schnell wieder vergehen. Für mich ist jedes Haus voller Fehler, würdig, es bald wieder *fortzunehmen*.

Wenn ich darüber befinden könnte, dann würde ich verfügen, daß mich kein Haus, was ich baute, überlebt. Die nächste Generation soll doch noch bauen dürfen. Der Platz auf dieser Erde ist beschränkt, und bauen verlangt ständige Erneuerung, mit Ausnahme einmaliger Kunstwerke.

Vielleicht mag man sagen, ich hätte einige Grundlagen zum Erkennen dessen, was Bestand hat, erarbeitet, manchmal glaubte ich auch daran, weil es Kraft gibt – doch nur deshalb. Es ist so angenehm, Kraft für Gedanken zu spüren.

Es mag zwar sein, daß ich einiges erdacht habe, das sinnvoll sein *kann*. Mir selbst etwas vorgemacht, ausgedacht, erfunden, gefunden habe ich viel. Doch was bedeutet das schon? Es gibt unendlich viele Möglichkeiten. Jeder Mensch kann unzählige Erfindungen machen und macht sie auch. Nur selten werden sie bemerkt.

Es mag sein, daß einige Gedanken bleiben; dazu braucht es keine Häuser, auch keine Bücher, die man über – angeblich – große Leute schreibt.

Biographien über *große* Leute habe ich selten gelesen. Lebensläufe – oder wie man das nennt – zu schreiben, war mir immer verhaßt.

Das fing schon in den 30er Jahren an. Etwa so: Vater – Bildhauer, arisch. Mutter – Hausfrau, auch, geboren am …, eingetreten am … usw.

Nun habe ich doch begonnen, ein Selbstportrait schreibend zu skizzieren.

Wenn schon ein Portrait, dann möchte ich es kritisch wie ein Maler tun, möchte ich selbst sagen, warum ich meine größten Erfolge zum Teil als Mißerfolge betrachte und oft Belangloses wichtig nehme.

Es ist dies ein ehrlich gemeintes Selbstportrait eines immer noch zornigen, wenn auch (leider) nicht mehr jungen Mannes.

Anfang

Siegmar in Sachsen. Die Straßenbahn *1* fuhr von Chemnitz hin. In Siegmar wurden Autos (Wanderer-Werke, Ring Nummer 3 der vier Auto-Union-Ringe) und Fahrräder (Diamant) hergestellt. Arbeiterwohnort, Bauern, Freibad.

Vater: Paul. Bildhauer, geboren in Berlin, Kunstakademie Dresden. Mutter: Eleonore, geb. Oehler. Dresdnerin, im Krieg 14–18 Telefonistin bis zum Nervenzusammenbruch, dann getreue Helferin meines Vaters in Werkstatt und Küche, Mutter meiner 6 Jahre älteren Schwester Erika und von mir.

Wohnung in einem dreigeschossigen Haus, Rosmarienstraße 23 in Siegmar. Werkstatt und Schwimmbecken auf schönem Grundstück an der Straße nach Limbach, Schuppen mit Maschinen zum Schneiden und Schleifen von Stein.

Figuren für Fabrikanten, Sgraffiti, Fensterbrüstungen, Grabsteine, später Denkmäler und Autobahnbrücken. Oft ohne Arbeit. Mutter gibt Nachhilfestunden für Gymnasiasten. Honorar: Ein Stück Butter.

Großvater: Carl. Bildhauer und Stukkateur. Berlin. Heiratet eine Dresdnerin, die bald stirbt, lebt mit in unserer engen Wohnung, geht später nach Dresden zurück.

Pfingstsonntag 1925 (31. 05. 25): meine Ankunft. Der Name *Frei* – eine Erfindung meiner Eltern, besonders aber Lebenswunsch meiner Mutter – verunsichert den Standesbeamten. Er kann aber nicht ablehnen, denn der Name kann dem Kind nicht schaden.

Fetzen von Erinnerungen. Herrliches Grundstück, schöne Steine, insbesondere die Abfälle der Bildhauerei. Riesige Fichtenwälder und die tollen Wanderer-Autos. Ton aus Vaters Tonkisten, die zarte Malerei vom Großvater, die große, sechs Jahre ältere, schon lebenserfahrene Schwester. Um 1930 Uniformen auf der Straße. Graugrüne mit Ballonmütze. Dann mehr und mehr braune. Überall schwarz-weiß-rote Fahnen, dann die mit dem Hakenkreuz und immer mehr davon.

Vater im *Stahlhelm,* selbst schwer zerschossen bei Verdun. Eltern aktiv im Deutschen Werkbund. Namen wie Mendelsohn und Gropius bleiben hängen. Ich stempelte Drucksachen des Bundes. Später machte mein Vater sein Steinschild *Bildhauer Paul Otto dwb* von der Hausecke ab. Das muß 1933 gewesen sein.

Ich soll 1931 in die Volksschule Siegmar gekommen sein und eine rührende Lehrerin gehabt haben, die mich unglaublich gefördert hat. Ich erinnere mich an eine blonde, liebe, junge Frau, an den Schulhof mit Mundharmonikakapelle, einen schlagenden Pauker, und daran, daß mein Erfindertick damals begann.

1933 Mitglied im *Scharnhorst,* der Jugendbewegung des Stahlhelms, der 1935 geschlossen *braun* gemacht wurde. So wurde mein Vater SA-Mann, brachte es aber zu nichts. Ich wurde Pimpf, obwohl das grüne Hemd der Scharnhorstler so viel schöner war.

Der Umsturz 1933 ist noch stark in Erinnerung. Zuvor die Wahlen, Flugzeuge, die Millionen *Drei-Pfeile* aus Papier abwarfen. Hindenburg Präsident. Kahlgeschorene, die man Kommunisten nannte, gebeugt und gedemütigt.

Ein Nachbar – er hieß Sänger –, ein kleiner Textilfabrikant, zog plötzlich weg. Man sagte, er sei nach Italien – und später nach Israel ausgewandert.

1936 eingeschult auf die höhere Handelsschule in Chemnitz. Lehrer Bachmann begeistert mich für das Segelfliegen und die Modellbauerei.

Mein Vater kann als freischaffender Künstler, *dwb*, nicht mehr existieren. Er versucht es als Handwerker, holt die Bildhauer-Meisterprüfung nach. Seine Kollegen machen ihn zum Obermeister und bald zum sächsischen Bezirksinnungsmeister. Er schreibt das Handbuch für Steinmetzen, die Werkstoffkunde, und ist Redakteur des *Steinmetzmeisters,* der Fachzeitung. Er wird 1937 Hauptgeschäftsführer des Reichsinnungsverbandes des Bildhauer- und Steinmetzhandwerkes. Doch seine eigentliche kreative Arbeit ist vorbei.

Wir zogen in die Hauptstadt. Ein kleines, beinahe schon baufälliges Haus mit flachem Dach, dennoch kein Meisterstück der Moderne, nahm die Familie im Januar 1937 auf.

Aus dem stock-*Heil-Hitler*-braunen Sachsen ins (damals noch) *kaiserliche* Zehlendorf. Vorstellung in der Schadow-Oberschule für Jungen. Ich »Heil Hitler.« Rektor Platow: »Guten Tag, mein Junge.«

Die Schule war so etwas wie eine Eliteschule. In Chemnitz stand ich gut bis sehr gut. Jetzt konnte ich kaum mithalten. Mußte zwei Schuljahre Französich nachholen und beinahe täglich zum Dienst ins Jungvolk, Heimabende, Schulungslehrgänge.

Schadow-Schüler sollten HJ-Führer sein, vielleicht, weil die Lehrer so betont Distanz hielten. Doch zum Führer eignete ich mich nicht, sollte Pimpfenführer werden, lernte beim NSFK (NS-Fliegerkorps) fliegen, war mit 15 ABC-Pilot und hatte mit 17 den Luftfahrschein.

Da hielt ich einmal einen Vortrag über den von mir entwickelten Vierdecker für extremen Langsamflug. Man machte mich gleich zum Führer des *Modellbaufähnleins*. Ich versagte da völlig, außer, daß ich als *erfahrener* Segelflugpilot das Modellbauen den 10–14jährigen beibringen konnte – und selbst Segelflugzeuge (mit)bauen durfte.

Seltsame Erinnerungen:

Goebbels' Höflichkeitsfeldzug: *Deutsche, seid nett zueinander – doch nicht gegen die unflätig arroganten Untermenschen.* Das Jungvolk mußte in Bussen und S-Bahnen helfen, daß ältere Menschen und Mütter Sitzplätze bekamen, und aufpassen, daß Juden nicht saßen. Ein einziges

Kriegsgefallenen-Friedhof Le Coudray bei Chartres   *Grabsteinentwurf, Frei Otto, 1946   Lageplan, Frei Otto, 1946*

Mal kam ich dem nach. »Bitte stehen Sie auf.« Eine junge, sterngezeichnete Jüdin tat es und verließ den Wagen. Nie konnte ich das noch einmal tun.

Ein Klassenkamerad, er hieß Engel, war eines Tages nicht mehr da. Wir bestürmten unsere Lehrer, wo ist er? Ich wurde sogar ausfallend, das geht doch nicht, das ist doch ein anständiger Mensch. Schweigen.

Beim Geländespiel im Grunewald fanden wir eine Selbstmörderin, eine Giftampulle neben ihr, an der Brust den Stern.

Beginnende Luftangriffe um 1941.

Jeden Sonntag Segelfliegen, in den Ferien Steinmetzlehre. Schulaufsatz zum Thema *Die Baukunst im Dritten Reich*. Ich schilderte, wie ein neuer Stil entsteht, der der großen Zeit der Volkserhebung der Arbeiter und seinem genialen Führer gerecht wird – zum ersten Male bekam ich eine 2.

Einquartierung von Soldaten. Ausweichen ins Gymnasium nebenan. Unsere Schule mit dem roten Turm (von Messel erbaut) stank penetrant nach Erbsensuppe.

1943 Abitur. 13 Klassenkameraden sind vom 25er Jahrgang noch da. Die 24er sind schon Soldat. Sie erhalten *Kriegs-Abi* – das aber nach dem Krieg nicht anerkannt wird. Vielen hätte es ohnehin nichts mehr genützt.

Drei Monate Arbeitsdienst in Ostpreußen. Straßenbau. Ab August 43 Soldat. Grundausbildung in Auxerre, Frankreich. Wachsoldat bei Rouen in der Normandie bei V1-Stellungen. Regen, Morast, drohende Invasion, Partisanen, ein nächtlicher Nervenkrieg.

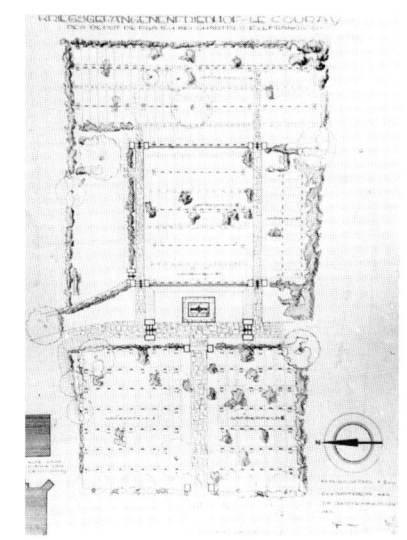

Im Januar 1944 versetzt nach Schussenried, dann Göppingen, später Mengen, Flugschüler, im Juni bereits Flugschein, Kurierflieger mit der wunderbaren Taifun (Me 108), Schlachtfliegerausbildung in Tutow, Pommern. Ende 44 zurück nach Schussenried, Jagdausbildung, bei Luftangriff auf Ulm rauchkrank.

April 45. Feldflugplatz Unterschlauersbach westlich von Nürnberg beim Nachtjagdgeschwader 101. Wir bekommen nagelneue Me 262 – doch fliegen tun sie nicht. Kein Sprit.

Infanterieeinsatz Erlenstegen bei Nürnberg. Amerikanische Gefangenschaft. Würzburg, Mutterstadt, Chartres. Ab Oktober 45 übernehmen französische Truppen das Lager. Bis 46 kritischer Hunger.

Leopold Kuhlmann macht mich zum Nachfolger als Lagerarchitekt. Ich baue Friedhöfe, Kasernen, repariere die Wasserversorgung der Gegend. Hätte etwas früher entlassen werden können, doch wollte ich die Friedhöfe fertigstellen.

1. Advent 1947 entlassen über Munsterlager.

Beim Gartenarchitekt Walter Rossow und dem Städtebauer Hubert Hoffmann im Büro. Entwerfe Kinderspielplatz, helfe Leopold Kuhlmann bei seiner Arbeit im Wettbewerb *Rund um den Zoo*. Er wird später Stadtplaner von Tempelhof und Stadtplanungsdirektor beim Senat Bauen und Wohnen – und hilft mir viel.

Von hier an ist es mir nicht mehr möglich, das Selbstportrait chronologisch zu skizzieren. Zu vieles passiert in meinem Leben gleichzeitig. So wende ich mich einzelnen Themen zu – etwa in der Reihenfolge, wie sie in meinem Leben Bedeutung erlangt haben.

Erfinden

Längst bevor der Gedanke, Architekt zu werden, Gestalt annahm, erfaßt mich schüchternen kleinen Jungen, der in meiner Klasse stets zu den Jüngsten, Kleinsten und körperlich Schwächsten zählte, ein ständiges Ausdenken von – in der Regel harmlosen, aber verblüffenden – Streichen und dabei insbesondere deren technischer Durchführung.

Erfinden und Erfinder werden, das müßte schön sein. Es wurde zur Manie – zumindest seit dem 8. Lebensjahr; und war vielleicht bis zum 13. Berufswunsch.

Das Erfinden als Manie beruhigte sich erst um 1970, nachdem viele, ja vermutlich mehrere hundert Ideen Wirklichkeit geworden und die besondere Faszination, etwa ein *Patent* zu haben, der Erkenntnis Raum gab, daß Erfinden manchmal eine selbstzerstörerische Droge sein kann, ein Getriebensein, ja beinahe eine Geistesspaltung, und der Vorwand, der *Menschheit zu dienen*, einer skeptischen Selbstkritik wich.

Erfinden, das mußte und muß ich immer und überall – so, wie andere Kaugummi kauen, Schnaps trinken oder kiffen. Selbst dann, wenn ich mich dagegen sträubte.

War meine Mutter ein Antrieb? Sie erzählte, daß ihr Vater – mein Großvater –, der Kassenvorsteher der sächsischen Eisenbahnen, einen Automaten erfand, der – (es war noch vor dem Ersten Weltkrieg – Bahnauskünfte geben sollte, z. B.: »Ich möchte nach Plauen.« Antwort: »Der Zug fährt um zehn Minuten vor fünf, bitte in Sowieso umsteigen.« Oder sie erzählte von ihrem Bruder Carl Oehler, der als Bauunternehmer zuerst in Deutschland Gleitschschalungen und dann schwimmende Gründungen erfand, die er dann für Betonhäuser im See der Stadt Mexiko baute.

Erfinden war für mich eine Art Bewußtseinsspaltung – oder besser: ein Doppelleben. Vielleicht keine definierbare Geisteskrankheit, sondern vielleicht das, was man Eigendynamik von Gedanken bei unausgelasteter anderer Tätigkeit nennen könnte.

Fast in jeder Schulstunde, in der es nicht besonders spannend zuging, wurde erfunden.

Was wurde da alles erfunden!

Eine Nähmaschine, die nur von einer Seite nähen konnte und die man wie ein Bügeleisen handhabte. Schlitten und Bob mit und ohne Motor. Segelboote. Und vor allem Flugzeuge. Aber auch Tunnelvortriebe, Tiefbohrungen im Eis. Später, im Alter von 20 Jahren, kamen Windkraftwerke und zunehmend Konstruktionen der Architektur hinzu.

Erfunden wurde immer, ob auf der Schulbank, als Flieger auf den nächsten Start wartend, in der Kriegsgefangenschaft, als Student, als Freiberufler bei langweiligen Besprechungen, im Theater und im Konzert, im Urlaub – doch zumeist vor dem Aufstehen, immer, wenn andere Beanspruchungen nicht intensiv genug waren. Heute sind es die stinklangweiligen Fakultätsratssitzungen, wenn im Gremium der Professoren *dürres Stroh gedroschen wird.*

Nur was fesselnd genug war, wie Fliegen, Bergwandern, Autofahren, Dauerlaufen, Tanzen und *das Umschlossensein von Weiblichem,* konnte diese Krankheit zeitweilig überwinden.

Heute frage ich mich, warum ich erfinden muß. Warum es diese beinahe selbstzerstörerische Manie gibt, von der man weder leben noch Ansehen erwerben kann in einer Zeit, in der Wissenschaftler und Erfinder eher suspekt sind und als diejenigen gelten, die die Basis des Untergangs schaffen. Die Manie, immerzu erfinden zu müssen, hatte auch Vorteile. Sie war beste Schulung, mehrere Sachen (anfangs zwei, später drei oder vier) gleichzeitig zu tun, ohne es sich anmerken zu lassen – und blitzschnell von einem Gedankengebäude in ein anderes zu wechseln, sich den Stand der Vorgänge einzuprägen und im anderen weiterzumachen.

Das schulte das Gedächtnis und vor allem die Gabe, zu kombinieren, weil oft genug eine Tätigkeit völlig zufällig die Lösung für eine andere brachte.

Erfinden und Nacherfinden wurde zum bewußten Spaß. Als ich hörte, daß der Satz des Pythagoras irgendwas mit dem rechtwinkligen Dreieck zu tun habe und in der nächsten Schulstunde behandelt werden sollte, ruhte ich nicht, bis ich ihn selbst gefunden hatte.

Ich merkte damals, daß nicht die Lösung, sondern allein die Idee von einem Weg zu einer möglichen Erkenntnis die eigentliche Erfindung ist.

Doch die Hingabe zur Idee war gekoppelt mit dem Ausklammern des Ichs. Nicht ich wollte erfinden. Es erfand in mir. Ich selbst *erfand* nicht.

Selbst als ich später als Architekt gefeiert wurde, verließ mich nie das Gefühl, die mir zugeschriebenen Gebäude sind gar nicht von mir. Sie haben sich von selbst und immer mit der Hilfe vieler Freunde von selbst gemacht. Bei jeder Ehrung schämte ich mich, das hast Du ja gar nicht verdient, warum nimmst Du es an? Dennoch freute ich mich über die Reise und die Ehrentitel wie ein Lotteriespieler beim großen Preis.

Mein Vater sagte mir einmal, als er mich zögernd mit der Kunst der Steinmetze und Bildhauer vertraut machte: »Es kommt nicht darauf an, daß man Deine Arbeiten sieht und bewundert – man sieht auch nicht die Zeit, die Du daran gearbeitet hast. Es ist völlig gleichgültig, ob Du oder ein- oder viele andere eine Woche oder viele Jahre gearbeitet haben, ob man die Arbeit bewundert oder nicht. Es kommt nur darauf an, daß sie gut ist. Sieh die Arbeiten der Steinmetze hoch oben auf den Türmen der gotischen Dome. Kein Mensch kann sie dort sehen, aber sie können gut sein – insbesondere, wenn sie mit Hingabe gemacht sind.

Da war noch der Großvater, der Stukkateur, Holz- und Elfenbeinbildhauer, von mir geliebt bis zur Vergötterung, der im hohen Alter Postkarten malte, der die Natur liebte und fern aller Moderne und allem Staatskunstzwang unbeirrbar für sich arbeitete und froh war, wenn mit seiner bescheidenen Kunst andere erfreut wurden, und daß sie ihn lehrte, Schöpfung zu verstehen.

Trotz der Scheu vor den eigenen Erfindungen wurden einige später für einige Jahre – durch Peter Stromeyer, der sie nutzen konnte – zum Lebensunterhalt meiner Familie und gestatteten ein eigenes Labor, das ich Entwicklungsstätte für den Leichtbau nannte.

Die Scheu vor dem Erfindersein ist geblieben. Oft *verstecke* ich neue Gedanken in Texten oder Skizzen.

Mein erstes Buch, das *Hängende Dach,* war voll davon. Überraschendes geschah. Viele meiner Skizzen wurden imitiert und zu Bauten. Sie waren in der Regel schlechter, als ich mir vorstellte, wie ich sie bauen könnte. Das tat weh. Oft wurde ich sogar zornig, wenn ich Rückschritte entdeckte. Wenn ich aber Weiterentwicklungen erkannte, dann konnte und kann ich mich herrlich selbst über Nachgemachtes freuen.

Erstaunlich war, daß gerade das Imperfekte, also meine nicht zu Ende gedachten Ideen oder Entwürfe, die Entwicklung ankurbelten. Sie reizten zum Bessermachen. Sie waren ein Motor.

Das Unverbesserbare beendet eine Entwicklung. Es kann höchstens die Basis zur Variation sein. Das Unvollkommene bewegt. Die Frage aber lautet dann: Wohin geht die Bewegung?

Schriftentwurf

Kuppeln und Schalen

Es gibt keinen Professor in irgendeiner Architekturschule der Erde, der über Gewölbe spricht und der nicht das Pantheon in Rom erläutert. Es gibt heute nur wenige, die nicht über die Gitterschale in Mannheim referieren. Rom ist der Anfang, Mannheim aber nur der letzte Bau. Er ist nicht das Ende einer Entwicklung und wird in 20 Jahren vergessen sein und sollte es auch.

Für mich aber sind die Kuppeln in Rom und Mannheim weder Anfang noch Ende. Sie sind Erlebnisse: Das Pantheon, als ich diesen ewigen Bau am Ort studierte, über das Dach lief und durch sein Auge in eine hohle Welt hineinsah; Mannheim, weil wir es bauten gleich einem schillernden Falter, der ohne Anspruch nur einen Tag lebt.

Schalen und Kuppeln sind – richtig geformt – sehr tragfähige Gebilde für vielerlei Zwecke, seien es Vasen, Teller, Autokarosserien oder Decken und Dächer aus Metall, Holz oder Stein. Ihre Effektivität ist von Form, Formbarkeit und Material abhängig.

Die Eigenschaften der Schale als steifes gekrümmtes Flächentragwerk erfuhr ich, als ich 1943 den Rumpf für das Einmannflugzeug mit liegendem Piloten konstruieren wollte (siehe *Fliegen*).

Es sollte aus dünnen Aluminiumprofilen gefertigt werden, die zu einem Gitter gebogen, vernietet und bespannt werden. Gebogen und bespannt bilden die vorher dünnen, biegsamen Latten – zusammen mit der Bespannung – eine sehr feste und sehr leichte Konstruktion.

Ich wollte gar keine Gitterschalenbauweise erfinden, sondern mit billigen Mitteln einen aerodynamisch guten Rumpf herstellen.

Als Steinmetz geschult versuchte ich, die Trageigenschaften der Gewölbe zu erfassen. So hatte ich den Mut, holzgeheizte Brotöfen mit Schamottgewölbe und Steinen für die Lagerbäckerei und für unsere Lagerkantine in Coudray bei Chartres einen großen Ofen aus Ziegeln mit umlaufender Bank von vielleicht 3 m Durchmesser zu bauen.

Das ging ausgezeichnet. Der Kantinenofen war eine echte Kuppel, doch mit horizontalen Fugen. Das Problem des Schließens des mittleren Loches beherrschte ich (noch) nicht. Ich traute mich nicht, es zu schließen, mauerte einen Zylinder auf und legte eine Betonplatte darüber.

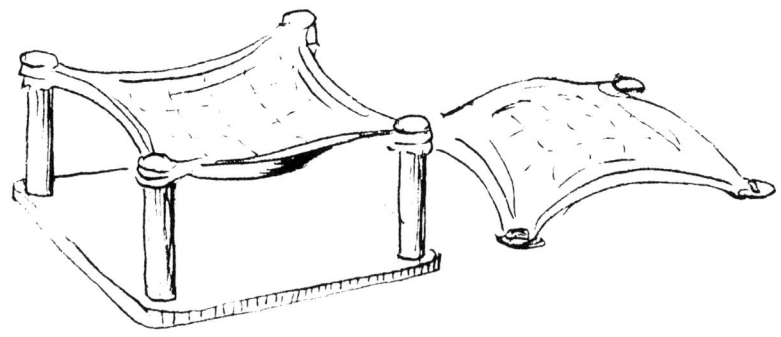

Die Kathedrale ständig vor Augen und durch den Erfolg mit den Öfen mutig gemacht, packte mich der für Architekten typische Ehrgeiz. Ich begann, eine Kirche zu Papier zu bringen und bis in alle Einzelheiten auszuarbeiten. 22 Jahre alt, vielleicht verzeihlich. Ich nannte sie *Strahlenkuppel* und ermittelte sorgfältig die Stützlinie. Zwischen den Gewölbestrahlen sollten Glasfenster das Innere erleuchten. Den oberen Abschluß bildete eine Rippenkuppel (bzw. Gitterkuppel). Jeder Torbogen am unteren Rand wurde sorgfältig mit Steinblumen und Blätterwerk geschmückt. Am Turm scheitere ich beinahe. Er war zuerst gotisch spitz, wurde dann aber auch gewölbt und rund endend.

In Chartres fing ich auch an, mit dem Umkehrprinzip zu experimentieren – also Gewölbe hängend zu entwickeln – und setzte das zu Hause fort. Es ist einfach, ein Tuch in Gips zu tauchen und aufzuhängen, es erhärten zu lassen und umzukehren. Die Erfahrung dafür hatte ich von meinem Vater. Von Gaudi hatte ich noch nichts gehört.

Studium in den USA – auf Empfehlung von Gropius 1950 Besuch bei Saarinen in Bloomfield Hill/Detroit. »Darf ich Sie besuchen?« »Ja, abends nach 9.00 h.« Eero Saarinen, der Sohn des berühmten Eliel, saß allein in dem großen Büro mit spitzem Bleistift vor einem Brett. Ein langes Gespräch bis tief in die Nacht folgte. Bald diskutierten wir Kuppeln und Schalen. Ich erzählte von meinen Gipsversuchen mit Umkehrschalen. Er: »Ich habe da so eine Aufgabe.«

Nur zwei Jahre später wurde sein Entwurf für das Auditorium am M.I.T. in Cambridge bekannt. Es war ein sphärisches Dreieck. Ich wurde sehr an unser Gespräch erinnert und berichtete über den Entwurf in der Bauwelt. Eero Saarinen wurde übrigens bald weltberühmt.

Beim Studium an der TU Berlin etwa 1951 dozierte Bickenbach: »Ein Dreigelenkbogen ist stabil, ein Viergelenkbogen nicht, der fällt zusammen.« Ich dachte: Das stimmt zwar – doch nicht immer. Ich beobachtete die mit vielen *weichen* Fugen ausgebildeten Ziegelgewölbe der Ruinen, die die Bomben überstanden hatten. Sie wiesen oft große Verformungen auf.

Das führte zur Konstruktion des Vielgelenkbogens. Und ein Modell bewies, daß auch ein gelenkiger Bogen stehen kann, wenn die Gelenke einen großen Rollradius haben. Dann ist auch ein Vielgelenkbogen stabil.

Mein Modell wurde ein fester Bestandteil in Bickenbachs Lehre. Man kann den Bogen so gut mit ihm erklären.

Mit der als Bogen stehenden Kette und dem Umkehrexperiment sah es so aus, als erschlösse sich mir die ganze Welt der Kuppeln und der Wölbungen. Beinahe hätte ich meine Doktorarbeit über Gewölbe geschrieben – und hätte das sicher auch gemacht, wenn ich nicht die Raleigh Arena kennengelernt hätte.

Die allererste Gelegenheit, eine Schale zu bauen, bot die erste *Deubau* (Deutsche Bauausstellung) in Essen 1962 – also praktisch zwanzig Jahre nachdem ich begonnen hatte, mich mit dem Problem zu beschäftigen. Diese Ausstellung war eine Erfindung des damaligen DBZ-Redakteurs Martin Mittag. Ich schwatzte ihm einen internationalen Kongreß auf, zu dem er Bucky, Tange, Candela u. a. einladen müsse. Sie kamen alle und sahen neugierig zu, wie ich die erste Gitterschale in vier Stunden baute. Einige Latten brachen, als wir sie krümmten, mit einem unangenehmen Knall.

Die Holzfirmen hatten – entgegen meiner Anweisung – Keilzinkenstöße verwendet. Wir schraubten die Brüche mit Zwingen zusammen, die ich in Erwartung des Brechens am Tage zuvor in einem Eisenwarengeschäft gekauft hatte. Alles ging gut. Nur die Bespannung mit einer Folie hatte schändliche Falten. Dennoch war der Versuch gelungen.

Die nächste Gitterschale baute ich im selben Jahr mit meinen Studenten in Berkeley im Hof der alte Architekturschule.

Im Jahr 1966 bei der Planung für Montreal hatte ich zu Gutbrod gesagt: »Ich wette, daß es möglich ist, mit einer Gitterschale jeden beliebigen Grundriß – und der braucht nicht einmal in einer Ebene zu liegen – in nahezu optimaler Form zu überdachen.«

Wir versuchten es für den Kinosaal und das Foyer. Es ging reibungslos. In einer großen, dünnen, langen Kiste transportiert, wurde das Gitter auseinandergefaltet, am Netz hochgezogen, mit Sperrholz beplankt und mit Zelttuch bespannt. Kann es noch einfacher gehen?

1968 in Tokyo. Kenzo Tange fragt mich, ob man nicht zusammen eine Forschungsarbeit machen könne. Bald sind drei Japaner – Keizo, Shira und Matsu – in Stuttgart und arbeiten zwei Jahre. Wir erforschen die Formenwelt der Gitterschalen. Das Ergebnis ist unser IL 10 *Gitterschalen*.

Für den ganzen Spaß hat der japanische Eisenbahn- und Hotelkonzern Seibu über 0,6 Mio. DM bezahlt. Ich träumte davon, in Japan die schönste Gitterschale der Welt mit echt japanischen Proportionen bauen zu können. Das blieb ein Traum. Keizo baut nun – 1984 – die erste Schale in Japan.

Mit Rob Krier hatten wir gerade den Wettbewerb für eine Halle am und im Meer von Monaco – Gitterschale aus Betonfertigteilen bzw. Aluguß – verloren, da kam Joachim Langner (Architekten Mutschler und Langner) zu mir. Man hatte Probleme mit der Gartenschau 1975 in Mannheim. Man wollte eine große Halle. Luftballons sollten ein Dach tragen. Doch das ging nicht, man hätte für jeden Quadratmeter Dach 50 Kubikmeter Helium gebraucht.

Nach vielem Hin und Her schlug ich eine Gitterschale aus Holz vor. Der Ingenieur aus Mannheim war sehr euphorisch, das könne er schon rechnen. Ich rechnete auch und wollte die Schale nicht weiter als 40 m spannen. Sie wuchs wie jedes Projekt. Man wollte sie größer – sie war ja so billig. Schließlich war eine Halle von 80 × 80 m und eine von 40 × 40 m daraus geworden – verbunden mit einem Gang von 140 m Länge.

Doch ich weigerte mich, über 60 m hinauszugehen und stellte Stützen in die große Halle.

Das Ding war schon vertrackt. Wir hatten bereits die Preise, der Prüfingenieur aber noch keine prüffähige Statik. Da warf der deutsche Ingenieur das Handtuch: Er sei überfordert, das sei für ihn zu schwierig. Eine unangenehme Situation.

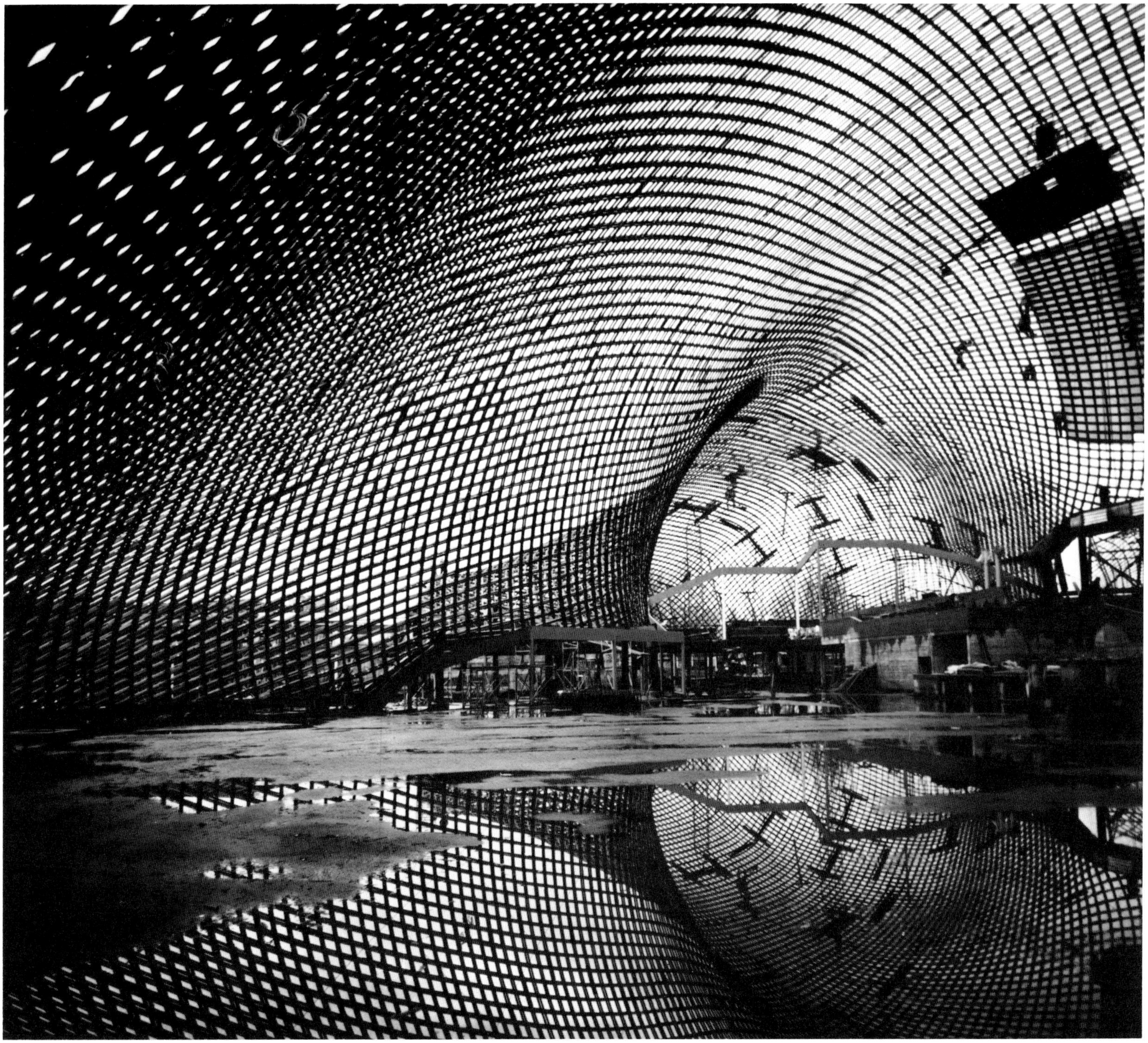

In alter Freundschaft verbunden, hatte mir der große alte Mann der Bauingenieure, Ove Arup (Sir Ove) ein Jahr zuvor begeistert gesagt (er spricht fließend Deutsch): »Wenn Du mal eine Gitterschale baust, dann denk' an mich.« Nun dachte ich an ihn. Zuständig war seine Abteilung *Structures 3* unter Ted Happold.

Nach 24 Stunden Bedenkzeit sagte Ted zu. Zwei Tage nachdem der deutsche Ingenieur kapituliert hatte, hatte ich einen Ingenieur. Und was für einen: den besten – oder einen der besten – der Welt. Es war einmalig.

Wir bauten mit der norddeutschen Firma Poppensieker. Sie wollte die Technologie kennenlernen und hatte die auf diesem Sektor bereits erfahrene Stuttgarter Firma Wolff & Müller unterboten, die uns die Schale in Montreal gebaut hatte. Poppensieker karrte die Latten aus kanadischer Hemlockpinie über die Autobahn.

Wir schraubten sie zusammen. Der Lattenrost wippte weich wie ein Federbett. Das sollte eine steife Schale werden? Ich begann zu zweifeln. Die soll halten! Mein ruhiger Schlaf war dahin. Wenn das nur keine Katastrophe gibt! So leicht, so weit war noch nie eine Holzhalle gespannt. Doch OAP rechnete, machte Modelle. Die Computer hatten viel zu tun. Abwicklungen, Listen, Detailzeichnungen.

Wir hatten in Montreal begonnen, den Computer einzuschalten. In München war er schon viel gebraucht worden. Nun war er voll im Geschäft. Dennoch: Die Entscheidungen über die Form, über die Details, mußten von Menschen gemacht werden. Ist es nicht Wahnsinn, Latten von nur 47 × 47 mm im Querschnitt bis zu 105 m lang (leider auch wieder mit Keilzinken) einzubauen – wenn auch aus dem besten Holz, der kanadischen Hemlock-Fichte.

Bei der großen Halle wurde mit reduzierter Schneelast gerechnet. Dafür muß sie bei Schneefall geheizt werden. Mannheim gilt als eine besonders schneearme Stadt. Der Lastfall *Schneeabtauen* trat bisher gar nicht ein. Die Halle wurde mit einem lichtdurchlässigen, doch dunkelgrauem Gewebe bespannt. Es hielt fünf Jahre und wurde dann durch ein weißes ersetzt.

Einst als Bau für einen Sommer konzipiert, nun ein Dauerbau. Wie lange wird er halten?

Er wird von den Architekten, den Ingenieuren, dem Prüfingenieur und auch von mir ständig untersucht. Jedes Jahr fahre ich einmal hin.

Eine solch dünne Schale ist schon an der Grenze. An welcher? Des Wissens oder des Leichtsinns?

Der Bau ist sorgfältigst gerechnet, geprüft auf Herz und Nieren. Doch stimmt unser heutiges Wissen? Fahrlässig wollte ich nie sein. Nicht einmal kühn. Leicht und dadurch sicherer war immer mein Ziel.

Heinz Isler, der berühmte Schweizer Ingenieur, der es eigentlich wissen muß, klagte, mit dem Bau seien Regeln der Baukunst überschritten. Ich schätze Isler wie einen engen Freund. Vielleicht hat er recht.

Sollte die Stadt Mannheim doch eines Tages beschließen, den Bau zu beseitigen, so werde ich mich nicht sträuben. Heute ist mehr Wissen da. Ein Risiko ist die Gitterschale nicht mehr.

Ein Erfolg ist der Bau bestimmt. Er hat gezeigt, welche Raumformen möglich sind. Visionen einer neuen Architektur wurden wahr.

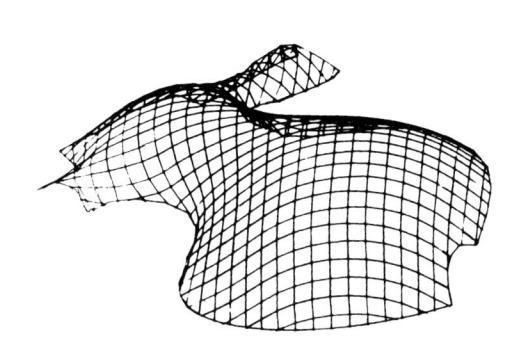

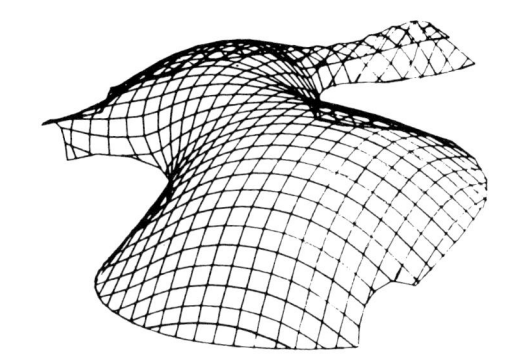

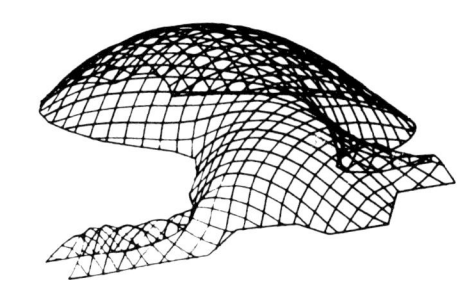

Multihalle für die Bundesgartenschau in Mannheim 1974/75, Innenansicht während der Bauarbeiten und Computerzeichnungen

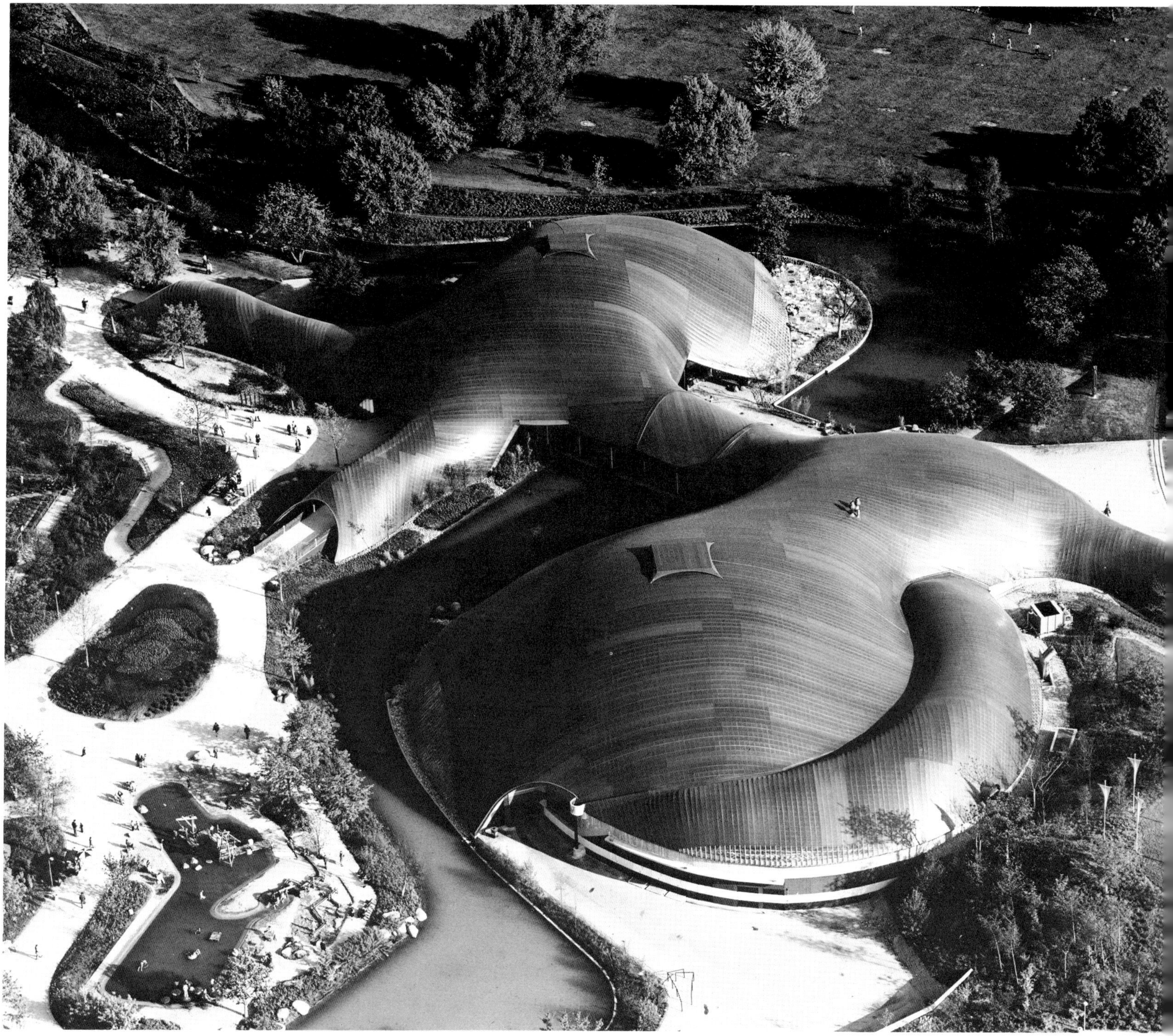

Multihalle für die Bundesgartenschau in Mannheim, 1975, Gesamtansicht, Gitterschale während der Eindeckung und Innenansicht

Peter Stromeyer

Wenn ich Peter Stromeyer nicht begegnet wäre, hätte ich wohl nie ein Zelt gebaut.

Ich schrieb 1952/53 an der Dissertation *Das hängende Dach, entdeckte*, was eigentlich selbstverständlich sein müßte, daß Zelte meiner Definition gemäß hängende Dächer sind, und schrieb Firmen an, um an Literatur heranzukommen. Wer die Literatur nicht kennt, arbeitete unwissenschaftlich. (Das meinte man wie auch ich damals. Heute vertrete ich die sehr unkonventionelle Meinung, daß man häufig besser und objektiver wissenschaftlich arbeitet, wenn Literatur erst hinterher gesucht wird.) Nur die L. Stromeyer & Co. antwortete mit: »Literatur gibt es nicht. Besuchen Sie uns doch«, gezeichnet P. Stromeyer. Ich fuhr hin. Die Freundschaft mit Peter Stromeyer begann.

Wir machten 1954 Versuche. Die wellenförmigen und die Buckelzelte entstanden – und auch das Vierpunktzelt. Eine Entwicklungsgeschwindigkeit war möglich wie nie mehr später. Prüfungen, Untersuchungen wurden sofort gemacht (heute diskutiert man lieber). Fröhlichkeit beherrschte das Feld.

»Das Geld meiner Väter habe ich doch nicht, um es liegenzulassen.« Er gab mir gleich einen Auftrag. Er wurde mein erster Entwurf mit einem wandelbaren Dach (Killesbergtheater Stuttgart).

Und was riskierte er! In fünf Wochen zwischen Auftrag, Planung und Fertigstellung entstanden die kleinen Pavillons für Kassel 1955, die Hermann Mattern haben wollte. Das ging noch.

Dann aber Köln – und zugleich die *Interbau* Berlin 1957 mit 12 000 m² Zeltflächen. Was für ein Erfolg!

Und schließlich Hamburg und Lausanne.

Schließlich Montreal: Besprechung im Bauministerium Bonn. Rossig (Ministerialdirektor), Mertz (Präsident der Bundesbaudirektion), Galandi, Stromeyer, Gutbrod und ich. Unser Entwurf für den Pavillon wurde behandelt. Rossig: »Können Sie das Zelt bauen?« Stromeyer: »Ja.« »Was kostet es?« »Vier Millionen.« Mertz: »Hiermit haben Sie den Auftrag. Fangen Sie an. Es wird per Nachweis abgerechnet.«

Als wir fertig waren und abrechneten, stimmte der Preis. Die Schwierigkeiten kamen später. Schon 1966 traute sich Stromeyer – aus ganz anderen Gründen – nicht mehr richtig an die von mir neu entwickelten wandelbaren Dächer heran, und beim Münchner Olympiadach machte er nur das provisorische Dach über der Tribüne.

Schließlich war 1975 die alte, ehrwürdige Familienfirma in Konkurs – doch nicht wegen des Großzeltbaus. Die Firma produzierte Regenbekleidung, Anoraks, Gartenmöbel. Importe aus Italien, Frankreich, Fernost wurden unter dem deutschen Herstellungspreis verkauft.

Ein schwerer Schock. Wir bangten um Peter Stromeyer. Der große Mann, den man an seiner physischen Größe und an seinem durchdringenden Lachen sofort aus Hunderten von Menschen heraus erkannte, war angeschlagen.

Der Konkursverwalter führte das Werk ohne Fachkenntnis mehr schlecht als recht weiter. Mein enger Mitarbeiter Friedemann Kugel ging ins Werk und hielt es mit am Leben. Ehemalige Stromeyer-Leute gingen weg, andere gründeten eine neue Stromeyerfirma. Verwirrung entstand in der Fachwelt. Zwei deutsche und eine schweizerische Stromeyerfirma. Der Name hatte noch Klang. Der Lotse ging vom Schiff.

Ein Pensionär? Ja. Doch nein. Früher durfte ich ihn beraten, jetzt beriet er mich. Bei *Jeddah*, *58° North* und vielen anderen Projekten. Doch auch die gehen zu Ende.

Rolf Gutbrod

1954 führte mich Bernhard Binder über die Baustelle der Liederhalle in Stuttgart. Deutschlands erster Bau in einer neuen Architektur, einer Befreiung von Konventionen. An Gutbrod, ihren Architekten, traute ich mich nicht heran. Binder war sein damaliger Projektleiter, später war es Behnisch.

1960 Grundsteinlegung des IBM Gebäudes Berlin. Gutbrod wollte ein Zelt für die Feier. Bei der Probeaufstellung am Tag zuvor riß ein Randgurt und das Zelt schlitzte auf. Über Nacht reparierten wir es in einer großen, leeren Sattlerwerkstatt mit einer Näherin. Es stand am nächsten Morgen zur Feier, zu der Willy Brandt und der IBM-Boß sprachen, weiß und unschuldig, als sei nichts gewesen.

Ob ich mit ihm die zweite Stufe des Architektenwettbewerbs um den Deutschen Pavillon für die EXPO Montreal bestreiten könne, fragte mich Gutbrod im Frühjahr 1965. Ich konnte und wollte. Larry Medlin – einer meiner *masters* von Berkeley – baute gerade an einem Modell mit unserer neu entdeckten Seilschlaufe. Wir nahmen das Modell als Vorentwurf und paßten es dem Gelände an. Rolf Gutbrod und Hermann Kendel knieten sich tief in das Projekt hinein. Wir gewannen. Den Vorsitz des Preisgerichtes hatte Egon Eiermann (der später beim Olympia-Wettbewerb noch einmal Schicksal spielen sollte).

13 Monate später stand unser Pavillon in Montreal. Dank Rolf Gutbrods Freund Carl Mertz und Peter Stromeyers unternehmerischem Mut erhielten wir gemeinsam den damals angesehensten Architekturpreis, den Perret der U.I.A., und ich den großen Berliner Kunstpreis.

Auf Betreiben von Pierre Vago zum Wettbewerb für das Konferenzzentrum Rijad eingeladen, bat ich diesmal Gutbrod um Mithilfe. Das Jahr 1967 wurde so zu unserem *Großen Jahr*. Auch hier gewannen wir dank seiner Erfahrung. Ohne ihn hätte ich nie eine Chance gehabt. Wir bauten das Zentrum für König Faisal dann in Mekka. Gutbrod wurde bald sehr krank, wurde mehrfach operiert und mußte sich ein neues Hüftgelenk einsetzen lassen. Er trieb dennoch sein größtes und vielleicht schönstes Projekt voran: das Regierungszentrum von Saudi Arabien in Rijad mit dem Sitz des Königs, des Ministerrats und dem neuen Parlament.

König Faisal war inzwischen ermordet worden. Gutbrod hatte seinem Nachfolger, König Chalid, nahegebracht, daß ein solches Land irgendwann eine demokratische Verfassung – und damit auch ein Parlament – brauche. Ich durfte die konstruktiv bedingte Formenwelt der Dächer und Brücken finden helfen.

König Chalid erkundigte sich eines Tages nach Rolf Gutbrods künstlichem Hüftgelenk und bat ihn, seine Beweglichkeit auch seiner Familie zu zeigen. So tanzte er vor des Königs Frauen. Chalid konsultierte seinen Heidelberger Chirurgen, ließ sich dann aber in London operieren.

Rolf Gutbrod verdanke ich meinen heutigen internationalen Ruf. Er ist für mich der unbestechliche Lehrer. Seine Größe ist in seinen Bauten versteckt und oft nur von Eingeweihten bemerkbar. Seine Größe ist seine Liebe zu den Menschen, die er meisterhaft von Erlebnis zu Erlebnis leitet.

Gerhard Helmcke

Unter Peter Poelzig machte ich im Winter 60/61 ein Leichtbauseminar an der TU Berlin. Ich war neugierig, ob es gelingen könnte, auch deutsche Studenten so wie meine amerikanischen zu motivieren, an ungelösten Aufgaben mit mir gemeinsam zu forschen. Wegen der Struktur unserer Hochschule ist das schwieriger.

Es waren damals sehr fähige Studenten dabei. Nur einige Namen: Conrad Roland, Bernd Friedrich Romberg, Thomas Sieverts, Egbert Kossak.

Thomas Sieverts (heute Professor für Städtebau in Darmstadt) schleppte mich zu Helmcke, o. Prof. für Biologie und Anthropologie der TU. »Den müssen Sie kennenlernen. Er lehrt Leichtbau in der Natur.«

Er kannte die Baufachliteratur, hatte sich selbst damals tief in die Materie eingearbeitet und dozierte über die physikalisch-chemischen Selbstbildungsprozesse in der lebenden Natur, die neben Auslese und genetischer Codierung die Form lebender Organismen beeinflußt.

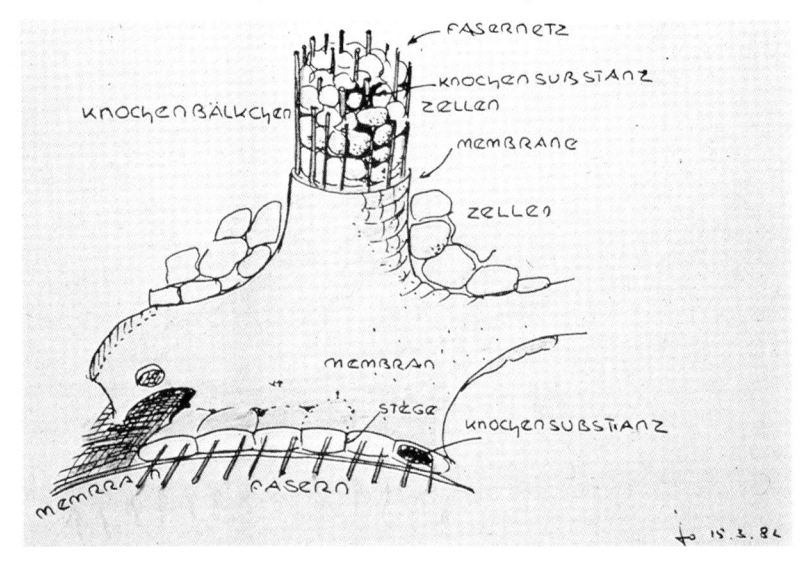

»Machen wir doch ein gemeinsames Seminar und diskutieren das mit Studenten.« Wir veranstalteten es im Wintersemester 61/62. Wir wollten uns dabei auch gegenseitig über den Stand unserer Forschungen unterrichten. Helmcke führte mich mit Hertel zusammen, dem berühmten Flugzeugbauer, der das erste Düsenflugzeug entwickelt hatte, dem Kenner von Schwingenflug und Flossenantrieb, dem Autor von *Biologie und Technik*.

Im Januar 1962 kamen dann noch Bucky Fuller und Candela hinzu. Ein neuer Weg tat sich vor mir auf. Als ich 1964 an der heutigen Universität Stuttgart anfing, kam Helmcke oft. Es entstand von selbst die Arbeits- und Forschungsgruppe *Biologie und Bauen*. Helmcke war die treibende Kraft, mein Institut die Heimat.

Tief stiegen wir in die Frage der Optimierungs- und Selbstbildungsprozesse der lebenden Natur ein. Hunderte von Untersuchungen wurden gemacht, um die Effektivität der natürlichen Konstruktionen zu erfassen.

Wir trauten uns an Themen wie das Urhaus, Netze und Schalen in Natur und Technik sowie an die biologisch begründbare Ästhesie der Ästhetik heran. Wir erwärmten Bauingenieure und Geodäten für das Thema und bereiteten gemeinsam die *große Stunde* des IL mit der Feststellung »...der Pneu ist die Grundlage des organischen Lebens...« vor. Wir wagten sogar gemeinsam einen öffentlichen Vortrag *Im Anfang war der Pneu*.

Ohne Gerhard Helmcke wäre das IL nur halb da.

Seifenhautmaschine mit Seifenhautversuch für Großschirme, 1971

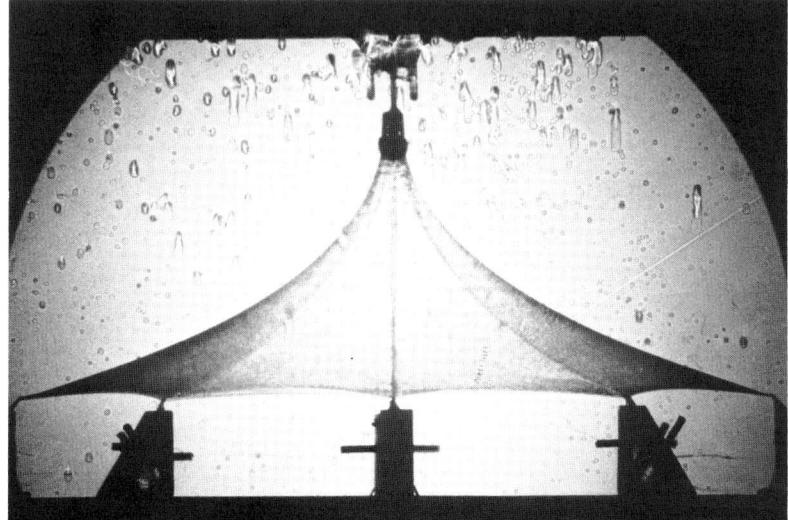

Umkuppelte Erde – Richard Buckminster Fuller

Ganz klar wurde es bei meiner Dissertation: Die maximalen Spannweiten leichter Flächentragwerke sind sehr groß. Ohne grundsätzliche Schwierigkeiten können quadratkilometergroße Flächen mit Stahlseilnetzdächern überspannt werden. Noch *schlimmer* ist es mit den Pneus, wie ich später feststellte: Die entziehen sich sogar dieser Begrenzung.

1953 skizzierte ich eine Hülle über einer ganzen Wohnstadt in der Arktis mit einem *Bogen im Netz*.

Einige Jahre später hörte ich, daß in der Sowjetunion ähnliches versucht wurde. Mein Buch war dort zuvor erschienen.

1958 traf ich Bucky Fuller in St. Louis, tags danach in Carbondale, Illinois. Dort lebte und lehrte Bucky.

Er: »Ich könnte mit meinen Kuppeln die Erde umspannen.« Sollte ich dem alten Herrn widersprechen? Ich wußte, er hatte unrecht. Kannte er denn nicht das Gesetz der maximalen Spannweiten?

Ich: »Nein, das geht nicht.« Er: »Ich habe doch die größten Kuppeln der Welt gebaut.« Ich: »Sie können auch eine bauen, die eine oder zwei Meilen überspannt – darüber hinaus wird es schwierig, selbst mit der besten Form und dem besten Material!«

Dann redete Bucky über eine Stunde auf mich ein. Erklärte mir, daß man die Spannweite durch die *Frequenz* erhöhen könne (unter *frequency* verstand er so etwa das Verhältnis Stabanzahl : Spannweite).

Ich fragte Joe Passonneau und George Anselvicius, Dekan und Prodekan an der Washington University in St. Louis: »Kennt Bucky die maximale Spannweite seiner Kuppeln denn nicht?« Antwort: »Es hat ihm noch keiner, der es weiß, gesagt, daß seine Theorie nicht stimmt.«

Ich entwarf gerade mit meiner Klasse ein Gewächshaus für den Botanischen Garten (Shaw's Garden) von St. Louis. Die Architekten wollten den Bogen im verglasten Stahlseilnetz anfänglich auch bauen. Gebaut hat es dann Bucky. Er nannte es Climatron. Ein hervorragender Bau. So gut hätte ich es kaum geschafft.

Wir korrespondierten später, trafen uns dann öfter. Plötzlich fragte er mich, ob ich ihm denn verzeihen könne wegen damals in Carbondale. Ich habe nie daran gedacht, daß ich ihm das hätte übelnehmen können. Es war für mich lediglich faszinierend, wie dieser große Mann stets das Richtige tat, selbst wenn sich Fehler vorübergehend in seine Gedankengebäude einschlichen.

Er kannte inzwischen die Grenzen seiner Kuppeln. Er schlug später seine Käseglocke – gedacht als drucksteife Kuppel – für New York vor, die er – ebenso wie mein ähnlicher Vorschlag für Lufthallen in der Arktis – nur als Anregung zum Nachdenken und nicht zur Ausführung bestimmt hatte.

Besonders nahe kamen wir uns, als er 1962 Helmckes stereometrische Aufnahmen von Diatomeen in Berlin kennenlernte. Da hatte die Schöpfung seine Kuppeln verwirklicht. Bucky war tief beeindruckt. Er war damals nahe daran, den Nobelpreis zu gewinnen.

Bucky baute 1966 den amerikanischen Pavillon in Montreal. Er wurde – ob Absicht oder nicht – einer der Helmckeschen Kieselalgenbilder sehr ähnlich. Unsere Mannschaft – die Indianer der Stahlbauer von Dominion Bridge – montierte auch seinen Pavillon.

Wir feierten 1979 unser 15jähriges Bestehen in unserem Institut. Ove Arup (Sir Ove) und Bucky – beide weit über 80 – gaben dem Fest eine besondere Note.

Skulptur

Wenn ich sehr reich wäre und nicht eine große Familie zu versorgen hätte, dann, ja dann, würde ich in einer schönen Gegend die Landschaft pflegen, *bildhauern* und Skulpturen anordnen. Der große Traum des Künstlers, der seine eigene Seele pflegt, das ist ein Traum, nur ein Traum.

Dabei kenne ich vom Vater und Großvater den Beruf des Stein- und Holzbildhauers und des Stukkateurs, das Ringen um Aufträge, die Hunger- und Durststrecken in unserer Zeit der *Wenig-Kultur*.

Als Schüler, in Ferien und Freizeit 1941/42, begann meine Steinmetzlehre bei Bühl und Reuter in Tempelhof, Berlin, betreut vom alten Meister Treue. Fassadenverkleidung mit Travertin bombenbeschädigter Häuser in der Frankfurter Allee, Steinschnitte im Maßstab 1:1 zeichnen für den Hochbunker am Bahnhof Zoo Berlin, der mit Jurakalk verkleidet zum Juliusturm des siegreichen Reiches werden sollte. Ein Professor Tamms verbesserte unsere dünnstrichigen Risse mit grobem 6 B. (Werner Düttmann war, wie er mir später erzählte, Bauleiter am Bunker.) Die Steine rollten an und lagen bei Kriegsende teilweise ringsum verstreut. (Tamms lernte ich später kennen. Er war dann Stadtplaner des hochmodernen Düsseldorf. Der Wandel von Speer zur Moderne fiel vielen damals nicht schwer.) Düttmann war mein Studienkollege und später Präsident der Akademie der Künste Berlin. Wir waren aber stets sehr kritisch zueinander. Ich mochte sein Brücke-Museum und den Akademiebau im Tiergarten. Sein Märkisches Viertel aber machte mich zornig, als ich die ersten Pläne sah.

Zurück zum Zoo-Bunker.

Nach mehreren Anläufen wurde der Bunker nach dem Krieg gesprengt. Als großer Trümmerhaufen war er friedlich geworden. So hätte ich ihn gern erhalten, das ehrlichste Monument eines Wahnsinnes. Am liebsten hätte ich den Haufen mit einem Netz überspannt als Voliére für den Zoo. Der Haufen wurde aber abgefahren zum Grunewald.

1950 oder 51 besuchte Hinnerk Scheper (ehem. Bauhausmeister), Konservator des Landes Berlin meinen Vater. Die Bronzen von Schlüters großem Kurfürsten – Deutschlands berühmtestes Reiterdenkmal – war im Tegeler Hafen mit einem Schiff gesunken. Nun geborgen, sollte es vor dem Charlottenburger Schloß aufgestellt werden. Der Marmorsockel war zerstört. Nach Fotos rekonstruierten wir ihn. Mein Vater modellierte, ich photogrammetrierte nach Originalfotos. Ein praktischer Kurs in Denkmalpflege.

Die Bildhauerklasse an der TU bei Seitz von 1948–50 und nach seinem von der Stadt erzwungenen Abgang bis 1952 bei Reuter war ein schönes Erlebnis. Meine hölzerne *Kauernde* wurde abgegossen und vom Rektor als *Dekoration* ins Allerheiligste der TU gestellt.

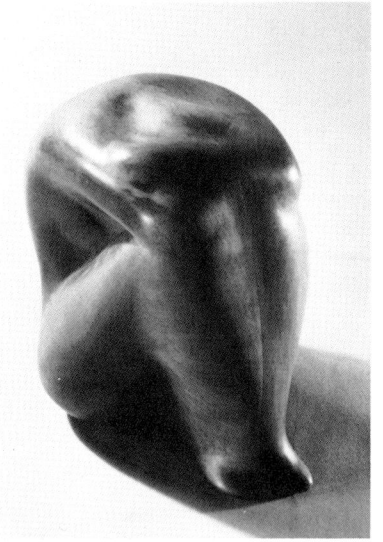

1951: Erster Entwurf der Kirche zur Heimat, Berlin; Figurengruppe *Mann und Frau*, gedacht als Symbol des Menschlichen. Wenn man doch Menschlichsein mit Skulpturen fördern könnte!

1952: Städtebauwettbewerb Kirchliche Hochschule, Berlin. Auf den Glockenturm, Ganzplastik, ziegelgemauerte Schale mit Stampfbeton ausgefüllt, Glocken außen hängend (war Grundlage für die Verteilung der Gebäude).

Hansrudolf Plarre war damals Assistent bei Freese und ich in Freeses Entwurfsseminar. Er baute Schulen direkt am Flughafen Tegel und gab mir Bildhaueraufträge für Trinkbrunnen. Für die Grundschule meißelte ich eine rundliche Schale aus rotem Sandstein, für das französische Gymnasium formte ich einen tonnenschweren Steinklotz zum Brunnen um. Das Wasser lief über eine handgeschmiedete Schale. Mein Vater und eine frisch geflüchtete Kusine halfen. (Unser Haus in Zehlendorf war eine Art Notaufnahmelager für den flüchtenden ostdeutschen Familienteil.)

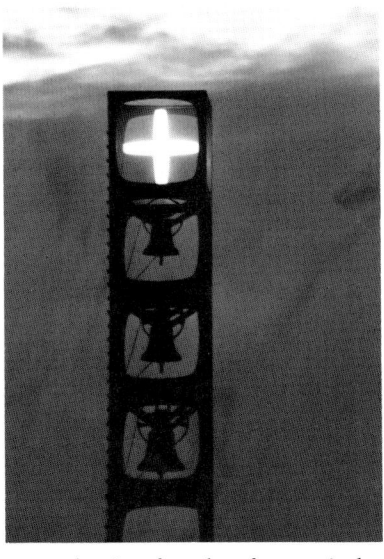

Meine Leidenschaft für die Bildhauerei verband sich um 1954 mit der für Zelte. Die Galerie Wasmuth zeigte in der Hardenbergstraße eine Ausstellung meiner Arbeiten, *Zeltplastiken*, mit guter Resonanz. Doch die ersehnten Aufträge gab es nicht.

Vielleicht hatte mein Vater Recht: Als Architekt durchzukommen, ist leichter.

1955: Zweite Kirche zur Heimat, Berlin-Zehlendorf, Wettbewerb, ich bleibe bei der Form des Hauses wie für meinen preisgekrönten und auch zur Ausführung vorgesehenen Lageplan der kirchlichen Hochschule. Entwurf: Kreuz mit angedeutetem Menschensymbol, Kruzifix, Glockenturm als Vollplastik, gemauert mit Betonkern, Glocken hängen außen. Doch *nur* 3. Preis. Gebaut wird nun der 1. von Lehrecke.

Grabmale: Für Angehörige, dann 1956 für meinen Vater mit einer bereits 1953 für mein Atelier entwickelten Bleischrift ausgeführt. Ich gab dann sein Handbuch für Steinmetzen und Steinbildhauer sowie seine Werkstoffkunde neu heraus. Noch immer drängen heute die deutschen Bildhauer und Steinmetzen, daß ich das weiter betreibe.

1961: Evangelischer Kirchentag. Ich sollte das Olympiastadion Berlin zur Schlußfeier herrichten (Peter Voigt und Rudolf Trostel wirkten mit). Es war der Versuch, eine als Fußballstadion bekannte Sportarena mit einfachsten Mitteln zum Kirchenraum zu machen. Wir ließen ein großes Holzkreuz zimmern, etwa 40 m hoch, abgespannt. Dazu entwarfen wir das Podium und die Kollektentruhe.

In der 1962 fertiggestellten Kirche Berlin-Schönow, die ich mit meinem engen Freund und Weggefährten Ewald Bubner entwerfen durfte, konnte ich drei Steinmetzarbeiten selbst durchführen: Altar, Kanzel und Taufstein. Sie sind aus monolithischen Mainsandsteinblöcken, im Bruch gehauen und von mir selbst nachgearbeitet. Wie gern würde ich noch einmal den Meißel nehmen und sie nachbearbeiten. Ich konnte die Leuchter in Bronze gießen lassen – das hängende Kreuz über dem Altar vergab man anders – es paßt überhaupt nicht.

Der Turm selbst ist aus Stahl, doch zugleich eine große Plastik, mit einem leuchtenden Kreuz aus Acrylglas.

Ich hatte nun als Architekt viel zu tun. Für die Bildhauerei blieb ab 1962 keine Zeit mehr. Immer wieder versuchte ich, mir selbst einmal einen Bildhauerauftrag zu geben. Leider erfolglos – aber ich versuchte, Zelte wie die in Lausanne, Zürich und Montreal als Skulpturen zu sehen.

Nach vielen Jahren gab es doch wieder eine Möglichkeit.

Gruner, Bildhauer in Musberg bei Stuttgart, wie ich in Sachsen geboren und wie ich als Junge mit Wasserspielen im Erzgebirge vertraut, macht Plastiken, in denen auf stählernen Gerüsten Wasserbehälter sich füllen und dann auskippen. Er bat mich, ihm beim Gestell zu helfen. Mehrere Modelle entstanden für Leverkusen. Ich verfeinerte und verfeinerte.

Gebaut wurde – wie so oft – die vorletzte Verbesserung. Ich war nicht glücklich, sah eine Chance verloren. So schlecht ist das Ergebnis aber nicht.

Erst um 1975–78 kam ich wieder einmal an die Bildhauerei heran, doch ganz anders.

Ich suchte noch nach mehr skulpturalen Qualitäten in der Formenwelt von Lufthallen und Pneus. Viele Gipsausgüsse von Gummimembranen entstanden: Masken, Gesichter, Fabeltierkörper, negativ und positiv.

Ein besonderes Studienobjekt, doch noch längst nicht zur skulpturalen Reife gebracht, sind die Studien (ab 1975) über Falten. Unerreichbar geformt durch mittelalterliche Maler und Bildhauer.

Eine neue Frage läßt mich seit langem nicht los.

Können auch Sandhaufen Skulpturen sein? – Ja. Das ist für mich keine Frage. Ich denke an die Gärten in Kyoto.

Ich versuche seit 1983, Sand und Zelt zu kombinieren. Diese Arbeiten fesseln mich zur Zeit.

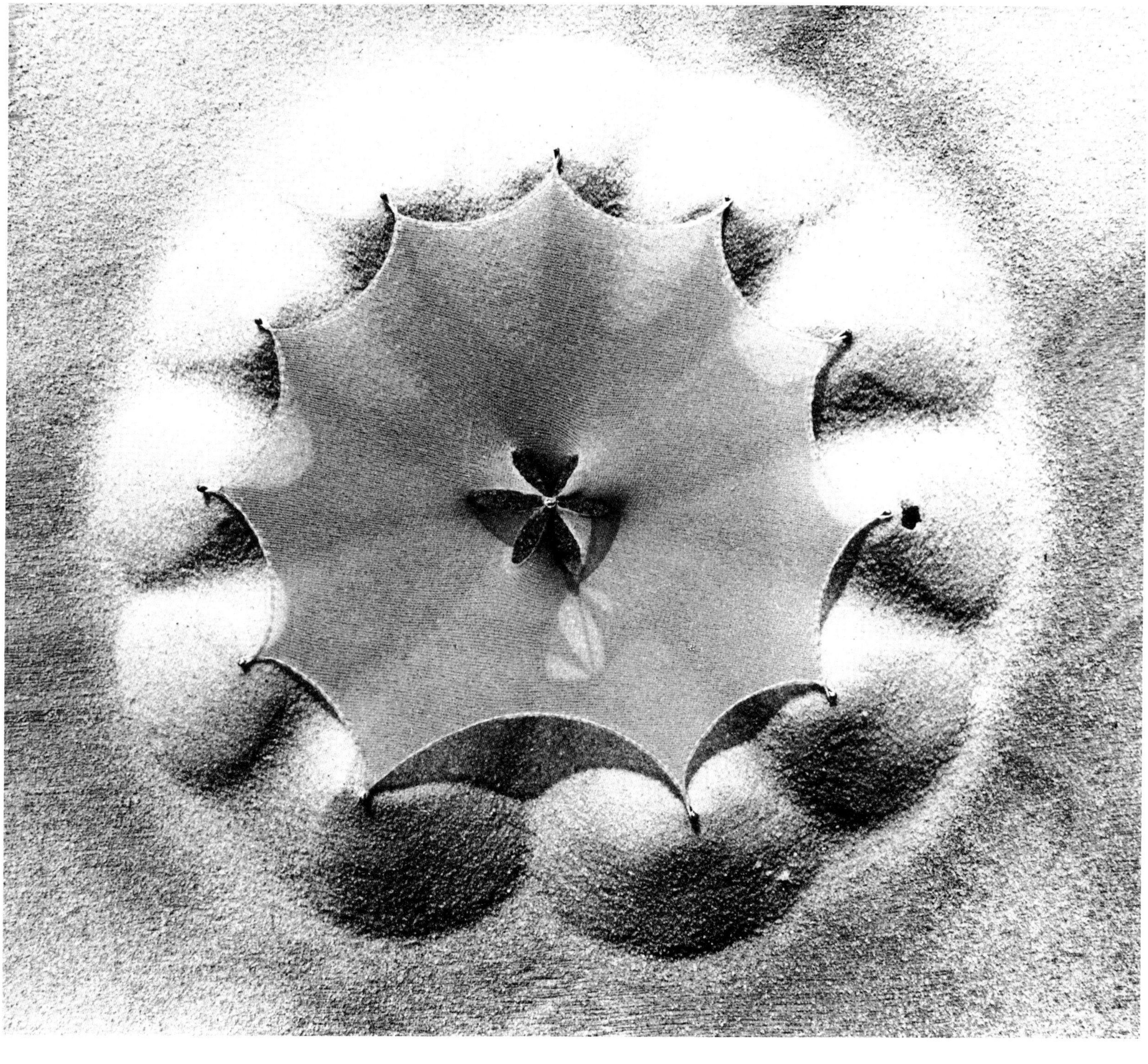

Modellstudie für eine kombinierte Erd- und Zeltdacharchitektur, 1985

Formfindungsversuche mit Sand für Erdarchitekturen

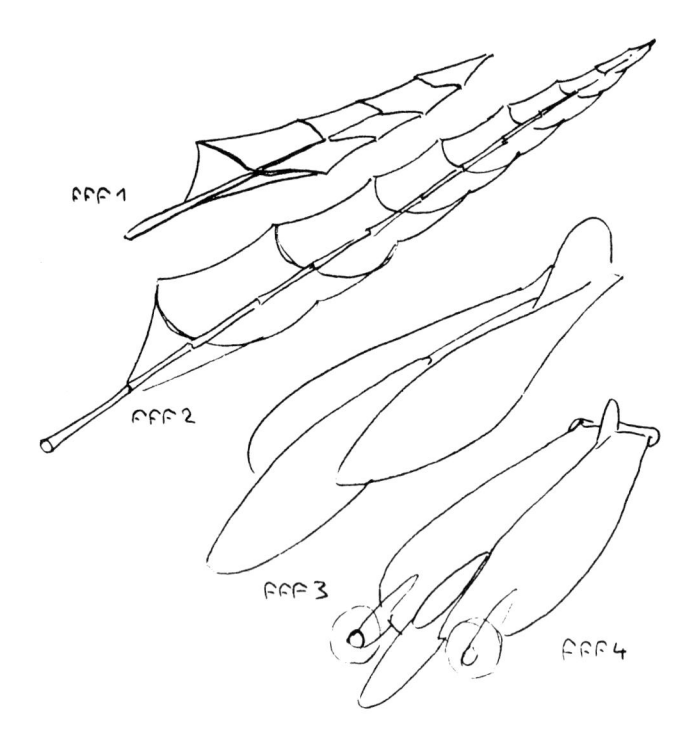

Fliegen

Es war 1934 oder 35. Mein Vater hatte eine Bildhauerarbeit für einen kleinen Textilfabrikanten gemacht. Die Arbeit war längst bezahlt und das Honorar verbraucht, da wurde im Haus ein frisch erlegter Fasan abgegeben. Nachdem er eingehend bewundert war und die Familie sich herzlich freute, daß man Kunst nicht nur mit Geld, sondern mit einer Geste wahrhaft abspeiste, wanderte er in den Kochtopf. Mir Neunjährigem hatten es die Schwanzfedern angetan. Eine flog unwirklich gut, langsam und majestätisch. Das konnte doch nicht wahr sein.

Die Fasanenfeder wurde das Erlebnis des jungen Erfinders. Es begann die *Epoche* der Fasanenfederflugzeuge, *FFF* = Fasanenfederflugzeuge genannt.

Wenn die Feder fliegen kann, dann mußte auch ein Modell von ihr fliegen können. Nicht alle Federn des Fasanenhahnes flogen gut. Der beste Flieger unter ihnen wurde zum Vorbild genommen. Ein Modell entstand aus 5 mm mal 10 mm Latten, 1 mm Sperrholz und echter Seide von Mutters bestem Kleid. Es sollte noch besser fliegen als die Feder. Die Flügellosen sollten entstehen. Die Supersegelflugzeuge der damaligen Zeit, *Minimoa und Moazagotl*, waren die Engelgleichen der Jungen. Deutschlands großer Sport des Fliegens ohne Motor begeisterte schon Volksschüler.

Wenn die Feder noch von vorn wie die Minimoa aussehen würde, mußte sie unschlagbar sein. Das Modell flog wirklich, anfänglich schwanzlastig, doch schneller vorwärts und auch schneller im Fall als die Feder vom Fasan.

Ein begeisterter Segelflieger ist 1936 Erdkundelehrer Bachmann. Er erzählte von Wind und Wolken. Ihm entdecke ich mich. »Mach weiter, da ist was drin, schreibe doch an die Deutsche Versuchsanstalt für Luftfahrt in Berlin-Adlershof.«

Meine Mutter fotografierte das Modell. Der Brief ging ab. Nach längerer Zeit kam die Antwort: Unsere Anstalt interessiert sich für »das Phänomen des Pfeilflüglers für neue schnelle Flugzeugtypen«.

Danach war nichts mehr zu hören.

Als nächstes, etwa 1936, noch in Sachsen, entstand ein neues Modell, viel größer als das erste, etwa 2,5 m lang, aus Bambusstäben ebenso mit Seide bespannt, mit einem Querschnitt, der der Fasanenfeder nun ähnlicher war. Es flog auch, doch auch nicht besser als das erste und schlechter als jene Modelle, die Klassenkameraden mit hochentwickelten Profilen nach Bauplänen bauten. Dann, ab 1939 in Berlin, Aerodynamik-Arbeitsgemeinschaft beim geliebten Physiklehrer Dr. Pohlmeyer. Neue Modelle entstehen, mit Flügeln, eines der bestbekannten Flugzeugprofile.

Nun sah man oft schnelle Jagdflugzeuge am Himmel über Berlin. Wie schrieb doch die Versuchsanstalt? – Pfeilflügler seien Schnellflieger. Vielleicht könnten die Fasanenfedern schnell und zugleich ganz ganz langsam sein. Die Fasanenfeder und auch meine Modelle flogen bei geringster Vorwärtsgeschwindigkeit – wenn auch dann mit schlechtem Gleitwinkel – stabil. Sie schmierten nicht ab wie jedes Flügelflugzeug.

Noch ein Modell (FFF 4), diesmal nur aus Plastilin, entstand 1942. Von ihm mache ich Fotos, meine ersten überhaupt. Die gingen wieder nach Adlershof. Die Antwort blieb aus. Sollten sie in die Kiste der Staatsgeheimnisse oder in den Papierkorb gewandert sein?

Zwischendurch hatte ich etwa 1940 noch den Bau eines naturgroßen Muskelkraftflugzeuges begonnen. Zuvor hatte ich jeden tot gefundenen (und auch mit dem Luftgewehr erlegten) Vogel gewogen, vermessen und außerdem versucht, Möwen im Flug zu filmen. Ich glaube, die aeromechanische Wirksamkeit der äußeren Schwingenfedern begriffen zu haben. Die Federn wurden aus Holz und Japanpapier nachgebaut. Mein Schwingenflügler wies einen Kraftausgleich von etwa 10 m² auf.

Ich wollte den Muskelkraftflug versuchen, obwohl ich genau errechnet hatte, daß die Menschenkraft eigentlich nur sehr kurze Flüge erlaubt, aber ich war sehr leicht und meinte, kein überflüssiges Gramm am Leib zu haben. Das Flugzeug wurde nie fertig, und ich flog nie mit Muskelkraft. Meine Mutter – sonst dem Fliegen zugeneigt – war wohl zufrieden.

Noch ein Flugzeug. Wenn ich das hier niederschreibe, ist es mir wie ein Märchen.

1942: Physikunterricht Schadowschule, Arbeitsgemeinschaft Aerodynamik, Lehrer Pohlmeyer, Windkanalversuche. Wir untersuchen das Problem des Vorflügels.

Mit meinem bald toten Freund Bruhns entwickelte ich einen Dreibzw. Vierdecker, bei dem jeder Flügel des nächsten Vorflügel ist und enorme Anstellwinkel zuläßt. Ziel: Langsamflugzeug mit konventionellen Mitteln. Wir bauten Strömungs- und Standwindkanal bis zu meiner Einberufung.

Flugzeuge ließen mich nicht los. So entstand noch ein Entwurf, aber erst als Soldat. Inzwischen Flugzeugführer in einem Jagdgeschwader mit den damals modernsten Flugzeugen. Tag für Tag die blinkenden, fliegenden Festungen über uns und Jäger hinter uns, die manchen von uns für immer hinunterschickten. Doch ab 20. Juli 1944 kaum noch Starterlaubnis. Wir hatten Zeit und guckten in den Himmel. Wir hörten, wie deutsche Fallschirmjäger zu Hunderten bereits in der Luft abgeschossen wurden.

Könnte man nicht ein billigstes Einmannflugzeug für den *Tiefstflug* bauen?

Ich bastelte an Plänen und einem Modell für ein Miniflugzeug von nur 2,9 m Länge und 4,2 m Spannweite. Der Rumpf ist als Gitterschale aus Alustreifen gebaut und mit Leinen bespannt, zwei Motorrad-Boxermotoren im Flügel, in Einfachstbauweise. Die Kosten sollten nicht höher als ein Fallschirm sein, und es sollte im 2-m-Tiefstflug fliegen und auf nur 18 m langer Rutschstrecke landen können:

Mein Modell hat – außer einigen Vorgesetzten – niemand gesehen und hätte vermutlich nie irgendeine strategische Bedeutung erlangt. Der Krieg war inzwischen (fast) zu Ende und ich noch am Leben. Welch ein Geschenk.

Kriegsgefangenschaft Chartres, 1946, sogar Literatur flattert ins Lager. In einem Heft war ein amerikanisches Flugzeugträger-Jagdflugzeug, *Skimmer* genannt, beschrieben. Höchstgeschwindigkeit 600–700 km/h, Landegeschwindigkeit *presque zero* (beinahe null), die Form unverkennbar FFF 4. Zufall? Oder vielleicht doch aus Beuteakten aus Adlershof entstanden?

Ernst hatte ich meine Fasanenfeder und das FFF 4 zum Kriegsende nicht mehr genommen. Ich war mit den neuesten und modernsten Flugzeugen der damaligen Zeit in Berührung gekommen, wie z. B. der Do 335 (Ameisenbär), die auf unserem Feldflugplatz Mengen eingeflogen wurde, oder die legendäre zweidüsige Me 262 – wäre der Krieg weitergegangen, hätte ich mit großer Wahrscheinlichkeit in so einem Ding mein Leben beendet.

Bis heute läßt es mir aber keine Ruhe, warum die Fasanenfeder so gut flog. Auch der *Skimmer* war wohl kein Erfolg. Doch bald kamen die Pfeilflügler für den Überschallflug auf. Sie mußten zum Landen auch langsam sein. Das Geheimnis wurde veröffentlicht. Es war das *meiner* Feder.

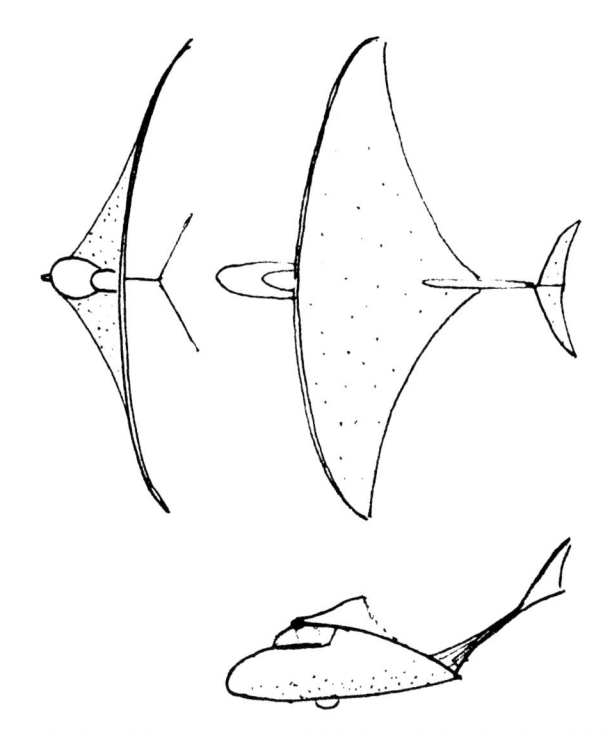

Ein klassisches Flügelflugzeug hat Randwirbel. Sie verursachen unvermeidbar einen großen Widerstand und helfen mit, das Flugzeug bei geringer Geschwindigkeit zum Abschmieren oder Trudeln zu bringen. Pfeilflügler produzieren im Langsamflug zwei riesige, aber geordnete Wirbel. Die hohe Strömungsgeschwindigkeit in den Wirbeln erzeugt auf der Flügeloberseite Auftrieb.

Auch wenn ich heute nicht mehr daran glaube, daß es noch einmal ein Fasanenfederflugzeug geben könnte, so kann ich es doch nicht lassen, neue verbesserte Modelle zu bauen.

Mit noch einem anderen Flugzeugtyp beschäftigte ich mich. Beim Schreiben des ersten Bandes der *Zugbeanspruchten Konstruktionen* wurde mir 1960 klar, daß das altbekannte Schiffssegel eigentlich auch eine pneumatische Konstruktion ist und aerodynamisch noch viel günstiger gestaltet werden könnte, als es bis dahin bekannt war.

1963/64 entstanden eine Reihe skizzenhafter Vorschläge von Motor- und Segelflugzeugen mit Tragflächen aus Segeltuch mit definierter Luftdurchlässigkeit.

1980 gelang es dann erstmals am IL, Tragflügel mit Membranen aus Seifenblasen im Miniwindkanal zu testen.

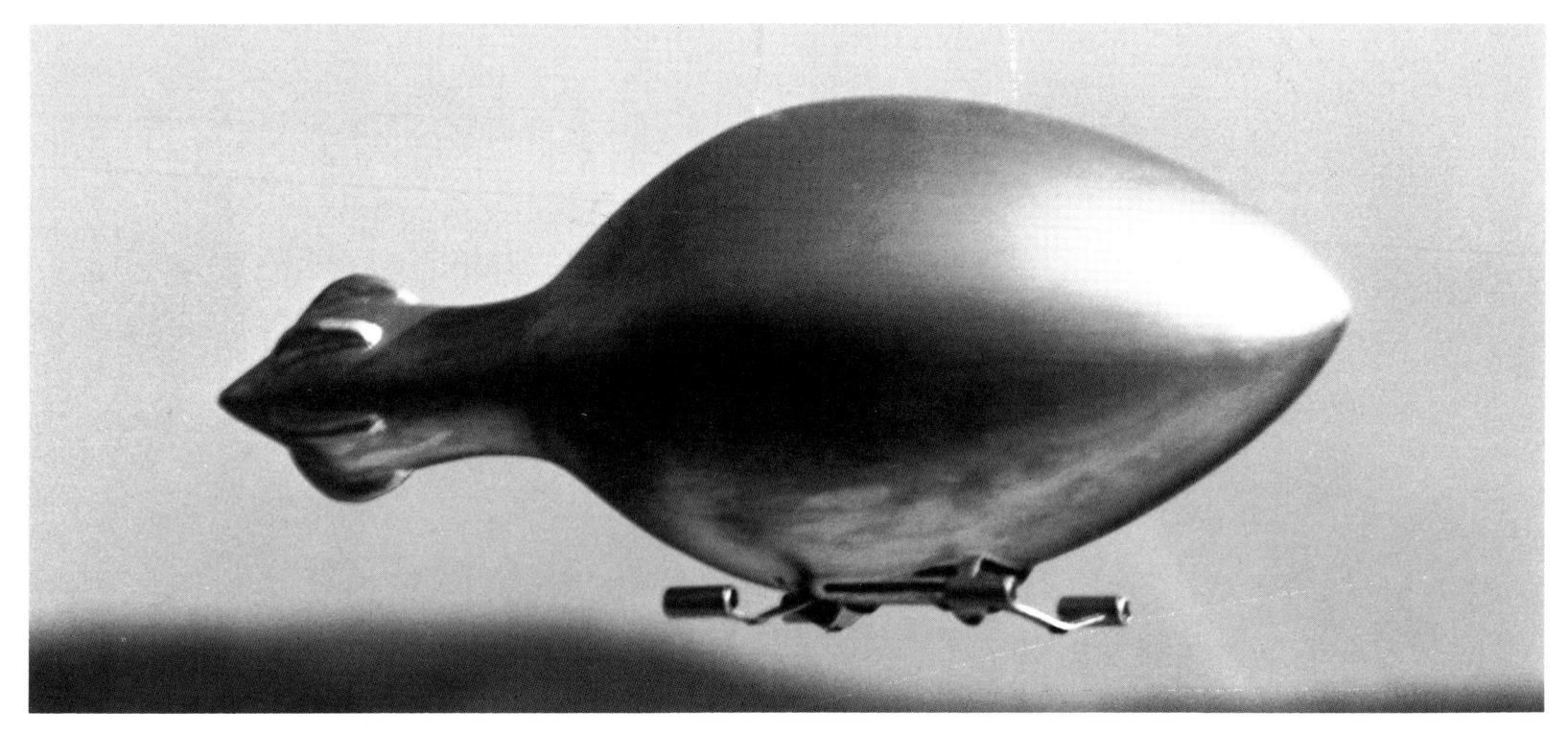

Inzwischen waren die Hanggleiter aufgekommen. Die Idee hatte einen parallelen Weg genommen. Der älteste technische Tragflügel, das Bootssegel fliegt nun. Er ist noch längst nicht *optimiert*, seine beste Form in einfachster Konstruktion ist unverändert unbekannt.

Beim Abfassen des ersten Bandes der *Zugbeanspruchten Konstruktionen* drängten sich noch die vorwärts fliegenden, lenkbaren Fallschirme auf, die damals in zügiger Entwicklung standen.

Ferner entstanden viele Skizzen und pneumatische Luftschiffe. Die allerdings wollte ein Luftschiff-Reeder (Schmidt-Klieber), ein begeisterter, ständig Geld suchender nun wirklich haben. Wir gingen mit Ian Liddell ernsthaft daran und entwickelten von 1978 bis 84 den ersten Entwurf für den Airfish 1.

Es sollte ein schnelles Schiff bis zu 1000 t Nutzlast sein.

Der Reeder drängte, doch ich zögerte. Die Planung kostete viel Geld. Das Ingenieurteam und die Begeisterung waren da. Sollte man wirklich bauen? Leben wir nicht in einer anderen Zeit? Ist nicht der Traum vom *leichter als Luft* Fliegen schöner als die Realität?

Doch wir blieben aktiv. Es kamen hinzu: Airfish 2, ein lenkbarer Warmluftballon mit Minimotor bzw. Muskelkraftantrieb für zwei Personen, und schließlich Airfish 3, ein Touristenschiff mit völlig unsteifer Hülle und sogar weichem Schwanz, motorgesteuert.

Landfahrzeuge

Im Alter von 13 Jahren wollte ich einen motorisch betriebenen Schlitten bauen, der auf vier Kufen gleitet. Ich hatte den Film über Wegner im Grönlandeis gesehen, und meine Mutter war zum Skilaufen mit mir ins Erzgebirge gefahren. Sie hatte mir einen Skizzenblock geschenkt.

Die Kufen sollten durch Preßluft hin und her bewegt werden. Ich habe den Gedanken um 1954 nochmals aufgegriffen und in der *Umschau* veröffentlicht.

In der Kriegsgefangenschaft interessierte mich ein Schwerstlastfahrzeug zur Steinbewegung als Hilfsmittel für Steinmetzen. Der Anlaß war einfach. Mir war erlaubt worden, mit einer eigenen Steinmetzmannschaft im Steinbruch der Kathedrale die Steine für unseren Friedhof zu brechen. Das *Fahrzeug* fährt auf Kufen, die taktweise angehoben werden, unbelastet nach vorn rollen und danach mit schiefen Ebenen auf den Boden gepreßt werden. Die Last wird mit Walzen auf den Boden übertragen. Das Fahren schwester Lasten ähnelt dem Bewegen von Steinen, wie es seit undenklichen Zeiten Steinmetzen taten.

Etwa um 1950 griff ich diesen Gedanken noch einmal auf, jedoch in abgewandelter Form als kriechender Pneu, ebenfalls für schwere

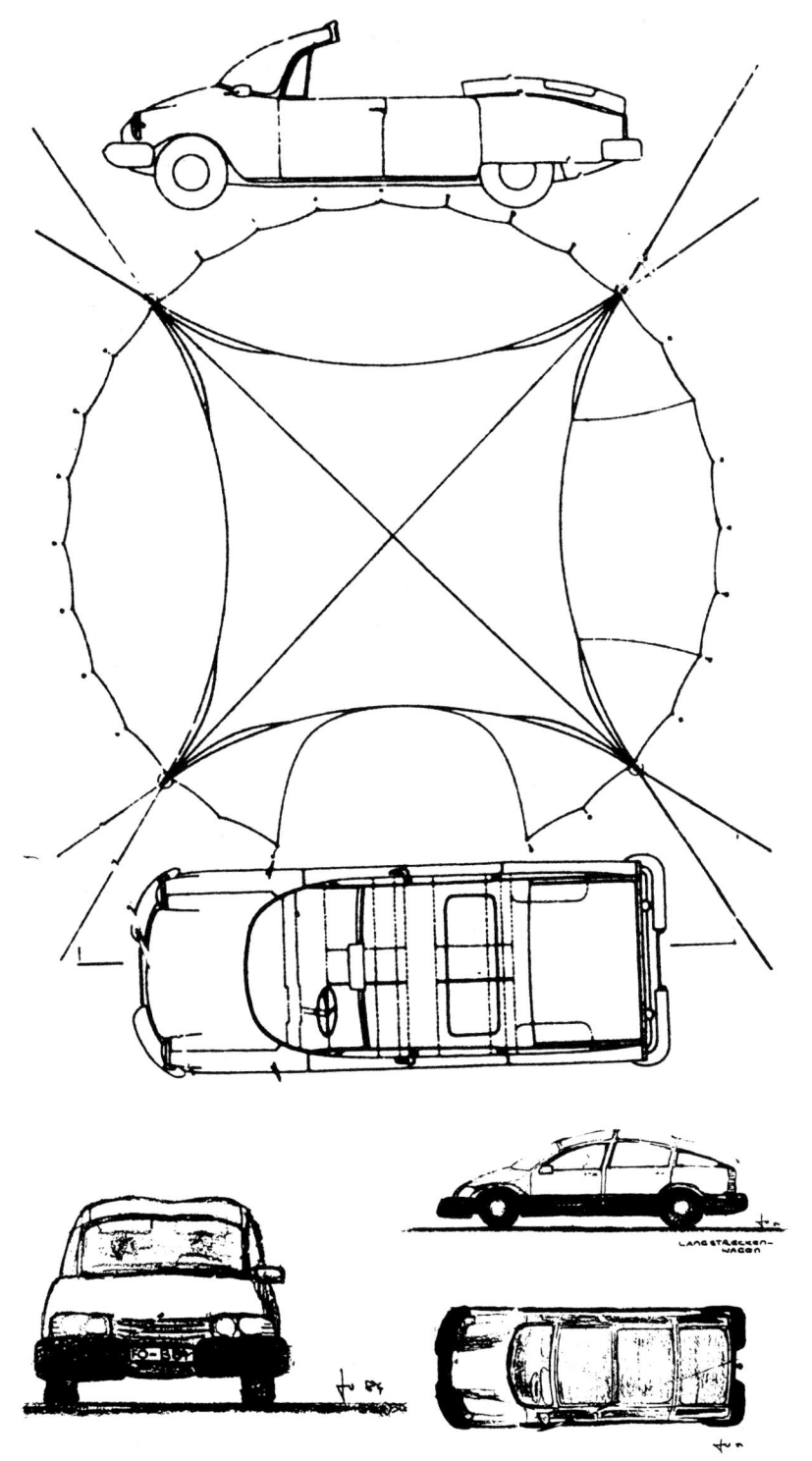

Lasten. Der Boden des Schwerlastfahrzeuges ist sägezahnartig ausgebildet, durch taktweises Aufblasen und nachfolgendes Evakuieren von Schläuchen bewegt sich die Last vorwärts.

Bei der Beschäftigung mit den Pneus lag auch der Gedanke nahe, eine pneumatische Stoßstange für Personenkraftwagen zu konstruieren.

Wie schön wäre es, einmal ein Automobil zu entwerfen. Fast jedes der umherfahrenden ist *überdesigned*. Einmal sogar erhielt ich einen Auftrag für Indien (National Design Institute, Ahmedabad) als Studie. Indien plante damals, eine eigene Automobilindustrie aufzubauen. Ich verbesserte die ältere Studie, schloß sie 1964/65 ab und koppelte sie mit dem Entwurf des Stromeyer Campingzeltes 66 (s. Conrad Roland, Frei Otto – Spannweiten 1965, S. 43, Bild 7–13).

Das Automobil wurde in Indien nicht gebaut. Es gelang mir trotz vieler Versuche nicht, auch in Deutschland mit der Automobilindustrie in Kontakt zu kommen.

Es werden grundsätzlich keine firmenfremden Entwerfer mit solchen Aufgaben betraut.

Ich bewundere unverändert Architekten wie Walter Gropius und Renzo Piano, denen es gelang, in diesen geschlossenen Markt einzudringen.

Immer wieder verbessere ich in Gedanken das indische Auto und vergleiche es mit den neuesten Kreationen der Firmen, inwieweit sie Sicherheit, Nutzbarkeit und Schönheit vereinen können.

Als Beitrag zur Sicherheit: Vorn, hinten und seitlich wird das Fahrzeug durch Pneuschläuche gegen Stoß geschützt. Der Nachteil normaler Schläuche ist, daß sie bei starken Stößen sehr federn, also nur wenig Energie vernichten und dauernd unter Druck stehen müssen.

Mein Pneu ist nun normalerweise ohne Innendruck. Er erhält seine Form durch Eigensteifigkeit und besteht aus Gummi bzw. weichen faserbewehrten Kunststoffen. Der Innendruck entwickelt sich erst bei einer Stoßbelastung. Er fängt diese ab. Dabei wird die komprimierte Luft durch ein Kammersystem mit hohem Reibungswiderstand und Ventilen ausgeblasen. Wenn der Stoß vorbei ist, richtet sich die Form langsam wieder auf.

Wer nachts bei Nebel oder regennassen, verschmierten oder vereisten Straßen fährt, kennt das Problem: den Abstand zum Straßenrand zu halten.

Ich denke seit Jahren daran, im Abstand von 60 cm vom Straßenrand mit einer beheizten Walze leicht ausgerundete Vertiefungen in den Asphalt (alle 40 cm etwa 10 mm tief und 8 cm im Durchmesser) einzulassen. Wenn Autoreifen sie berühren, gibt es einen warnenden Ton.

Vom Pneu zur Natur

Ein Schlüssel zum Verständnis der Natur?

Zelte bestimmten mein Denken von 1950 bis 1960 sehr stark. Etwa 1954 stieß ich auf das Zelt ohne Mast, die Lufthalle, den Luftballon am Boden, erstmals erwähnt 1917, erfunden von Lanchester, praktikabel gemacht von Walter Bird um 1955.

Von 1959 bis 1961 war ich verbissen in die Arbeit am Band 1 der *Zugbeanspruchten Konstruktionen*: Kapitel Pneus, Lufthallen, Schläuche, Segel, Membranen im Wasser.

Im Zehlendorfer Atelier baute ich viele Modelle, vielleicht 50 bis 100. Ich wollte die Formenwelt erfassen und den Pneu – wie zuvor die Zelte – der Architektur nahebringen, vielleicht sogar zur Architektur machen.

Das schaffte ich nicht. Kulturell ein Mißerfolg, wurde die Lufthalle zu einem wirtschaftlichen Boom.

Tausende von Lufthallen entstanden zwischen 1965 und 1975. Es gibt heute 40000 bis 100000 auf der Welt. Eine technisch und ästhetisch schlechter als die andere. Industrien bauten darauf. Viele Firmen wurden gegründet und verschwanden, wenn ihnen genügend Lufthallen bei Stürmen weggeflogen waren. Von mindestens 200 weiß ich das. Sie sind aber so leicht, daß sie niemand töten, wenn sie, statt wie klassische Häuser einzustürzen, durch die Luft davonsegeln.

Ich stand etwa wie der berühmte Zauberlehrling da und versuchte, wenigstens die technische Qualität anzuheben.

Das gelang langsam, ganz langsam, mit vielen Freunden, vielen Aufsätzen, Gesprächen und Beispielen. Schließlich brachten wir das Lufthallenhandbuch, erste Vorauflage 1976, Hauptauflage 1983 heraus. Heute ist die Lufthalle Allgemeingut, doch gut ist sie weder technisch noch ästhetisch bisher nicht.

Von allen, die daran gearbeitet haben, habe ich das neue Gebiet vielleicht mit den meisten Ideen *versorgt*, die meisten Entwürfe gemacht, doch keine Lufthalle wirklich bauen dürfen. Das interessanteste Projekt war noch die *Stadt in der Arktis*, dessen Arbeit von der Hoechst AG aus dem Werbeetat bezahlt wurde und an dem wir in einem japanisch-englisch-deutschen Planungsteam (Kenzo Tange, Ove Arup und mein Atelier Warmbronn) arbeiteten. Die wenigen ganz guten Lufthallen macht unverändert Walter Bird in den USA, der sich inzwischen weitgehend zurückgezogen hat. Gernot Minke (mein erster Assistent am IL) gelang zu meiner Freude der beste deutsche Bau, das Alpamare in Tölz, dann weiß ich schon kein Objekt mehr zu nennen.

Ich wollte die technisch gute und ästhetisch schöne Lufthalle erzwingen. Wie so oft, wenn man etwas erzwingen will, schafft man es nicht, aber manchmal etwas anderes. Das andere ist vielleicht wichtiger als alle Architektur. Es heißt Leben.

Im Winter 1960/61 hatte ich, wie schon gesagt, den Berliner Biologen Helmcke kennengelernt. Er vertrat die Auffassung, daß lebende Mikroorganismen nicht nur durch den genetischen Code ihre Form erhalten, sondern auch durch selbstablaufende anorganische (physikalisch-chemische) Prozesse in Form von Tröpfchenbildung, Oberflächenspannung, also, mit meinem Konstruktionsjargon gesprochen, durch pneuartige Konstruktionen, wenn man als Pneu jenes System, bei dem eine biegeweiche, doch zugfeste Haut eine Füllung umhüllt, bezeichnet.

Da entdeckte sich allen im Zehlendorfer Atelier (Trostel, Romberg, Minke) und ab 1964 der ganzen Mannschaft im Stuttgarter Team die Natur in einem neuen Licht. Bestens geschult in der Formenwelt der Pneus, sahen wir plötzlich all unsere Formen von Lufthallen und Wasserbehältern wieder. Wir sahen nur noch Pneus. Die ganze lebende Natur bestand aus Pneus oder hatte zumindest deren Form. Nie werde ich die Wucht dieser Entdeckung vergessen! Nie auch das feine Lächeln, das ich im Anfang erntete, wenn ich davon sprach.

Weiche Mikroorganismen, welkende Pflanzen, alle Weichtiere sind der Definition nach weiche Pneus. Doch wir sahen auch, daß harte Objekte und nicht nur die Kieselalgen, sondern auch Muscheln, Sträucher, Bäume, Krebse und unsere eigenen Knochen die Formen von Pneus haben. Mehr und mehr wurden wir davon überzeugt, daß es erhärtete Pneus sind. Sie haben ihre Form als Pneus bekommen, bzw. *Pneus* machten deren Form. Wir prüften das, und es bestätigte sich der Verdacht. Einige Objekte bleiben sogar (zumindest teilweise) Pneus, selbst wenn sie erhärtet sind wie Sträucher, Bäume und die Knochen. Seminare und Gespräche an meinem Institut bringen Aufregung, Widerspruch, Verstörung bei Biologen und Medizinern. Gegenargumente werden angebracht wie z.B.: Wenn etwas eine Pneuform hat, dann muß es noch kein Pneu sein. Das stimmt, eine Wachspuppe ist noch kein Mensch, doch man erkennt sofort, daß sie nicht lebt.

Dann wagten wir den großen Tag gemeinsam mit Biologen, Medizinern, Ingenieuren. Am IL formulierten wir: *Der Pneu ist eine wesentliche Grundlage der Natur* und veröffentlichten das Wort *Im Anfang war der Pneu*.

Wesentlicher Mitdenker und furchtloser Streiter war Wolfgang Gutmann vom Forschungsinstitut Senckenberg. Er hat in dieser Zeit die Theorie des Hydroskeletts aufgestellt.

Eine neue Sicht der Natur war da, die immer mehr Freunde gewinnt und heute sich schnell und zügig durchsetzt. Sie ist von einer bereits umfangreichen Literatur gestützt.

Es ist möglich und wahrscheinlich, daß von allen Arbeiten der Vorstoß in die Biologie der einzige ist, der bleibende Wirkung hat. Die Bauten, die wir machten, werden vergehen. Doch Erkenntnisse bleiben, solange sie gültig sind. Statt die Lufthalle zu erobern, durften wir durch einen Spalt ins Geheimnis der Natur blicken.

Noch eine kleine Geschichte. Benno Kummer ist mit tiefem Ingenieurwissen der große Kenner des Knochens, ist unser *Knochenpapst*. Er lud mich zum 23. September 1982 nach Köln zu einem Kolloquium mit Medizinern ein. Ich bereitete meinen Vortrag sorgfältig vor. Inzwischen hatte ich neue Beweise über das zugbeanspruchte Fasergeflecht (die inneren Verspannungen) im Knochen, und es erhärtete sich meine Beweisführung, daß der Knochen nicht nur als Pneu wächst, sondern sogar nach der Erhärtung ein Pneu bleibt. So wie ein wassergefüllter Luftballon ein Pneu bleibt, selbst wenn das Wasser friert.

Unsere Studierenden machten noch schnell Elektronenmikroskopien von ganz frischen Rinderknochen. Was ich da sah, war faszinierend. Ich stürmte ins Nachbarinstitut, wollte selbst sehen und noch mehr Aufnahmen machen. Es hatte inzwischen geregnet. Eine lackierte schiefe Ebene (für Rollstuhlfahrer) am Instituteingang wollte ich im Sprung überqueren und rutschte aus, prallte mit voller Wucht aufs Betonsteinpflaster, brach mir Schienbein, Wadenbein, Fußgelenkknochen. Was folgte – Ambulanz, Blaulicht, Hospital – war trotz Schmerzen irgendwie komisch, ich lachte mich richtig aus.

Davon verstehen Sie doch sicher was, begrüßten mich lächelnd die Chirurgen und schraubten mit 15 Stahlteilen die Knochen wieder zusammen. Ich war froh, daß sie ihr Handwerk so gut verstanden. So hatte ich Zeit, den ersten Text für unser IL 35 *Pneu und Knochen* zu schreiben, das wir im April 1984 endlich als Vorauflage herausbrachten.

Überall öffnen sich nun Beziehungen und Verbindungen: Pflanzliche Pollen sind wie Diatomeen und Strahlentierchen gebaut. Der Innendruck der Bäume macht ihre Form und versorgt sie mit Wasser. Nicht nur das Einzelobjekt lebt von dem Geschehen mit dem Pneu, sondern ganze ökologische Systeme, ja ihre so aktuellen Gefahren erhalten eine neue Sicht.

Was haben wir nur angerichtet? Es fing mit den Lufthallen an. Kann man die sich überstürzenden Eindrücke, die vielen neuen Informationen noch verkraften? Eine neue Sicht der Natur drängt sich in den Vordergrund.

Wir versuchen es mit einem neuen Engagement, dem Sonderforschungsbereich *Natürliche Konstruktionen* der Deutschen Forschungsgemeinschaft.

Und immer noch gibt es neue Erkenntnisse. Am 18. 06. 84, beim Montagsseminar: Zwei Studentinnen berichten über ihre Versuche, ordinäre käufliche Gummibälle zu evakuieren, damit wir die entstehenden Beulen und Faltungen kennenlernen.

Wenn ein Gumiball evakuiert wird, erhält er eine sog. *Beule*. Die ist an sich nichts Neues. Neu ist aber die Formenwelt der Beulen und Falten und ihre sehr deutlichen Gesetzmäßigkeiten.

Helmcke weilt zufällig in Stuttgart. Ich bitte ihn, sich das anzuhören. Ich hatte gerade gesagt: Beulen und Falten entstehen auch, wenn eine Membrane bei gegebenem Volumen größer wird. Da hat Helmcke den Gedanken, eine *Sternsekunde*: »Wenn ein Ball eine Beule bekommt, wenn sein Volumen verkleinert wird, dann muß er auch eine Beule erhalten, wenn bei konstantem Volumen sich die Hülle des Pneus vergrößert.

Das aber ist bei der Ei-Teilung dann der Fall, wenn die vielzellige erste noch kugelförmige Hülle entstanden ist und die Blastula, eben jene erste Einbeulung entsteht, die für alle weiteren Entwicklungen höherer Arten von grundsätzlicher Bedeutung ist. Vielleicht ist dieser biomechanische Prozeß der (erste) Anlaß dazu...«

Wenn das stimmen sollte – die Sicht der Entstehung des Lebens hätte eine weitere Erklärung beim Zusammenwirken physikalisch-chemischer Vorgänge mit dem diese selbstablaufenden abiotischen Prozesse mit minimalem Energieaufwand steuernden aber flexiblen genetisch-fixiertem Bauplan der Arten und Individuen.

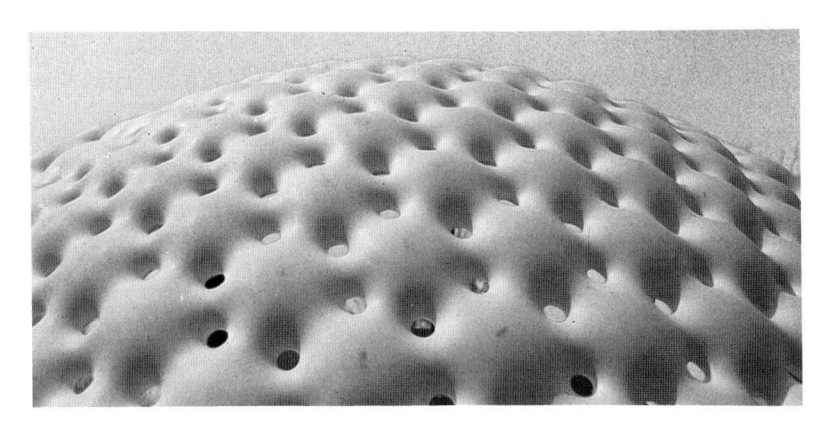

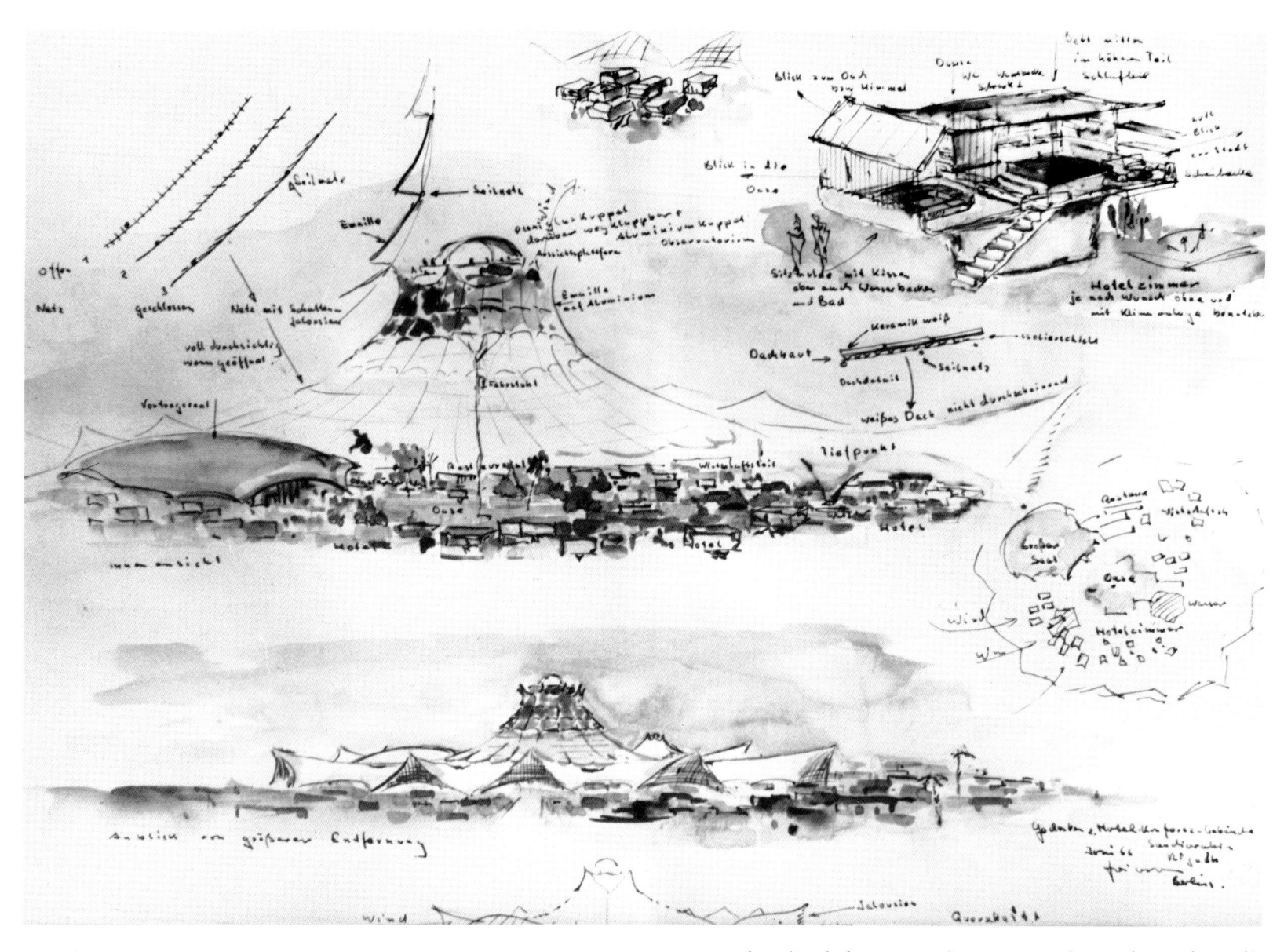

Dach und Landschaft

Eine besondere Idee nahm immer mehr Gestalt an: Es war die vom Dach in der Landschaft, dem Dach als Landschaft, der Dachlandschaft über einer Landschaft. Das größte Erlebnis in dieser Richtung war vielleicht der Bau der großen Halle *Die Stadt von Morgen* (Carl Otto mit Günter Günschel und mir) für die Interbau im April und Mai 1957. Wir turnten auf dem weißbespannten Mero-Dach umher, der Tiergarten unter uns, fern die *Skyline* von Berlin, im Osten der Reichstag, davor die Kongreßhalle im Bau, dahinter der *Ostteil* von Berlin.

Dach und Stadt, zwei Landschaften. Bestimmt keine neue Idee, aber ein ganz neues Erlebnis, für uns auf dem Dach.

Daß es dieses Erlebnis geben müsse, ahnte ich schon, hatte ich doch vorher Entwürfe gemacht, wie die Bilder für Seilnetzdächer im Gebirge 1952. Aber erst 1957 wurde mir das Besondere bewußt, wurde zu einem Bestandteil meines Denkens.

Das Erlebnis auf dem Dach in Berlin beeinflußte meine Mitarbeit an den Projekten Montreal, Olympiadach München, Rijad und Mekka und an der Volière München.

Die Dachlandschaften hatten wir nur für uns, für *Werkleute*, die montierten, maßen, prüften. Wir durften über die Dächer wandern, durften durch die Maschen der Seile auf die Blumen, Teiche, Pflanzen, Menschen, Tiere darunter sehen. Zwei Welten übereinander – welch ein Erlebnis!

Bei der Ausstellung in Montreal (Gutbrod, Leonhardt, Kendel, Haug, Medlin, Burkhardt u. a.) wollten wir aber nicht so egoistisch sein. Wir planten sogar, einen Pfad über das Dach einzurichten, um den Besuchern der Ausstellung auch unser Erlebnis zu vermitteln. Es ging nicht. Dann versuchten wir, die Grünlandschaft dieser Insel im *ewigen* St.-Lorenz-Strom unter und durch den Pavillon hindurchzuziehen. Eine Idee, die bereits den Wettbewerbsentwurf geprägt hatte. Unser Dach war ringsum offen, überall konnte man hinein und hinaus. Es gab keinen Haupteingang und auch keine Menschenschlangen. Die grüne Landschaft sollte ungestört unter dem Dach hindurchlaufen und die Exponate hätten zwischen Pflanzen gestanden.

Wir Architekten wollten eine sinnlich-liebreizende Parklandschaft und darin auch Ausstellungsgegenstände und Informationen. Man sollte sich bei den Deutschen entspannen können vom Ausstellungsbesuch.

Wir wollten die *künstliche* Dachlandschaft, die man anfassen durfte, mit der *natürlichen* unteren verbinden, deshalb die großen verglasten Fenster im lichtdurchschienenen Zelttuch. Zwischen oben und unten planten wir hängende Gärten, an Seilen aufgehängte Pflanzkörbe. Wir wollten Innenraum erschließen.

Man hatte uns Innenraumgestalter aufgezwungen. Die sollten *Made in Germany* zeigen, unsere *deutsche* Nation repräsentieren. Gute Leute, übriges durch und durch Werkbund 1960.

Die innere Bepflanzung haben sie gleich gestrichen. Ich war tief betroffen, daß führende *Designer*, die als Professoren Schönheit, Entwerfen lehren, die Grundlagen dieses Entwurfs zerstörten. Ein großer Krach lag in der Luft.

Wenn es irgendwas genützt hätte, wäre ich nach Deutschland zurückgefahren. Ich wollte noch einige kanadische Jungbirken im Zelt pflegen. Ich biß auf Eisen.

Doch die Landschaft unter dem Zelt war nicht schlecht, wenn auch zu künstlich. Wie gut hätte sie sein können.

Dennoch wurde dieser Pavillon zu einem Welterfolg. Vermutlich sahen Besucher und Kritiker selbst das, was gar nicht direkt zu sehen war. Sie ergänzten mit ihrer Phantasie.

Beim Entwurf für das Konferenzzentrum Rijad (1967) schlugen wir, der Lage angemessen, eine Form vor, die ebenfalls das Thema Dach und Landschaft aufgreift. Das Dach war Schattenwerfer und Plastik – an Wasserturm und Höhenrestaurant angehängt – sichtbar mit blauer lichtreflektierender Emaille. Wir bauten das Projekt ohne das große Dach in Mekka (Gutbrod).

Doch die mit der blühenden Bougainvillea berankten freihängenden Holzschattengitter und die großen Auditorien erinnern noch an die Idee, hier wurde Landschaft und Dachlandschaft von unten und teilweise auch von oben spürbar.

Die nächste Gelegenheit bot das Olympiadach in München. Wenn ich den Wettbewerb mitgemacht hätte, dann hätte ich ein großes statisches Dach über der Sport- und der Schwimmhalle und eine regenfeste Verbindung zwischen allen Sportstätten und zum Olympischen Dorf vorgeschlagen. Das Stadion jedoch wäre eine große offene Mulde geblieben und hätte ein ausfahrbares, wandelbares Zeltdach erhalten, das nur da ist, wenn es benötigt worden wäre. Ein Stadion im Talkessel als Mulde. Dach nur soweit notwendig, eine sich bewegende Dachlandschaft.

Der gemischte Behnisch-Auer-Wettbewerbs-Gewinner-Entwurf entsprach aber unserer Dachlandschaftsidee. Es war die Idee von und für Montreal.

Heute glaube ich, daß diese Idee erkannt wurde und zunehmend erkannt wird, obwohl darüber fast nichts gesagt oder geschrieben wird. Sie ist es, die den Olympiaanlagen die große Popularität verschafft. Obwohl das Dach viel zu dramatisch, zu schwer, zu aufwendig wurde, durch die Transparenz des Glases und die bewegten Linien wurde es doch noch ein Teil jener neuen, künstlich gemachten grünen Landschaft auf dem ehemaligen tellerflachen, wüstengleichen (politisch angebräunten) Flughafen Oberwiesenfeld.

Dach und Landschaft kommen nirgends so zur Geltung, wie bei den künstlichen Spinnennetzen der Volièren, jenen Großflugkäfigen für zoologische Gärten. Mit welcher Leidenschaft kämpfte ich darum, einmal eine Volière bauen zu können!

Es begann mit Skizzen für das Netz über den gesprengten Bunker am Zoo in Berlin, Modellen für Shaws-Garden 1958 in St. Louis, 1972 für den Frankfurter Zoo und einem weit ausgearbeiteten Entwurf für Ludwigsburg. Erst als Jörg Gribl meine Hilfe erbat, konnte der Traum *angeträumt* werden, und zwar 1980 für den Tiergarten Hellabrunn in München. Welch eigenartig himmlisches, zutiefst sinnliches Gefühl, über das Netz der Volière physisch wandern zu können oder aber auch dies nur mit den Augen zu tun. Es ist die zarteste Dachlandschaft, die wir je bauen konnten.

Zwei Landschaften, die untere meisterhaft von Gribl arrangiert, die obere zart in den Himmel übergehend, auch wenn im Detail viele technische und ästhetische Fehler gemacht wurden.

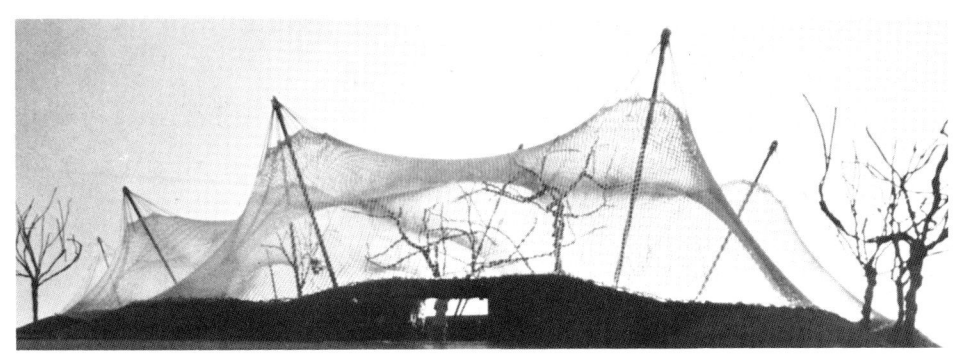

Volière für den Tierpark Hellabrunn in München, 1979/80

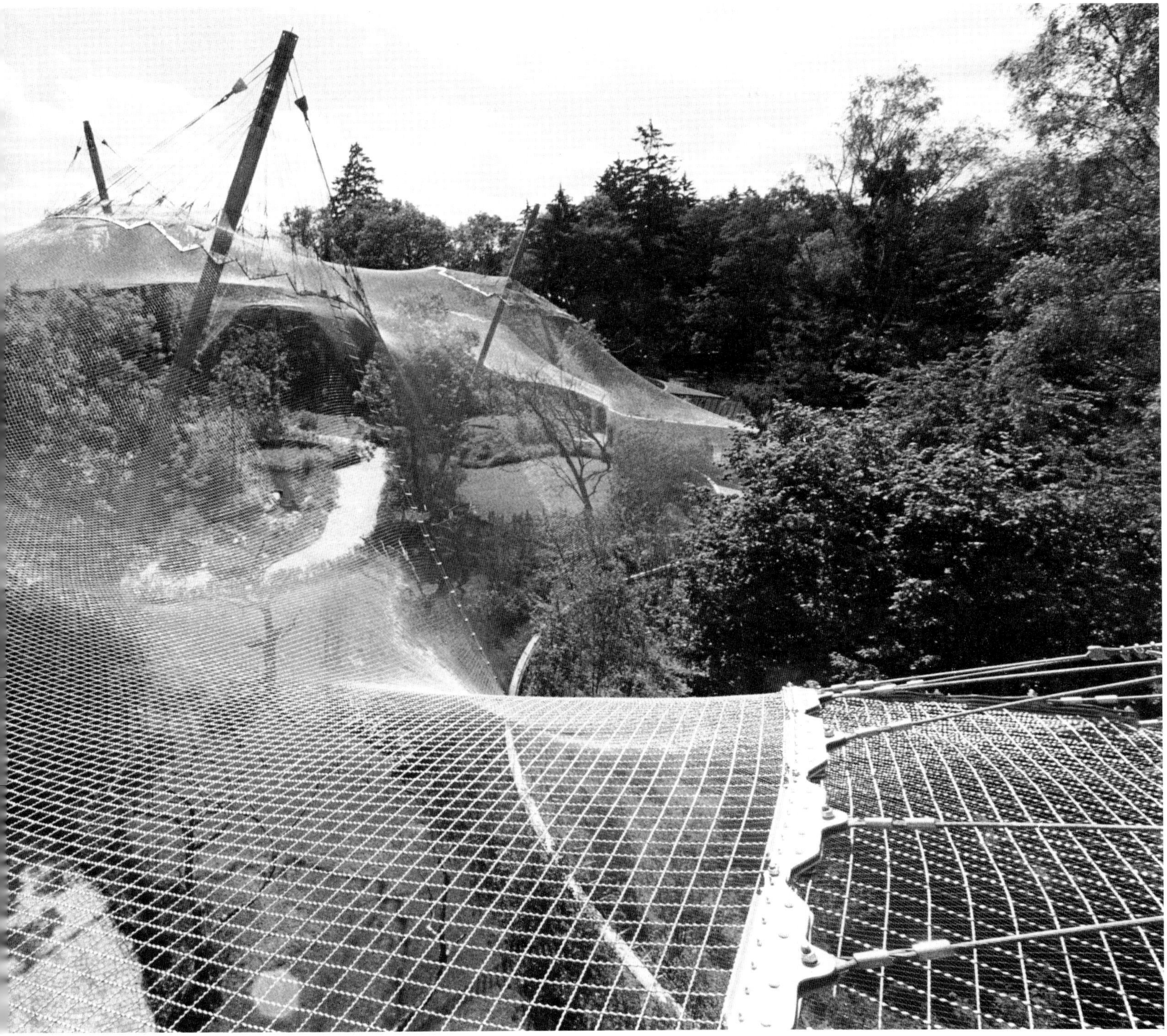

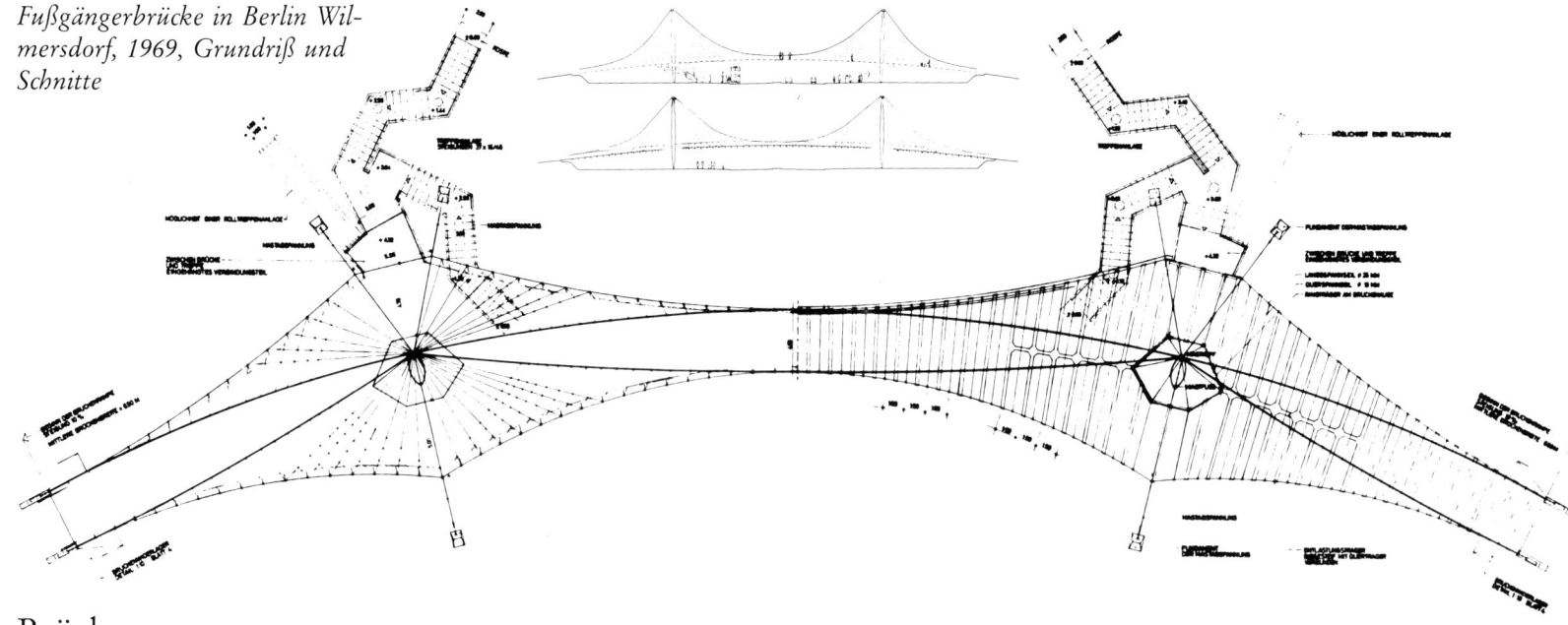

Fußgängerbrücke in Berlin Wilmersdorf, 1969, Grundriß und Schnitte

Brücken

Da hatte mich Ende 46 Leopold Kuhlmann zum *architect et ingenieur en chef du Dépôt 501* gemacht. Ich versuchte mich an einer Brücke über die Eure in Coudray bei Chartres – und scheiterte. Es waren wohl doch nicht genug Eisenbahnschienen vorhanden. Aber vielleicht war es mir auch wichtiger, die Brücke zu konstruieren als zu bauen.

Frank Lloyd Wrights Entwurf für die San-Francisco-Alameda-Bay-Bridge mit dem Park über der Bay (ich sah das Modell im Frühjahr 1951 in Talesien West) hatte es mir angetan. Ich bewunderte den Entwurf. Eine Brücke zu entwerfen lernen, welch eine Aufgabe. Ich tat es in Bickenbachs Seminar, der mich beriet.

Die nächsten Brückenentwürfe waren vorgespannte Hängebrücken für Seilbahnen.

Es war die Idee, gekrümmte Linien in den Raum zu spannen.

Bis heute gelang es nicht, Nahverkehrsmittel an dünnen Seilen lautlos über eine Stadt fahren zu lassen. Möglich ist es aber. Der Selbstwählnahverkehr kommt irgendwann. Der spätere Airbus von Mannheim war ähnlich, scheitere aber an einem Detail.

Wie großartig ist die Wuppertaler Schwebebahn, wie brutal klotzig ihre heutigen Nachfolger. Muß das sein? Nein!

Beinahe – doch nur beinahe – hätte ich mit Peter Stromeyer eine ganz besondere Brückenkonstruktion gebaut. Eine gekrümmte riesige Brücke von 800 m Spannweite sollte 1956 ein Schutzdach für die Baustelle des Göschenenalp-Staudammes (Schweiz) erhalten.

Mit meinen Studenten in St. Louis versuchte ich 1958 den Grundtyp einer vorgespannten Hängebrücke in einfachst möglicher Form zu konstruieren – im Jahr 1966 entdeckte ich sie gebaut im Expopark Montreal. Ewald Bubner nahm um 1960 das Thema als Diplomarbeit (ich beriet ihn) wieder auf. Es ging um die horizontal gekrümmte Brücke.

Den letzten Schritt mit dieser Art von Brücken machte Jörg Schlaich, der mit Ackermann endlich eine solche Brücke bei Kehlheim über den Rhein-Main-Donau-Kanal baut.

Der Gedanke, nicht nur räumlich gekrümmte Hängebrücken, sondern auch Bogen- und Fachwerkbrücken zu entwickeln (ob man sie einmal brauchen sollte, oder nicht), läßt mich immer noch nicht los.

Vier Entwürfe entstanden für Rijad beim Ministerrat und dem Parlament als druckbeanspruchtes Fachwerk mit verzweigten Stützen.

Eines ist mir aber immer klar: Welchen Typ man auch nimmt, Brücken sind ganz besonders empfindlich, sie müssen mit höchstem technischem Können, aber auch größtem Gefühl entwickelt werden. Jede Anwendung von Gewalt – von Vergewaltigung gar nicht zu sprechen – rächt sich.

Brücken sind noch viel mehr als Türme *die* Plastiken der Architektur.

Da ich nie eine Brücke baute, darf ich mir einbilden, daß ich wunderbare Brücken bauen kann, so schön wie im Traum. Sie sind mein Traum, *einer* meiner Träume.

Wasserfahrzeuge

Mit 14 wollte ich ein Segelboot mit einem Segel aus dem damals ganz neuen Fliegersperrholz bauen. Das war eine Fehlleitung, typisch für einen 14jährigen, der Flugmodelle bastelte, ruderte und von einem eigenen Paddelboot träumte, für den ein eigenes Segelboot immer Wunschtraum blieb.

Doch sich ein Boot zu erdenken, das war und ist erlaubt. Wenn schon, dann mußte es ein Superboot sein.

Sperrholz macht keine Falten, und es flattert auch nicht wie Segel bei sehr geringen Anstellwinkeln im schwachen und böigen Wind. Man braucht keine Spieren, das Segel kann die längliche ellipsoide Libellenflügelform haben, die damals als ideal galt.

Die Begeisterung für das neue extrem dünne, filmverleimte Fliegerbauholz aus Birke spielte mit. Das nur 1,2 mm dicke, fünfschichtige Holz war aber schwerer als Tuch und schlecht zusammenzurollen.

Das Boot sollte oben geschlossen sein und das Segel dicht ans flache Deck anschließen. Der *Pilot* mußte deshalb *vor* dem Segel sitzen. Er dreht es per Handkurbel und lenkt das Ruder mit Fußpedalen.

Als Soldat hörte ich 1943, daß Fahrzeuge *unserer* Truppen beim Überqueren von Flüssen und Seen Schwierigkeiten hatten, da es nicht genug Pontons bei den Pionieren gab. Ich schlug der für Wehrpflichtige eingerichteten *Erfinderförderungsstelle* vor, die Fahrzeuge seitlich mit Haken zu versehen um dort (nur im Falle des Gebrauchs) gekammerte Luftschläuche einzuhängen. Es war meine erste Auseinandersetzung mit dem Pneu. Sie blieb ohne Antwort.

Nicht nur im Krieg, sondern auch während der Luftbrücke nach Berlin 1948 war der Treibstoffverbrauch von Fahrzeugen und die Sonnen- und Windenergienutzung ein wichtiges Thema. Der Gedanke des aerodynamischen Höchstleistungssegels für schnelle Hochleistungsfrachtschiffe ließ mich nicht los. Ein riesiges Segel von 50 m Höhe sollte in den Mast gerefft werden, der ist dafür hohl und hat sogar ausfahrbare Vorflügel, also das Beste vom Besten der damaligen Aerodynamik.

Professor Wille, der Direktor des Föttinger Instituts der TU Berlin, bei dem ich 1952 die Windkanalversuche für *Das hängende Dach* machte, meinte dazu: »Wenn der Motor nicht erfunden worden wäre, hätte man heute sicher sehr schnell segelnde Schiffe, die aus grundsätzlich aerodynamischen Gründen an Effektivität den Schiffen mit Verbrennungsmotoren durchaus ebenbürtig sein könnten, aber energetisch mit Sicherheit wirtschaftlicher sind.« Bald kam die Ölschwemme. Segelfrachtschiffe waren unsinnig geworden.

1960/61 diskutierten Helmcke, Hertel und ich in Berlin das Thema *Biologie und Technik*. Der Schwanzflossenantrieb der Fische war Hertels Steckenpferd. Es ging um die Frage, ob die Form des weichen, segelartigen Teiles der Flosse aktiv durch Muskeln geformt wird oder ob am Ende der Wirbelsäule die aktive Muskelkraft aufhört und die weitere Bewegung passiv ist.

Ich führte sogleich einen alten Plan aus und konstruierte ein Modell mit einer Flosse aus Gummihaut, wobei der Arm aktiv, die Flosse selbst sich passiv verformte – es schwamm wie ein Fisch. Die Optimierung der Flossenform und der Bau eines Bootes mit fußgetriebener Flosse für die Nutzung von Hand- und Beinarbeit unterblieb aber.

Die Ölkrise rückte das Segelschiff erneut ins Interesse. Die letzte Version zeichnete ich erst im Jahre 1975 auf, ein Handelsschiff mit vielen automatisch programmgesteuerten, gedrehten und aufgespannten Segeln.

Der letzte Vorstoß, ein Segelboot zu bauen, entstand ab 1976. Die Idee kam beim Urlaub auf Korsika.

Gedacht als Wasserskigleitboot, das selbst am Wind oder beim Kreuzen gleiten kann. Das Segel bleibt im Verhältnis zum Rumpf konstant, die Schwimmer können sich drehen. Kurven auf engstem Radius (Halse am Ort) und schnelles Bremsen sind möglich. Es gab mehrere Varianten.

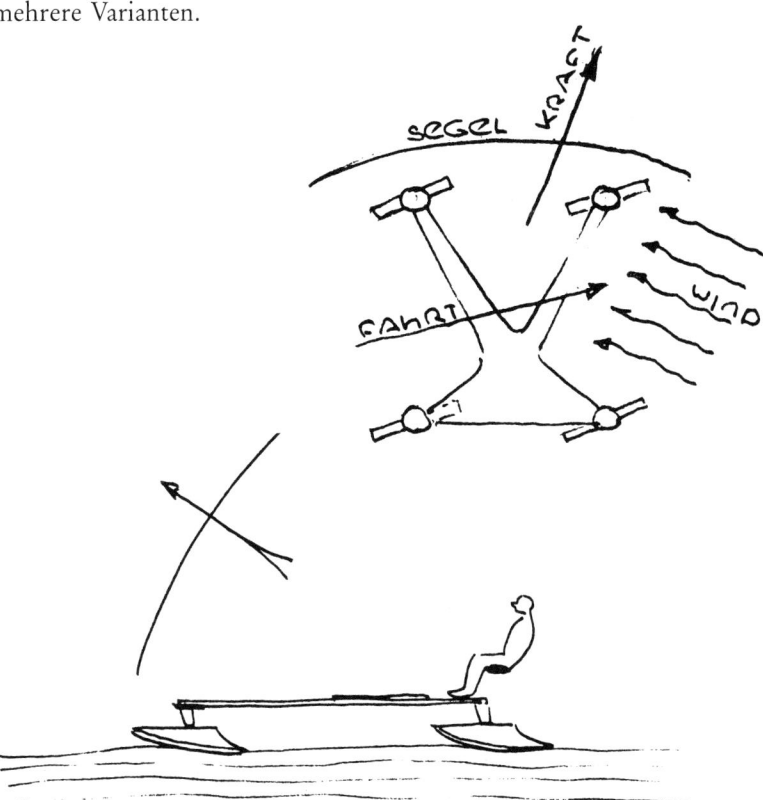

Sinnliche Architektur

Während der Zeit meines Studiums galt die Kunstdiskussion dem Thema *Expressionismus*. Meine Frau und ich pilgerten wöchentlich einmal zu Wil Grohmann. Moderne Kunst berührte uns. Verkürzt: Der Impressionismus ist längst vorbei. Heute leben wir im Expressionismus. Heute schildern Künstler nicht mehr ihre Eindrücke von Natur, Landschaften, Personen, sie *drücken* sich aus. Ihre Seele spricht, ihre Sinne, ihr Ich, Eindrücke werden zur Kunstform des Ausdruckes.

Unbeleckt von Theorien und Dogmen war ich da oft zornig im Widerspruch. Solche Betrachtung war mir zu flach.

Wo steht die Kunst, und wie steht der Künstler zu seinem Werk, und zu anderen Menschen? Wo ist die Pflicht des Künstlers in der und für die Gesellschaft, wo sein Bewegungsspielraum, seine Freiheit? Was interessiert den Rezipienten von Kunst das gesunde oder kranke Ich des Künstlers und was er aus sich herauspreßt? Geht es nicht darum, daß das Kunstwerk vollendet wird, daß es unabhängig von seinem Schöpfer wird, eben dann nicht mehr wächst oder sich entwickelt, daß es reif ist? Wird dann nicht das Kunstwerk auch ledig vom Namen seines Schöpfers, der dann nur noch für Historiker oder den Kunstmarkt wichtig ist?

Der Expressionismus hielt sich in der Architektur im Kleid des Funktionalismus. Nicht, daß das Gebäude wirklich gut funktionierte (als Wohnhaus, Kirche oder Fabrik) stand im Vordergrund, sondern daß seine Funktion Ausdrucksmittel war, Ausdruck der Funktion oder Ausdruck des Architekten-Ichs mit dem Umweg über die Funktion. Und wer die Funktion als Ausdrucksmittel nicht mochte, der nahm die Konstruktion oder Treppenhäuser oder Fahrstuhltürme, um *gemachte Gestalt* zu zeigen.

Mit meinen Fragen gab es aber doch bald fruchtbare Diskussionen wie mit Mies, Gropius, den Brüdern Luckhardt, Finsterlin, Rasch und Gutbrod, die mir selbst in meinem Widerspruch viel gaben.

Noch bis 1962 antworteten mir die Mehrzahl meiner amerikanischen Studenten auf meine Frage, warum sie denn Architekten werden wollen: »I want to express myself.«

Ich konnte es kaum glauben und gab zurück: »Welcher Mensch kann sich anmaßen, anderen Menschen sein Ich ungefragt aufzudrängen, in echte Monumente als Erinnerungen an vergangene Gefühlswelten einzufrieren nur wegen des *I want*.«

Diese Studenten verstanden anfänglich selten, wenn ich diese Haltung als arrogant beschimpfte, wenn ich ihnen zu bedenken gab, daß der Selbstausdruck des Architekten die Gesellschaft oder den Nutzer der Gebäude gar nicht interessiert, es sogar als hinderlich betrachtet, wenn ein Architekt sich selbst verwirklicht.

Der Nutzer will ein nützliches, der Betrachter ein für ihn schönes Gebäude. Die Wehen oder Sorgen des *Schöpfers*, sein Sinnleben, seine Ängste und Lüste sind der Gesellschaft doch egal!

Nicht egal ist aber dem Nutzer und Betrachter die eigene sinnliche Reaktion.

Der Empfänger ist aber dem Architekten selten bekannt. Menschen ändern sich. Die Nutzer wechseln. Es geht also um die Reaktionen all jener Menschen, die für Architektur aufnahmefähig sind und durch sie berührt werden.

Selten sind die Gefühle des Künstlers beim Schaffen eines Werkes identisch mit denen des späteren, unbekannten Empfängers. Sie können es allerdings ausnahmsweise sein.

Wenn Architektur Allgemeingut für den ganzen Menschen sein soll, dann darf sie nicht ausklammern, darf Gebiete der Sinne und des Sinnlichen und die Verhaltensmuster des Menschen nicht als nicht existent betrachten. Gebäude als Reviermarkierung, die gibt es. Häuser als Symbol, als Imponiermittel sind zur Regel geworden, aber auch solche, die überhaupt nicht wahrgenommen werden, weil sie belanglos sind und nicht einmal Ärger hervorrufen.

Ein großes Gebiet liegt in unserer Zeit brach. Es wird nicht geübt. Ohne Übung, ohne Training gibt es keine Leistung, auch keine Kultur. Kultur braucht eine breite Basis, wie der Hochleistungssport den Breitensport. Fast alle *heutigen Architekten*, selbstverständlich auch ich, sind untrainiert und deshalb Anfänger im Bereich der Sinne.

Die sinnliche Baukunst gibt es nicht mehr! Wo gibt es Gebäude, die die Sinne der Empfänger berühren, die sie zum Lachen, Lächeln (ich meine nicht das des überheblichen Kritikers), zu Trauer und Weinen vor Freude oder Schmerz oder zur erotischen Spannung oder gar zur sexuellen Lust bringen und das letztere, ohne dabei baulich grober Pornographie aufzusitzen.

Welche Beispiele hat da die indische Baukunst oder der deutsche Barock gegeben! Mit welcher Feinfühligkeit wurden normale Verhaltensmuster zwischenmenschlicher Beziehungen selbstverständlich und künstlerisch überhöht.

Ich spüre hier eine ungeheure Leere in unserem Bauen. Ich wünsche unserer Gesellschaft die sinnliche Baukunst wieder zurück, wünsche sie für unsere heutige Zeit! Insbesondere die Baukunst des Friedens und der Liebe. Doch wie könnte sie aussehen?

Haben Bauten wie das Tanzbrunnenzelt, der Eingangsbogen, die Buckelzelte, Montreal, Mekka, München bereits eine sinnliche Komponente?

Muß – und wieweit muß – die sinnliche Komponente vorhanden und auch auffindbar sein? Inwieweit hängt das von Erziehung und Sitte ab?

Wenn einmal verbreitet wurde, daß die Steinsäulen der Antike Phallussymbole seien, dann werden sie auch als solche gesehen, ja werden zu solchen, auch wenn ihre ursprüngliche Entstehung nichts damit zu tun hatte (wie ich vermute).

Sinnliches, ja besonders Erotisches und Sexuelles, das die Wahrnehmung vermittelt, heftet sich nicht immer an sichtbare Formen.

Wer dieses Gebiet erforschen will, der sollte nicht nur neue Erkenntnisse der Verhaltensforschung des Menschen und höherer Tiere studieren, sondern er muß probieren, muß wagen, stets in der Nähe des Kitsches, weil jede Betonung des Sinnlichen die an sich vom Funktionellen abgehobene Kunst bedrängt.

So stümperhaft, wie es auf einem nicht vorhandenen Gebiet der Künste nicht anders geht, habe ich versucht, hier Eingang zu finden, selbst viel zu ängstlich, viel zu scheu.

Die Plastiken in Zusammenhang mit dem Kirchenbau (Heimatkirche, Schönow, Ev. Kirchentag, eucharistischer Kongreß) hatten eine Komponente, die der Wahrnehmung des Religiösen helfen sollte.

Das Thema Liebeslaube oder Gartenpavillon war 1952 ganz verschwunden. Ich versuchte mich mehrmals an Entwürfen von Jurasteinsäulen mit flachen Reliefs einer Frau, eines erregten Mannes und eines unzweideutigen Aktes unter einem schützenden Dach (das Modell habe ich später vernichtet) und habe auch 1983 das Thema wiederaufgegriffen.

Beim Ertasten einer möglichen erotischen Architektur drängen sich uralte Gemeinplätze (oder Weisheiten) auf. Vereinfacht: Das Gefühl der Liebe wird im Herzen spürbar. Erotik wird beim Menschen durch sichtbare Formen gefördert und Sexualität mit Pneus ausgeübt.

Wie wohl kein Zweiter zuvor habe ich mich mit der Formenwelt der Pneus beschäftigt. Die Beschäftigung hatte ganz pragmatische Gründe. Nach einem tiefen Einstieg in den Leichtbau allgemein und dem Zeltbau im besonderen war die Beschäftigung mit den Lufthallen eine unausweichliche Folge. Ein eigener erotisch-sinnlicher Antrieb war nicht dabei, unterschwellig eher Hemmungen, denn ich war eher in Zeltformen *verliebt*, und die Pneus sahen für mich oft alles andere als attraktiv aus. Ich sah es als unumgänglich an, auch zur ästhetisch-sinnlichen Seite der technischen Pneus (Lufthallen, Autoreifen, Segel) und der natürlichen (Pflanzen und Tierkörper) Aussagen zu wagen. Ich hatte Widerstände, manchmal Anflüge von Ekel zu überwinden. Doch gerade das war eine Herausforderung. Wenn es gelang, den Zeltbau zur sinnlichen Architektur hinzuführen, dann mußte und konnte der Pneu eine Komponente sein.

Warum sehen denn Pneus manchmal abstoßend aus und können dann plötzlich erotisch, ja sexuell werden. Warum sind Pneus so selten funktionsfrei ästhetisch. Die Formennähe zu Eingeweiden und sterbenden Objekten (wie sehr lohnt sich das Studium der Form sterbender Wesen!) einerseits oder zu den Geschlechtsteilen des Menschen macht eine objektive Betrachtung fast unmöglich, und doch hat gerade der echte und nicht verfremdete Pneu von allen Konstruktionsformen die größten Möglichkeiten im Spielraum der Sensibilität. Vom extrem Häßlichen über das Erotische führt ein Weg zum Ästhetischen und zurück.

Als ich 1960 dem hochsensiblen Philip Johnson in seinem Haus in New Canaan mein Engagement für Lufthallen und Pneus schilderte, erwiderte er (ein bewußt lebender Homosexueller) spontan: *Pneus sind häßlich*. Dann zeigte ich ihm Entwürfe und Modellfotos. Er begriff und begann selbst mit Pneus zu experimentieren.

Ives Klein gehörte zur Zero-Gruppe, zu der auch ich einmal am Rande gehörte. Er machte seine einmalig erotisch-ästhetischen Bilder mit den Abdrücken von gefärbten Leibern schöner Mädchen, die sich auf Leinwand legten, Abdrücke lebender Pneus.

Bei unserem Entwurf für die Kongreßhalle in Monaco (einer verglasten Gitterschale mit erdig Gaudischer Unterkonstruktion) schlug ich vor, die Dächer der Verbindungs- und Wandelgänge aus Beton auf Sand zu gießen, der deutlich die Spuren echter erotischer Erlebnisse zeigt, wie sie sich am Morgen im Sande der Côte d'Azur finden, sie bleiben ausgegossen mit dem Sand positiv erhalten. Diese Spuren sind allen Naturvölkern eine Selbstverständlichkeit.

Da bot sich 1968 noch ein Projekt an. Hans Müller, Stadtbaudirektor von Berlin, bat mich, für den Volkspark Rehberge einen Pavillon als Regenschutz zu entwerfen. Tausende von Menschen, vor allem junge Leute, nutzen den Park im dichtbesiedelten Gebiet. Bei vielen von ihnen lösen sich Verklemmungen in solchen Parks erst an warmen Abenden. Körperliche Liebe, aber auch mögliche Aggressivität hängen an solchen Orten. Deren Bedeutung für eine Gesellschaft nicht zu sehen, hieße Architektur verkennen.

Ich entwarf den Pavillon als Gitterschale, eine Kuppel mit nur einem Hauch von Erotik in der Gesamtform. Sie ergab sich ohne Zwang aus der Konstruktionsform. Das Detail wurde wichtig, wenn man bei Regen oder zum Vergnügen sich unter das Dach begab. Die Haut, die sich über das Gitter spannte, sollte lichtdurchlässig und bemalt sein. Ich war dabei, Finsterlin als Maler zu gewinnen. Das wäre der richtige Mann dafür.

Mir entglitt – es lag an mir, weil ich zu langsam war – der Auftrag. Der große Finsterlin starb bald. Am Projekt arbeitete ich weiter. Die Aufgabe ist in jeder Stadt aktuell.

Wie gern würde ich eine zarte paradiesische Kollage von Fotos schöner nackter Menschen in verschiedenen Farbtönen, aber zusammen mit dem Tagesgeschehen des Baujahrs, dokumentiert in Zeitungsausschnitten, zum Thema Frieden und Liebe machen. Doch solche Aufträge gibt es heute kaum noch.

Bic

Die Beschäftigung mit dem Bic war Faszination und ungeliebte Pflichtübung, fast jeden Tag mich von dem fortführend, was ich doch so gern tat. Aber es war und ist naturwissenschaftliche Grundlage eines Teils meines Tuns.

Es begann in Chartres, Dépôt 501 bei Coudray, als ich die Brücke über die Eure bauen wollte. Die Frage war: Wie sieht ein Fachwerkträger mit geringstem Materialverbrauch bei Verwendung alter Eisenbahnschienen aus?

Noch hatte ich Zeit zu überlegen. Wie man Kräfte zerlegt, wußte ich. Wie man Fachwerkträger mit Hilfe des Kraftdreiecks (Cremona-Plan) optimieren konnte, knobelte ich aus. Eines war klar: Wenn die Summe aller Produkte aus Kraft mal Weg jedes einzelnen Fachwerkstabes ein Minimum wird, dann hat man das optimale Fachwerk. Ich nannte es *natürliches Fachwerk* – und das sah etwa so aus:

Wenn man die Summe aller Kraftwege mit der zulässigen Spannung (Druckstäbe noch mit dem Omega-Wert) multipliziert, dann hat man bereits das Volumen und auch die Masse. So einfach ist das. Es lassen sich aber nicht nur Fachwerke analysieren und durch Vergleich der Ergebnisse optimieren.

Ich glaubte nicht, daß die Methode, die ich anwendete, überhaupt neu sein könnte. Sie war ja so einfach, so logisch, mit wenig Zeichen- und Rechenaufwand konnte man die Formen und Masse von Balken, Kragträgern – auch Bögen – mit einer beliebigen Genauigkeit finden.

Es war 1949 im zweiten Semester. Mein Statiklehrer, Hellmuth Bickenbach, ließ uns Studenten Fachwerke konstruieren. Ich zeichnete meine *natürlichen* auf. Helle Aufregung am Lehrstuhl: »Wie haben Sie das gemacht?« »Ganz einfach so.« »Da müssen Sie aber einen Seminarvortrag halten.« Ich tat's.

Ich habe viel von dem geliebten Lehrer gelernt und später das Maß, mit dem ich Konstruktionen prüfte, ob sie auch wirklich leicht sind, den *Bic* genannt.

Der Bic ist die Masse (respektive Energie oder Geld), die man benötigt, um Kräfte über Wege zu übertragen. Es ist die Relation zwischen Aufwand zur Summe aller übertragenen Kraftwege.

Seit Chartres und dem Studium ermittele ich, wo ich nur kann, alle Werte in Natur und Technik mit dem Bic (und mit uns an Instituten in England, Rußland, USA ebenso).

Wir kennen den Bic heute in groben Zügen von Atomen, Molekülen, Kugellagern, Stämmen, Ästen, Gräsern, Knochen, Seilen, Fäden, Geweben, Netzen, Balken, Stahl- und Holzträgern, Bogen- und Hängebrücken, Lufthallen, Zelten, Raumfachwerken, Betonplatten und Natursteinen – bis hin zu Natursteinkirchen und -türmen.

Es wird nicht mehr lange dauern, daß er mit neuen Programmen im CAD (Computer Aided Design) angewendet wird.

Dennoch ist der Bic nur eine von vielen wissenschaftlichen Möglichkeiten zur naturwissenschaftlichen Analyse. Er ist unser Wertmesser für die strukturelle Effektivität der Natur und der Genialität menschlicher Konstrukteure – aber er gibt keinen direkten Hinweis, wie man konstruieren soll. Er ist Prüfung – nicht Erfindung.

Beinahe wäre ich mit dem Bic ins Messer gelaufen. Im Sommersemester 1964, gerade zum Aufbau meines Instituts nach Stuttgart gerufen, halte ich ein Seminar: *Entwurf von Leichtkonstruktionen* – und speziell auch über die Anwendbarkeit dieses Verfahrens. Der Mann, der mich nach Stuttgart holte und hier uneingeschränkte moralische und faktische Machtfülle hatte, war Fritz Leonhardt, der geniale Turm- und Brückenbauer. Nach einigen Semestern bemerkte ich, wie er verbreitete, daß er vom Bic »nichts halte«.

Die Kritik Leonhardts, ohne sie zu begründen, ja ohne das Verfahren im Detail zu studieren oder mit mir zu diskutieren, ärgerte mich zwar eine Weile. Das war dumm von mir. Ich wußte doch längst, daß dieser große Ingenieur nicht streng logisch vorging. Diese Methode war diejenige, die, das entnehme ich sogar seinen Schriften, auch er gern selbst entwickelt hätte. Sie ist die einzige, mit der die Effektivität von Konstruktionen bezogen auf Materialverbrauch, Energiebedarf und Kosten bisher realitätsnah vergleichbar gemessen werden kann. Sie ist brauchbar, einleuchtend und verbreitet sich zusehends.

14. Mai 1984. Wir haben den Gründer unseres Instituts gebeten, ein Grußwort zum 20. Geburtstag dieses Instituts zu sagen. Leonhardt macht das großartig, hat beinahe Tränen in den Augen. Er sitzt neben mir. Als Bert Burkhardt die Geschichte der Arbeiten und Leistungen des IL aufblättert und den Bic erwähnt, flüstert mir Fritz Leonhardt ins Ohr: »Da ist ja wohl doch was dran.« Ich antworte: »Ja, da war immer was dran, jetzt erst sehen das alle.«

Arabien

Seit 1967 packt mich ein Land: Saudi-Arabien. Es begann harmlos. 1967. Die UIA (Union Internationale des Architects) schlug König Faisal zehn international bekannte Architekten für einen internen Wettbewerb für ein Kongreßzentrum in Rijad vor. Ich war darunter und fragte Rolf Gutbrod, ob er mitmachen wolle. Zwei Arbeiten gewannen: die von Trevor Dannat und unsere.

Ich war gerade auf dem Flughafen Tokio gelandet, um mit Kenzo Tange für den Wettbewerb der Sports-City in Kuwait zu arbeiten, als er mir ein Telegramm gab, das Gutbrod nach Tokio geschickt hatte: »Haben Wettbewerb gewonnen. Müssen nach Mekka. Rolf.«

Ich glaubte, daß Gutbrod das im übertragenen Sinne gemeint hatte. Arabien wurde damals langsam zum Mekka der Architektur. Nein, er meinte wirklich Mekka, die Pilgerstadt östlich Jeddah.

König Faisal war der Ansicht, daß unser zurückhaltender Entwurf besser nach Mekka und der mehr klassisch kubische unseres Freundes Dannat nach Rijad passe. Ich glaube, er hatte recht. Faisal war ein gebildeter Mann und nahm sich Toparchitekten als Berater wie Sir Lesly Martin. So kamen wir dazu, an einem Ort zu bauen, der durch einen Vertrag aus dem Jahre 1395 nur Moslems das Betreten erlaubt und der dennoch den ungläubigen Architekten die Verantwortung für die Ausführung aufbürdet.

Das Programm umfaßt: Hotel, Konferenzsaal, Restaurant und Moschee. König Faisal empfing uns in London. Ihn interessierte, wie wir Christen eine Moschee in Mekka bauen. Gutbrod war bestens informiert, lebte mehrere Jahre in der Türkei und hatte sich in die bestehenden Probleme Saudi-Arabiens eingearbeitet. Faisal war überzeugt. Wir bauten. Ein langer Weg begann.

Ted Happold, Direktor der *structures 3* von Ove Arup + Partners bot sich an, uns die Ingenieurarbeit und vieles mehr abzunehmen. Mit Peter Rice, der gerade die Arbeiten an Utzons Sydney Opera geleitet hatte, bekamen wir ein Team junger, doch erfahrener, schon weltberühmter Ingenieure.

Wir spannten zwar kein riesiges Schattendach über das Gelände, hingen dafür schattenwerfende Holzroste über die Innenhöfe, die wir Oasen nannten und mit einheimischen Blumen bepflanzen ließen. Die großen Auditorien waren Seilträgernetzdächer, die eng an das Dach über dem IL angelehnt waren.

Der Bau dauerte mehrere Jahre. Da nur Moslems die Baustelle betreten konnten, habe ich ihn (bisher) nie gesehen, Rolf Gutbrod erst, als der Bau fertig war und er Moslem wurde.

Es ist das einzige Projekt meiner Lebensarbeit das ich lieben kann. Ich habe es nie gesehen. Seine Fehler sind mir nicht nah. Ja, wenn ich von Moslems höre, die im Hotel gewohnt und an Konferenzen teilgenommen haben und es als bezaubernd ansehen, dann ist das für mich ein Märchen.

Wenn ich selbst bei Vorträgen Bilder davon zeige, die mir Freunde besorgten, dann glaube ich selbst, daß ich ich ein Märchen erzähle.

Der Aga Khan drückte Gutbrod und mir 1980 in Lahore den *Aga-Khan-Award für einen Beitrag zur islamischen Baukultur* in die Hand. Von weltweit 15 Projekten der einzige in Arabien. Die Laudatio hielt Zia ul Hagh, die Begum gratulierte. Ich meinte zu träumen.

Doch dieses Projekt hat trotz allem seine Fehler: Die Latten werfen sich, die Vegetation wurde vernachlässigt, die Kunst des hervorragenden Stuttgarter Bildhauers Munir Jundi tat sich etwas schwer.

Die zurückhaltend einfache, nach Faisals Wunsch offene Moschee wird nun mit einem Dach geschlossen. Luxus auch beim Gebet zieht in dieses seltsame Land. Ich lernte viel vom und über den Islam. Wie viele meiner Freunde sind Moslems.

Nach Mekka komme ich nie. Eine verbotene Stadt – für mich.

Eine kleine Episode: Ich studierte die großen Kirchen und Moscheen in Instanbul. Es sprach sich herum, daß ich in Mekka eine Moschee baue. Wie gingen die Türen auf! Und ich konnte tief in die islamische Seele sehen. Dann traf ich Sami Angawi, Sohn eines Pilgerführers aus Mekka, in den USA. Er schrieb seine Master's Thesis über die Stadt Muna in Mekka an einer amerikanischen Universität, die mich bat, die Arbeit zu betreuen. Es ging darum, wie man zwei Millionen Pilger so organisiert, daß ein echtes Pilgern wieder möglich und nicht durch den modernen Verkehr erdrosselt wird.

Manchmal – so scheint es – kann ein Lehrer (ich bin nicht gern Lehrer, sondern sehe mich stets als Student) mehr lernen als sein Schüler. Ich bekam einen tiefen Einblick in die Urgründe der Geburt des Islam.

Seltsam: Bald danach wurden vier Architekten (Tange, Gutbrod, ein schwedisches Team und ich) eingeladen, Vorschläge für die Muna-Stadt zu machen. Man wußte nicht, daß ich sie durch Sami Angawis Arbeit so gut kannte. Ich holte Sami nach Deutschland, ebenso seinen Lehrer, meinen alten Freund Bodo Rasch jun., und wir lieferten einen einmaligen Entwurf ab.

Während wir noch arbeiteten, wurde einer englischen Planungsfirma bereits der Auftrag gegeben. Unsere Arbeit war nutzlos, bewegte aber später viel. Sami wurde Direktor des Hajj Research Centers in Jeddah, Bodo Rasch sein Vize. Heute gibt Bodo Rasch von Stuttgart die authentische Ausgabe des Korans im Kunstdruck eines Stuttgarter Verlegers heraus.

Die Bauten der Engländer mißfielen. König Chalid ließ sie mit Dynamit beseitigen. Ob sie 50 oder 100 Millionen Mark kosteten, weiß ich nicht mehr, bestimmt aber nicht weniger.

Mit Tange hatte ich den Wettbewerb für die Sports-City in Kuwait gewonnen. Man wollte 1974, dann 1978 die pan-arabischen Spiele abhalten. Die israelisch-arabischen Auseinandersetzungen machten das zunichte. Die Sports-City wurde nie gebaut. Vielleicht war es das beste Projekt, an dem ich je mithalf.

Zurück nach Jeddah. Die Universität bat mich, den Sportkomplex zu bauen. Wir öffneten das riesige Zelt im Mai 1980 dem Sport. Es blieb ein Torso, weil die Kleinräume fehlten, die wir *das Dorf* nannten.

Mein ehemaliger Partner und enger Freund Ewald Bubner beriet derweil die Planer des 0,5 qkm (!) großen Zeltdaches des Flughafens von Jeddah: das größte Zelt der Welt mit der typischen Dacheinheit des 4 × 4 m Pilgerzeltes – hier nun 40 × 40 m. Ungeheuerlich dieser von keinem Menschen nachvollziehbare Maßstabssprung. Doch ästhetisch war es im Sinne der Saudis – dagegen konnte unsere naturgefärbte, wüstenbraune Sporthalle der Universität kaum mithalten.

Nochmals wurde ich für die Muna-Stadt tätig. Sami wollte verhindern, daß in die heiligen Berge aus schwarzem Granit Terrassen gesprengt werden. So entwickelte ich – mit Bodo Rasch – mehrgeschossige Zelte, die man auch auf steilsten Berghängen aufstellen kann. Wir stellten sie erst in Stuttgart auf, dann wurden sie für die Hadsch eingesetzt.

Sie waren Versuchszelte, Prototypen, noch imperfekt. Man sagt, sie seien ein Erfolg gewesen.

Die nächste Entwicklungsrunde machte Sami ohne mich. Inzwischen ist sein Institut in unserem Konferenz-Zentrum in Mekka untergebracht. Dort kann ich ihn nicht besuchen. Er hat große Probleme. Vielleicht ist er zu dogmatisch. Seit dem Überfall in der Kaaba hat sich viel geändert.

Rolf Gutbrod war von König Chalid gebeten worden, das Regierungszentrum zu entwerfen, bestehend aus dem King's Office, dem Council of Ministers und der Majjlis al Shura – als Königssitz, Regierung und Parlament (genauer *Rat der Weisen*).

Die Idee, daß das Land auch ein Parlament haben müsse, kam wohl von Gutbrod.

Ein sehr schönes Projekt entstand mit Ove Arup, dem Büro Happold und meinem Atelier Warmbronn. Es wurde völlig durchgearbeitet, die Preise wurden eingeholt. Nur der König und sein Finanzminister kennen sie. Ob man zögert wegen des Parlamentes oder wegen anderer Gründe, die wir nicht kennen?

In Warmbronn entwickelten wir die Formen der Konstruktion, Schattenanlagen und Innengärten, Brücken und Eingänge, Innenräume mit hängenden Teppichen. Kurz: die Formen der gezeigten Architektur. Es waren drei Jahre Arbeit. Unser bisher schwierigstes Modell entstand dabei: Es war der Innengarten des Ministerrates des Parlamentes. Hans Luz als Gartenarchitekt war dabei, Clemens Holzmeister zeichnete Perspektiven. Ende 84 erfuhren wir: Das Projekt wird nicht gebaut!

Noch eine Einladung zu einem internen Wettbewerb: zum Außenministerium der Saudis. Wieder an mich. Wieder tat ich mich mit Rolf Gutbrod zusammen. Ein Vor-Entwurf entstand in Warmbronn (Erdarchitektur, leichte Gewölbe, bepflanzter Innenhof mit Schattennetz). Ein anderer entstand in Berlin. Hermann Kendel und Rolf Gutbrod bevorzugten ihn. Wir gaben ihn ab – aber verloren. Das Ministerium baut nun der Däne Henning Larsen: neomodern, pseudoarabisch – wie eine türkische Moschee. Er trifft bestimmt den inzwischen gewandelten Geschmack der neuen jungen Führungsriege des Landes. Unsere Zeit war eigentlich vorbei – und dennoch ging es weiter.

Wieder eine Einladung: diesmal getrennt an Gutbrod und mich; und an andere Architekten aus mehreren Ländern für Entwürfe zum Diplomatischen Club in Rijad, angegliedert an die Diplomatenstadt, die Albert Speer jun. entwickelt hatte. Ich bitte das Architektenteam Sprankle/Sprague aus Kalifornien um Mitarbeit, ebenso Ted Happold.

Für mich das schönste Baugrundstück Arabiens. Unten das palmenbestandene Wadi Hannifa, oben tellerflache Felswüste mit Blick in die Unendlichkeit.

Unser Entwurf: Geduckt, Kuppelgewölbe aus dem Stein der Baustelle, Holzgitter für den Schatten, in der Mitte ein Zelt im Garten: Teil der Wüste, Teil arabischer Gastfreundlichkeit. Wir gewinnen. Doch mir wird eröffnet, daß man die Amerikaner nicht mag. Tief betroffen ziehe ich mich zurück. Nur widerwillig lasse ich mich dann doch bewegen, meine amerikanischen Freunde durch zwei mir unbekannte Saudi-Architekten mit ihrer Planungsfirma Omrania auszuwechseln.

Ich nehme ihnen das Versprechen ab, daß ich mich zurückziehen darf, wenn sie höher als zwei Geschosse bauen. Dummerweise verankere ich das nicht im Vertrag – und sie vergessen das.

Der arabische Bauherr setzt uns sehr kurze Termine. Wir haben eine großartige Idee, ausgelöst von der Skizze einer jungen Gartenarchitektin im Omrania-Team in London.

Alles geht anfänglich gut. Doch das Projekt wächst, wird größer, wird dreigeschossig. Erst 12 m, dann 16 m hoch. Eine Burg, an der Zelte hängen. Ich protestiere und muß kapitulieren. Die Kollegen laufen Gefahr, die Termine nicht zu schaffen. Ich versuche alles, diese unnötige Monumentalität, die Vergewaltigung dieses Geländes abzuwehren, zeige noch, wie man es machen, wie man sogar viel Geld sparen kann. Muhammad al Sheikh – unser Bauherr zeigt Verständnis. Möchte aber die Fertigstellung keinen Tag hinausschieben.

Vergebens: Das Ding wird gebaut. Die Namen der Verantwortlichen des OHO-Teams heißen Otto, Happold, Omrania. Nach dem Olym-

›Heart-tent‹ für den Innenhof des Diplomatic Club, erster Entwurf, Modell

piadach zeigt sich meine größte Niederlage im Planungsstadium von März bis Mai 1982.

16 m hoch erhebt sich heute bereits die Burg mit einer über 500 m langen Mauer und Zelten aus speckig glänzendem Kunststoff. Die Formen von Fenstern und Türen riechen nach Club Méditerranée. Doch das »Heart Tent« ist noch nicht in Auftrag. Zuviel. Den Geschmack der regierenden Saudis werden wir treffen. Wir werden Awards damit gewinnen. Die postmodernen Brutalen der heutigen Architektur werden frohlocken: Frei Otto ist *umgefallen*.

Vielleicht entschädigt das *Herz-Zelt* über dem Brunnen in der Mitte des Projektes mit bemaltem, gebranntem Glas an Seilen aus nichtrostendem Stahl, zart bemalt von meiner Tochter Bettina.

Dieser Bau ist nicht in Mekka. Ich darf ihn mir ansehen. Die Baustelle ist nicht tabu. Sicher werden mir alle beibringen wollen, daß ich auf ihn stolz sein müsse. Ich bin schuld daran. Ohne mich gäbe es ihn nicht – auch nicht in dieser Form und mit dieser neuen und dennoch traditionsreichen Idee.

Ich hoffe, es ist mein letzter Bau in Arabien. Eine neue Zeit ist da. Zarte Sensibilität, Menschenliebe, die besondere Sinnlichkeit der gastfreundlichen Moslems ist dem Verlangen nach Repräsentanz neureicher Nomaden gewichen, die sich als Fürsten, als Beherrscher der Welt dünken – doch im tiefen Grunde Angst haben. Sie versuchen die Angst zu überwinden, indem sie *Bleibendes* schaffen und in Häuser und Straßen ummünzen.

Diplomatic Club bei Rijad, 1982/85, Modell des ausgeführten Entwurfs

›Heart-tent‹ als Spitzzelt
im Innenhof des Diplo-
matic Club, Modell

Dogmen, Richter und Lehren

Als Student versuchte ich mich bei der Teilnahme an Wettbewerben (Rund um den Zoo, Haus der Bauenden Jugend, Steinplatz, Berliner Bank) zwar nicht ohne Erfolg, ich stellte jedoch bald fest, daß ich mit zunehmender Qualität meiner Wettbewerbsarbeiten um so geringere Chance auf Erfolg hatte.

Mies van der Rohe sagte mir 1950 in Chicago, er mache keine Wettbewerbe mit (obwohl er damals kaum Aufträge hatte). Gute Architekten, die kenne man doch. Ich wiedersprach ihm damals – heute gebe ich ihm Recht.

Wie soll ein Richter entscheiden? Wie kann er gerecht sein? Kann überhaupt ein mehrheitlich entscheidendes Gremium entscheiden?

Lehrer sind auch Richter. Kann man Architektur lehren? Was man lehren kann, sind vielleicht Grundlagen, z.B. das Analysieren von Konstruktionen. Beim Entwerfen wird es aber schwierig.

Mein alter und geliebter Städtebaulehrer Gerhard Jobst wollte mich 1954 zu seinem Nachfolger auf dem Städtebaulehrstuhl der TU Berlin haben. Ich war erschrocken. »Das kann ich doch nicht!«

1956 zögerte ich, als man mir die Nowicki-Nachfolge am North Carolina State College in Raleigh anbot. Ich stand mitten in der Vorbereitung der Interbau und lehnte ab.

Endlich, 1958 ging ich mit Frau und zweijähriger Tochter nach St. Louis. Joseph Passonneau (der galt damals in den USA als *Dean der Deans*) hatte mich geholt. Ich sollte die Thesis-Klasse zum Diplom führen. Statt Entwerfen zu lehren, machte ich Experimente. Offensichtlich mit Erfolg. Passonneau schrieb darüber einen Aufsatz, und die Washington University gab mir sieben Jahre später den Doctor of Arts and Architecture (ehrenhalber). Doch auch dies konnte mich nicht glauben machen, daß ich Architektur lehren könne.

So blieb ich dabei, daß ich mit Studierenden – wie mit *ausgewachsenen* Akademikern – neue, mir unbekannte Gebiete anging. Wir eroberten gemeinsam Neuland. So 1959 und 1960 auch in Ulm, an der Hochschule für Gestaltung. 1960 an der Yale University, 1962 an der University of California, in Berkeley, am M.I.T. und an der Harvard University, bei Peter Poelzig 1960/61 in Berlin und ab 1964 in Stuttgart, 1970 hatte ich die Meisterklasse in Salzburg.

Eine Star-Karriere in der Lehre? Nein. Ich war ein Studierender, der mit seinen Studenten in Wechselwirkung lebte. Ich half ihnen. Sie mir. Viele lernten dabei, zu studieren bzw. frei und fröhlich zu forschen.

Gelehrt in dem Sinne, wie es an Hochschulen gemacht wird, habe ich nie. Ich habe all meine Lehr- und Forschungstätigkeit genutzt, um selbst Wissen zu sammeln und Grundlagen für neue Ideen zu erarbeiten. Ich war und bin im Erfahrenwollen maßlos und selbstsüchtig. Es interessiert mich nicht, mein eigenes Wissen als *Lehre* zu verbreiten – doch ich gab all mein Wissen über die Wege, wie man zu Wissen kommen kann, preis, um Menschen zu motivieren, mit mir – und das noch dazu freiwillig – Neues zu arbeiten.

Mit dieser Ansicht überstand ich auch die studentische Revolution, die 1962, gerade als ich in Berkeley war, anfing und 1968 auch in Stuttgart voll zuschlug.

Stets plagten mich Zweifel gegenüber allen Lehrmeinungen – und erst recht gegenüber denen, denen ich selbst unbemerkt anhänge. Mein Ausweg war einfach: Jede Aufgabe, die ein Student erhält, muß neu und bisher ungelöst sein. Wenn er sie nicht allein schafft, helfe ich ihm.

Preisrichter in Architekturwettbewerben war ich nie. Nicht einmal aus grundsätzlichen Erwägungen. Mir war es einfach zuwider, in wenigen Stunden über die Ergebnisse Tausender von Arbeitsstunden von Kollegen zu Gericht zu sitzen. Ungerechtigkeit war so vorprogrammiert.

Ich hatte sogar Glück. Obwohl in der (1968 veröffentlichten) internationalen Rangliste unter 10, brachte man mich nicht in Versuchung. Man lud mich gar nicht ein, Preisrichter zu sein.

Obwohl ich das (bisher) nie öffentlich gesagt habe, haßte ich die *Mafia* der Kunstdiktatur einiger weniger Dauer-Preisrichter (unser Bundesland lag da an der Spitze), die jedes Preisgericht mit Routine durchpaukten. Sie machten auf diesem Wege den Nachkriegsstil von 1955 bis heute.

Ich war gut informiert, wie es bei Preisgerichten zugeht. Nahm am Wettbewerb für den Flughafen Tegel als Dolmetscher für einen Engländer teil und sammelte beim Farb-Design-Wettbewerb 1981 und 1984 direkte Erfahrungen auf einem Gebiet, das ich mit genügender Distanz angehen konnte.

Heute wundere ich mich, wie sehr meine ehemaligen Schüler von St. Louis, Berkeley, New Haven, Cambridge, Ulm, Salzburg, Berlin und Stuttgart an mir hängen. Ich wollte nichts lehren, sondern höchstens gemeinsam mit ihnen etwas auflesen, was unbenützt am Wegesrand lag.

Vielleicht sagt man später, ich sei ein erfolgreicher Lehrer gewesen, weil so viele Schüler ihren Weg gemacht haben und einige sogar sehr bekannt wurden.

Anhang

Bauprojekte

Konzerthaus am Lietzensee, Berlin
unausgeführter Entwurf 1951:
Frei Otto
Auftraggeber: freie Studie
Material/Konstruktion: Ein Komplex aus einem kleinen und großen Saal (2000 Plätze) am Hang, mit Hängedächern eingedeckt. Ein horizontaler und ein schräg aufsteigender Bogen tragen die 15 cm dicke Decke aus Porenbetonplatten zwischen Seilen und überdecken den 45 × 62 m großen amphitheatralisch geformten Raum. Den kleinen Saal überdecken quer über die Längsseile gelegte durchlaufende Stahlträger.

Talüberdachung beim Bau des Göschenenalp-Staudammes in der Schweiz
unausgeführter Entwurf 1953:
Frei Otto mit L. Stromeyer & Co.
Material/Konstruktion: Für den Erdstaudamm am Sankt Gotthard war als Wetterschutz des empfindlichen Betonitkerns eine gebogene brückenartige Bedachung von 800 m Spannweite vorgesehen, die dem Wachsen des Dammes nach oben hin ausweichen konnte. Der Damm wurde ohne das Dach gebaut.

Missionskirche in Afrika
unausgeführter Entwurf 1953/54:
Frei Otto mit L. Stromeyer & Co.
Auftraggeber: Evangelische Kirche
Material/Konstruktion: Über einem 20 × 23 m Grundriß ein wellenförmiges Dach an Doppelstützen aus Aluminiumrohr und Stahldrahtseilen. Seitlicher Raumabschluß aus Holzlamellen und Drahtnetzen.

Aula für das französische Gymnasium in Berlin, Hängedach
unausgeführter Entwurf 1954:
Frei Otto mit Hansrudolf Plarre
Auftraggeber: Schulsenat der Stadt Berlin
Material/Konstruktion: Das Dach ist ein klassisches Seilträgernetz. Zwischen Seilböcken aus dünnen betongefüllten Stahlrohren, die zugleich die Konstruktion der Ränge tragen, hängen Tragseile. Dazu verlaufen im rechten Winkel Stahlträger, die mit den eingespannten Fensterstützen verbunden sind.

Kamelhöckerzelte
ausgeführte Entwürfe 1954:
Frei Otto mit L. Stromeyer & Co.
Auftraggeber: Der »fliegende Pater Schulte«, Bonn, und Kanadische Luftwaffe Söllingen
Material/Konstruktion: Ein Parallelwellenzelt aus Stahlrohrmasten und Stahldrahtseilen mit einer Baumwollsegeltuchmembrane. Überdachte Fläche zwischen 280 und 672 m². Höhe des Tors 3,5 m, Höhe des Mastes 5 m, Welle 3,5 m.

Schutzdach für Konzerte auf der Bundesgartenschau 1955, Kassel
ausgeführter Entwurf 1955:
Frei Otto mit L. Stromeyer & Co.
Auftraggeber: Bundesgartenschau Kassel, Prof. Mattern
Material/Konstruktion: Segel mit zwei Hoch- und zwei Tiefpunkten aus Baumwollsegeltuch mit einer Seitenlänge von 12,5 × 12,5 m. Später auch in den Längen 7 m, 10 m, 14 m und 16 m als Standardsegel; ab 1964 auch aus Polyestergewebe mit PVC-Beschichtung hergestellt. (Ebenfalls zu sehen auf der INTERBAU Berlin 1957 und der Schweizer Gartenbauausstellung 1959, je als Gruppe).

Aussichtsplatzüberdachung »Falter« auf der Bundesgartenschau 1955, Kassel
ausgeführter Entwurf, 1955:
Frei Otto mit L. Stromeyer & Co.
Auftraggeber: Bundesgartenschau Kassel, Prof. Mattern
Material/Konstruktion: Kreissektor eines Sternwellenzeltes aus Holzmasten, Stahldrahtseilen und einer Baumwollsegeltuchmembrane.

Sitzplatzüberdachung »Pilze« auf der Bundesgartenschau 1955, Kassel
ausgeführter Entwurf:
Frei Otto mit L. Stromeyer & Co.
Auftraggeber: Bundesgartenschau Kassel, Prof. Mattern
Material/Konstruktion: Druckringe mit zwei am zentralen Mast auseinandergespreizten Baumwolltuchmembranen mit Innenbeleuchtung an Stahlrohrmasten.

Dach über dem Freilichttheater Killesberg, Stuttgart
unausgeführter Entwurf 1955:
Frei Otto mit L. Stromeyer & Co.
Auftraggeber: Stuttgarter Ausstellungs GmbH
Material/Konstruktion: Über dem Oval des Freilichttheaters erstmals die Planung eines wandelbaren Daches aus einem dünnen Stahlblechschienennetz (Maschenweite 2 × 2 m), das an 2 liegenden Bögen verankert ist und von einem senkrechten Bogen unterstützt wird. Ein raffbares Tuch dient als Membrane. Überdachte Fläche 3700 m², Länge 76,4 m, Breite 60,8 m. (In einem Vorentwurf hatte Otto 1954 eine starre Sternwelle vorgeschlagen).

Hotel-Eingangsüberdachung in Baden-Baden
ausgeführter Entwurf 1956:
Frei Otto mit L. Stromeyer & Co.
Auftraggeber: Hotel Selighof, Baden-Baden
Material/Konstruktion: Segel mit zwei Hoch- und zwei Tiefpunkten aus Baumwollsegeltuch mit Holzmast. Überdachte Fläche 136 m², Seitenlänge 13 m.

Regenunterstand auf der Bundesgartenschau 1957, Köln
ausgeführter Entwurf 1957:
Frei Otto mit L. Stromeyer & Co.
Auftraggeber: Bundesgartenschau Köln, Gartenbaudirektor Schönbohm
Material/Konstruktion: Membrane aus Baumwollsegeltuch mit zwei Buckeln über zwei Masten. Überdachte Fläche 180 m², Höhe 4,5 m, Länge ca. 20 m.

Schutzdach »Spitzzelt« am Rheinufer auf der Bundesgartenschau 1957, Köln
ausgeführter Entwurf 1957:
Frei Otto mit L. Stromeyer & Co.
Auftraggeber: Bundesgartenschau Köln, Gartenbaudirektor Schönbohm
Material/Konstruktion: Spannzelt aus Baumwollsegeltuch. Überdachte Fläche ca. 105 m², Höhe 8 m, Länge ca. 15 m.

Eingangsüberdachung auf der Bundesgartenschau 1957, Köln
ausgeführter Entwurf 1957:
Frei Otto mit L. Stromeyer & Co., F. Leonhardt & Andrä, Stuttgart
Auftraggeber: Bundesgartenschau Köln, Gartenbaudirektor Schönbohm
Material/Konstruktion: Abgespannter Bogen aus Stahlrohr 171 × 14 m, Glasseidengewebe, Polyurethan beschichtet, bei späteren Neuaufstellungen PVC-beschichtetes Baumwollgewebe. Höhe 6 m, Länge 34 m.

Überdachung des Tanzbrunnens auf der Bundesgartenschau 1957, Köln
ausgeführter Entwurf 1957:
Frei Otto mit L. Stromeyer & Co.
Auftraggeber: Bundesgartenschau Köln, Gartenbaudirektor Schönbohm
Material/Konstruktion: Sternwelle aus Baumwollsegeltuch an Stahlgittermasten und Stahldrahtseilen. Überdachte Fläche ca. 800 m², Höhe 1) 7,5 m – 2) 14,6 m, Länge 1) 32 m Durchmesser – 2) 28,6 m Durchmesser.

Große Halle auf der INTERBAU 1957, Berlin
ausgeführter Entwurf 1957:
Karl Otto, Günter Günschel mit Frei Otto
Auftraggeber: INTERBAU BERLIN
Material/Konstruktion: Auf Meroplatte aufgesetztes, aufgebuckeltes Membrandach aus Baumwollzeltbahngewebe, Polyurethan beschichtet, verklebte Gewebebahnen. Überdachte Fläche 4800 m², Länge pro Dachbahn 54 m.

Schutzdach für die Eröffnungsfeier auf der INTERBAU 1957, Berlin
ausgeführter Entwurf 1957:
Frei Otto mit Ewald Bubner und K. H. Bubner
Auftraggeber: INTERBAU BERLIN
Material/Konstruktion: Orchesterschutzdach als Buckelzelt (Hoch-Tief-Punktfläche) aus Baumwollsegeltuch an Stahlmasten mit hölzernen Buckeltellern und transparenten Entwässerungsschläuchen. Höhe 3 m, Länge ca. 15 m, Breite 8 m.

1957–1958

Hauptrestaurant auf der INTERBAU 1957, Berlin
ausgeführter Entwurf 1957:
Haseloff mit Frei Otto
Auftraggeber: INTERBAU BERLIN
Material/Konstruktion: Aufgebuckelte Membrane im Holzrahmen aus Perlonsegeltuch als Einheiten von ca. 4 × 4 m.

Ausstellungshallen »Kleine Hallen« auf der INTERBAU 1957, Berlin
ausgeführter Entwurf 1957:
Frei Otto mit Karl Otto und Günter Günschel
Auftraggeber: INTERBAU BERLIN
Material/Konstruktion: Wellen in Merokonstruktion eingehängt aus Baumwollsegeltuch und Stahldrahtseilen. (Ebenfalls zu sehen auf der Schweizerischen Landesausstellung Lausanne 1964).

Café am Schloß Bellevue auf der INTERBAU 1957, Berlin
ausgeführter Entwurf 1957:
Frei Otto mit Ewald Bubner, Siegfried Lohs und Dieter Frank
Auftraggeber: INTERBAU BERLIN
Material/Konstruktion: Durch acht Tellermasten aufgebuckeltes Membrandach mit einer Perlontuch- bzw. Baumwollsegeltuchmembrane. Überdachte Fläche ca. 560 m², Länge 28 m, Breite 20 m. (Ebenfalls zu sehen als Inselüberdachung mit Restaurant auf der SAFFA, Zürich 1958).

Bau einer Stadthalle in Bremen
unausgeführter Wettbewerbsentwurf 1957:
Hans Budde, Carsten Schröck, Bremen, mit Frei Otto
Auftraggeber: Wettbewerb der Freien und Hansestadt Bremen
Material/Konstruktion: Die Halle für 4500 bzw. 8500 Personen ist von einem Dach aus einem vorgespannten Seilnetz zwischen drei in verschiedenen Ebenen geneigten Bogen überdeckt. Die Lasten werden auf Kämpferpunkte abgegeben. Die Bogen werden am Boden zusammengeschweißt und mit leichtem Gerät hochgehalten. Nach Anspannen des Seilnetzes pendeln die Bogen frei. Trag- und Spannseile werden in einem 50 cm Raster verlegt. Für den Dachbau ist eine Stahlskelettkonstruktion, für den Tribünenraum eine Stahlbetonkonstruktion gedacht.

Atelierentwurf für den Bildhauer Paul Dierkes
unausgeführter Entwurf 1958:
Frei Otto
Auftraggeber: Paul Dierkes
Material/Konstruktion: Auf einem Grundstück im Tessin sollten Erdwälle unauffällig in die Landschaft integriert werden, die mit einer aufgebuckelten, wandelbaren Membrane abgedeckt sein sollten, damit der Staub, der bei der Steinbearbeitung entsteht, ins Freie entweichen kann. Ein großes Südfenster war für Solarenergienutzung vorgesehen.

Dach für ein Wandertheater in Brüssel (Weltausstellung)
unausgeführter Entwurf 1958:
Frei Otto mit L. Stromeyer & Co.
Auftraggeber: Théâtre Flottant, Brüssel
Material/Konstruktion: Bühne als nackter Kreis mit großem Rundhorizont. Verzicht auf Vorhänge oder Versenkungen, statt dessen selbststehende oder elektrisch gesteuerte Springrollos. Bühnenzubehör in bereitstehenden Anstellwagen, wie eine Wagenburg um die Bühne herumgestellt. Sitze aus Holz und Tuch (Holzstäbe sind in Segeltuch eingenäht und mit einer dünnen Schaumgummischicht überzogen) eingepaßt in Sitzschale aus Aluminiumblechelementen. Die Sitzschale wird wie der innere Ring der Bühne fest mit dem Baugrund verankert, Feld auf Feld aneinandergesetzt und mit Stahlrohren unterstützt (Durchmesser ca. 60 m). Sechs breite Treppen führen von den Sitzplätzen zum Foyer und zu den Garderoben. Die Konstruktion der Bühnenrückwand als Leitergerüst. Die Bedachung ist ein zwölfmastiges Sternwellenzelt, das an geschlagenen Pflöcken verankert ist. 12 durchhängende Tragseile und 12 hochgewölbte Spannseile sind mit einem über der Bühne angeordneten Ring verbunden.

Entwicklungsstätte für den Leichtbau in Berlin, Türkensteinweg 5
ausgeführter Entwurf 1959:
Frei Otto
Material/Konstruktion: Für die einfache Konstruktion wurden Breitflanschträger von 6 mm Spannweite und 12 cm Breite und Höhe gewählt, die von ca. 1 cm dicken Stahlsäulen getragen werden und in Betonfundamente eingespannt sind. Im rechten Winkel zu den Breitflanschträgern sind Holzpfetten zwischen Stege eingeschoben, die oben mit einer Diagonalholzschalung abgedeckt und wärmeisoliert sind. Das aufgewulstete Dach bildet eine Wanne mit einem Überlauf nach außen. Die Außenhaut besteht aus stählernen T-Profilen mit Klarglas. Die Raumaufteilung im Inneren erfolgt durch Holzstabrollos und transparente Schiebetüren, die sanitären Anlagen befinden sich in einer frei im Raum stehenden Schrankwand.

Schutzdach für die IBM-Grundsteinlegung in Berlin
ausgeführter Entwurf 1960:
Rolf Gutbrod mit Frei Otto
Auftraggeber: IBM – Berlin
Material/Konstruktion: Hoch und tiefgebuckelte Membrane aus Baumwollsegeltuch.

Dach über dem Freilichttheater in Nijmwegen
unausgeführter Entwurf 1960/61:
Material/Konstruktion: Drei Stahlrohrgittermaste zwischen den letzten Sitzreihen der Erdwalltribüne tragen die Arbeitsplateaus für Regie und Beleuchtung. Von den Mastköpfen führen strahlenförmig Seile zu den Verankerungspunkten, daran sind die Dachhäute aus durchsichtigem Polyestergewebe angebracht, die im ausgefahrenen Zustand spitzzeltartige Dachschirme ergeben. Die Haut, an mehreren Punkten entlang der Gratlinie aufgehängt, kann manuell oder vollautomatisch gezogen werden. Überdachte Fläche 1200 m^2, Länge 68 m, Breite 20 m.

Kirchenraum und Glockenturm für die Evangelische Kirche in Berlin-Schönow
ausgeführter Entwurf 1963:
Ewald Bubner mit Frei Otto
Auftraggeber: Evangelische Kirche, Pfarrer Brandenburg
Material/Konstruktion: Der Bau besteht aus dem Kirchenraum, den Gemeinde-, Verwaltungs-, Jugend- und Freizeiträumen. Das übergreifende Kirchenraumdach besteht aus gegeneinandergestellten Stahlbindern und Holzpfetten. Der 24 m hohe Glockenturm trägt drei Glocken im Gewicht von 290 kg, 420 kg und 595 kg. Die dynamischen Belastungen durch die schwingenden Glocken werden von einem leichten Gitterwerk aus zwölf kubischen Feldern von 2 × 2 × 2 m aufgenommen. Diese Struktur ergab sich aus der Untersuchung von Fachwerken mit biegesteifen Knoten, die ihrerseits von den Formen der Diatomeen und Radiolarien ausging. Der Turm wurde aus einzelnen Stahlblechen zusammengesetzt und mit Kehl- und Stumpfnähten verschweißt. Die Stahlbleche wurden vorher automatisch an einer Kurvenschablone ausgeschnitten. Die Blechdicke wurde dem Spannungsverlauf entsprechend gewählt: sie beträgt im obersten Feld 10 mm, im untersten Feld 50 mm. Der Turm ist mit je vier Bolzen über vier Ankerplatten mit einem 60 t Fundamentblock aus Stahlbeton verbunden.

Ausstellungshalle auf der Internationalen Gartenbauausstellung 1963, Hamburg
ausgeführter Entwurf 1963:
Frei Otto mit L. Stromeyer & Co.
Auftraggeber: Internationale Gartenbauausstellung Hamburg
Material/Konstruktion: Parallel-Wellenzelt mit zwei Radien an Stahlmasten und beschichteten Baumwollschergewebe. Überdachte Fläche ca. 1650 m^2, Höhe der Masten 10 m, Länge 82 m, Breite 30 m.

Wandelgangüberdachung auf der Internationalen Gartenbauausstellung 1963, Hamburg
ausgeführter Entwurf 1963:
Frei Otto mit L. Stromeyer & Co.
Auftraggeber: Internationale Gartenbauausstellung Hamburg, Ausstellungsgesellschaft Planten und Blomen
Material/Konstruktion: Gangüberdachung als Hoch- und Tiefpunkte am Rand aus Baumwolltuch.

1959–1963

1963–1965

Ausstellungspavillon auf der Internationalen Gartenbauausstellung 1963, Hamburg
ausgeführter Entwurf 1963:
Frei Otto mit L. Stromeyer & Co.
Auftraggeber: Internationale Gartenbauausstellung Hamburg, Ausstellungsgesellschaft Planten und Blomen
Material/Konstruktion: 4 Kreuzwellen mit einem Zentraldach an Stahlrohrmasten, Stahldrahtseilen, mit einer Baumwollsegeltuchmembran, die danach auch aus PVC-beschichtetem Polyestergewebe hergestellt wurde. Überdachte Fläche 125 m², Länge 15 m, Breite 15 m. (Ebenfalls zu sehen u. a. bei Möbel Mann in Karlsruhe, 1965).

Große Ausstellungshalle auf der Internationalen Gartenbauausstellung 1963, Hamburg
ausgeführter Entwurf 1963:
Frei Otto mit L. Stromeyer & Co.
Auftraggeber: Internationale Gartenbauausstellung Hamburg, Ausstellungsgesellschaft Planten und Blomen
Material/Konstruktion: Membranhalle aus Baumwollschergewebe mit großen Stützköpfen und Innenentwässerung.

Erweiterung und Überdachung des Freilichttheaters in Wunsiedel
ausgeführter Entwurf 1963:
Entwicklungsstätte für den Leichtbau – Frei Otto mit Bernd-Friedrich Romberg
Auftraggeber: Gemeinde Wunsiedel
Material/Konstruktion: Membran aus PVC-beschichtetem Polyestergewebe, abgehängt von zwei seitlich stehenden vorderen Masten und gestützt auf sechs hintere Masten, die zugleich den rückwärtigen Teil der Tribüne tragen. Größte Breite etwa 53 m, größte Tiefe etwa 30 m, Höhe der vorderen Masten 21 m.

Ausstellungspavillons »Neige et Rocs« auf der Schweizerischen Landesausstellung in Lausanne
ausgeführter Entwurf 1964:
Marc Saugey mit Frei Otto, Hertling, Friedrich Romberg und Röder

Auftraggeber: Schweizerische Landesausstellung Lausanne
Material/Konstruktion: Fünf ineinandergreifende ausgefachte Seilnetzbauten, die je aus einer seilbegrenzten Vierpunktfläche von 36 m Spannweite und zwei kleineren Zweipunktflächen bestehen. Die Netze werden von 24 m hohen Stahlrohrgittermasten getragen, die Baumwollsegeltuchbahnen der Zelte sind an die PVC-ummantelten Stahlseile angenäht. Überdachte Fläche ca. 500 m², die maximale Spannweite beträgt 36 m.

Dach über dem Freilichttheater in Heppenheim
unausgeführter Entwurf 1964:
Entwicklungsstätte für den Leichtbau – Frei Otto
Material/Konstruktion: Eine punktförmig aufgehängte Membrane wird an 20 m weit auskragenden Stahlträgern ausgefahren. Das raffbare »Sommerdach« sollte im Herbst abgenommen und bei Saisonbeginn erneut aufgespannt werden. Die Membrane ist an fünf Punkten mit dem Kragträger an kleinen Transportwagen befestigt, die auf Rädern in einer Schiene laufen. Jeder Wagen verfügt über ein eigenes Zugseil und wird durch eine Motorwinde bewegt. Verstärkungen der Aufhängepunkte entlang der Grate mit Seilen unter den Kragarmen. Überdachte Fläche 550 m², Länge 48 m, Breite 20 m.

Dach über dem Freilichttheater Masque de Fer, Cannes
ausgeführter Entwurf 1965:
Entwicklungsstätte für den Leichtbau – Frei Otto mit Bernd-Friedrich Romberg und A. Edzard.
Auftraggeber: Casino Cannes
Material/Konstruktion: Zentral raffbare Membran an einem außenstehenden schrägen Mast. Der Mast besteht aus drei miteinander verschweißten Stahlrohren und ist zur Vorgabe einer planmäßigen Richtung des Ausknickens parabolisch-polygonal gekrümmt; jeder Polygonpunkt ist mit vier Seilen in zwei Ebenen nach hinten abgespannt. Die Membran hängt an acht Fahrseilen. Der kegelförmige Schirm unterhalb der Mastspitze dient als Schutzdach für die eingefahrene Membran. Überdachte Fläche 800 m². Länge des Mastes 28,5 m.

**Provisorium für die
Medizinische Akademie Ulm**
unausgeführter 2. Entwurf, 1965:
Entwicklungsstätte für den Leichtbau – Frei Otto mit Uwe Röder, Bernd-Friedrich Romberg und Günther Scherzinger
Material/Konstruktion: Unregelmäßig geformtes Seilnetz mit Hoch- und Tiefpunkten. Um Belastungskonzentrationen zu vermeiden, ist die Dachfläche an den inneren Stütz- bzw. Stabilisierungspunkten entweder gebuckelt oder in Radialseile aufgelöst.

Evangelische Kirche in der Gropiusstadt, Berlin
unausgeführter Entwurf 1965:
Frei Otto
Auftraggeber: Evangelische Kirche (Wettbewerb)
Material/Konstruktion: Das neue Gemeindezentrum der Gropiusstadt bestehend aus Kirchenraum, Kindergarten, Verwaltungsräumen usw. sollte auf einem amphitheatralischen Grundriß entstehen. Ein spindelförmiger Mast hält das kombinierte System aus Schlaufen und Gratseilen des Spitzzeltes.

Pavillon der Bundesrepublik Deutschland auf der Expo '67, Montreal
ausgeführter Entwurf 1965/67:
Rolf Gutbrod, Stuttgart, mit Hermann Kendel und Hermann Kies: Frei Otto mit Larry Medlin
Baudurchführung: Rolf Gutbrod, Stuttgart, mit Bob Bryan, Hermann Kendel und Hermann Kies; Institut für leichte Flächentragwerke – Frei Otto mit Berthold Burkhardt, Eberhard Haug. David Gray, Larry Medlin, Gernot Minke. Jochen Schilling u. a.; Bundesbaudirektion, Berlin – Johannes Galandi; Olgierd Tarnowski und George Eber, Montreal, 1966/67
Statische Berechnung: Leonhardt und Andrä, Stuttgart – Projektleitung Harald Egger: Manniche, Vancouver
Vermessung: Institut für Anwendungen der Geodäsie im Bauwesen an der Universität Stuttgart – Klaus Linkwitz
Ausführung: Dominion Bridge, Montreal (Montage); Ross and Anglin, Montreal (Montage); Steffens & Nölle GmbH, Berlin (Masten); L. Stromeyer & Co. GmbH (Stahlkonstruktion, Seilnetz und Haut); Wolff & Müller, Stuttgart (Kuppeln).

Auftraggeber: Bundesbaudirektion Berlin, Leitung Carl Merz
Material/Konstruktion: Dach als vorgespanntes Stahlseilnetz mit Hoch- und Tiefpunkten, berechnet auf eine Schneelast von 100 bis 120 kp/m² (sonst in Montreal 300 bis 350 kp/m² – Reduktion wegen Abtauung); untergehängte Dachhaut aus transluzentem Polyestergewebe. Ausstellungsterrassen als Raumtragwerk aus I-Stahlprofilen mit dreieckigem Längsprofil, berechnet auf eine Nutzlast von 500 kp/m². Kuppeln als räumlich gekrümmte Gitterschale aus Hemlock-Pine mit gleichmäßiger Maschenweite; Abdeckung aus Sperrholz mit aufgelegten Weichfaserplatten; Dachhaut aus beschichtetem Segeltuch. Überdachte Fläche 7730 m², größte Länge etwa 140 m, größte Breite etwa 120 m, Länge des größten Mastes 36 m.

Tribünenüberdachung für das Stadion in Gelsenkirchen
unausgeführter Entwurf 1966/67:
Frei Otto mit Brückner, Duwe, Klement (Gelsenkirchen)
Auftraggeber: Stadt Gelsenkirchen
Material/Konstruktion: Von den 70 000 Tribünenplätzen sollten 23 000 überdacht werden, wobei das Dach nach hinten heruntergezogen sein sollte, um Zug zu verhindern. An verzinkten Stahlrohrmasten (ST 52) sind fünf aneinandergereihte, vorgespannte Seilnetzflächen (Maschenweite 50 cm) mit Luftseilen angehängt. Eine Rinne entlang des vorderen Randseiles entwässert nach zwei Seiten. Dacheindeckung: Holzkiefernplatten, Polyestergewebe mit Augennetzen und Acrylglaskuppeln.

Indischer Pavillon für die Expo '70, Osaka
unausgeführter Entwurf 1967:
Entwicklungsstätte für den Leichtbau – Frei Otto mit Dasharat Patel und Bernd-Friedrich Romberg. 1967
Auftraggeber: National Insitute of Design, Ahmedabad
Material/Konstruktion: Boden in geformter Erde; Dach und eingehängte Terrassen als dreidimensionale Seilnetzkonstruktion mit Innenverspannungen, getragen von einem Mittelmast; Transportcontainer zugleich Ausstellungskonstruktion. Durchmesser an der Basis etwa 58 m, Höhe etwa 24 m.

1965–1967

1967–1968

Dach über dem Freilichttheater in der Stiftsruine Bad Hersfeld
ausgeführter Entwurf 1967/68:
Entwicklungsstätte für den Leichtbau – Frei Otto mit Ewald Bubner, Bernd-Fried. Romberg u. Uwe Röder
Auftraggeber: Stadt Bad Hersfeld
Material/Konstruktion: Die aus PVC-beschichtetem Polyestergewebe bestehende Membran wird zentral zu dem mittig neben dem Kirchenschiff stehenden Hauptmast gerafft (Ausfahrzeit 4 Minuten). Der Mast ist nach hinten mit zwei Seilen und nach vorn mit 14 Seilen, die zugleich Fahrseile für die selbstfahrenden Seiltraktoren sind, abgespannt. Überdachte Fläche 1315 m², Länge 45 m, Breite 37 m, größte Höhe der Dachhaut 16 m.

Institut für leichte Flächentragwerke Stuttgart-Vaihingen
ausgeführter Entwurf 1967/68:
Institut für leichte Flächentragwerke – Frei Otto mit Berthold Burkhardt, Friedemann Kugel, Gernot Minke und Bodo Rasch jun.
Material/Konstruktion: Das Gebäude ist ein Umbau des 1966 ebenfalls in Stuttgart-Vaihingen errichteten Versuchsbaus zur Erprobung der Konstruktion des deutschen Pavillons auf der Expo '67 in Montreal. Mit Hilfe der Stiftung Volkswagenwerk und einiger Firmenspenden konnte der Versuchsbau an seinen endgültigen Standort gebracht und als dauerhaftes Forschungsinstitut ausgebaut werden. Das Dach ist ein vorgespanntes Stahlseilnetz; die Kräfte aus der Fläche werden von einem »Augen«-Seil in den Mast und von Randseilen in die Randabspannungen geleitet; Dachdecke aus Holzplatten mit aufgelegter Glaswolle-Dämmschicht; Dachhaut aus Eternitschindeln; Dachfenster aus vorgerecktem Acrylglas in Profilleisten aus Holz (Pitchpinekern). Zwischendecke als Raumtragwerk aus I-Stahlprofilen mit dreieckigem Längsprofil. Überdachte Fläche 460 m², Länge 32 m, Breite 26 m, Höhe 17 m.

Dach über der Eisbahn in Conflans – Ste. Honorine
ausgeführter Entwurf 1968:
Atelier Warmbronn – Frei Otto und Ewald Bubner mit Rob Krier und Bernd Oleiko
Auftraggeber: J. Blasco und D. Girard, Conflans – Ste. Honorine; L. Stromeyer & Co.
Material/Konstruktion: Zentral raffbare Membran unter bogenförmigen Gitterträgern, deren Untergurte als Schienen für die selbstfahrenden Laufkatzen der Membran ausgebildet sind. Überdachte Fläche 3300 m². Länge 90 m, Breite 50 m.

Wohnung und Atelier des Architekten, Warmbronn bei Stuttgart
ausgeführter Entwurf 1967/69:
Atelier Warmbronn – Frei Otto mit Rob Krier
Material/Konstruktion: Zwei voneinander getrennte Bauteile auf einem Südhang mit einer mittleren Neigung von 20%. Im oberen Teil Wohn- und Schlafräume, im unteren Atelier mit Werkstatt, Garage und Öltankraum. Beherrschendes Element des oberen Teils ist die dessen Mittelteil bildende, nach Süden zu öffnende Großhülle, die den »öffentlichen« Teil des Hauses umschließt – die übrigen Funktionsbereiche sind in abgeschlossenen Einheiten zusammengefaßt, die diesen öffentlichen Teil platzbildend umstehen. Zwei Schrägrahmen aus Fichtenstämmen, darauf Holzbalken mit Rechteckquerschnitt als Auflager für die Stahlsprossen der aus Gewächshaus- bzw. Drahtspiegelglas bestehenden Außenhaut. Das Südtor wird mit einer Seilwinde bewegt. Als Sonnenschutz dient eine ausfahrbare Markise. Spannweite der beiden Rahmen der Großhülle 15 m, Größe des Südtores etwa 30 m².

Hotel und Konferenzzentrum in Mekka
ausgeführter Entwurf 1968/69:
Rolf Gutbrod, Stuttgart, mit Armin Claar und Hermann Kendel; Frei Otto
Baudurchführung: Rolf Gutbrod, Büro Berlin, mit Amine Charif, Armin Claar und Hermann Kendel; Frei Otto. 1969–74
Projektmanagement: Olgierd Tarnowski, Berlin
Statische Berechnung: Ove Arup & Partners, London, Structures 3 – Edmund Happold und Peter Rice
Ausführung: Entreprise Thinet, Paris, mit Voyer, Tours
Auftraggeber: Regierung des Königreichs Saudi-Arabien

Material/Konstruktion: Bereitstellung von Konferenzräumen unterschiedlicher Größe zusammen mit Übernachtungsmöglichkeiten an einem Platz. Der Komplex sollte ursprünglich, von einem großen Schattendach geschützt, in Rijad errichtet werden; die spätere Verlegung nach Mekka erzwang mit Rücksicht auf die Umgebung eine Aufgabe des großen Schattendachs zugunsten einzeln beschatteter Außenbereiche (Balkone, Zugänge, Höfe, Moschee).

Die Konferenzsäle werden von biegeunsteifen Schwergewichtshängedächern überspannt; auf den Tragseilen ruhen verzinkte Stahlwinkel, in die eine Holzschalung eingelegt ist; die Wärmedämmschicht besteht aus 18 cm dicken Glaswollplatten, die Dachhaut aus Wellaluminiumblech. Die Schattendächer setzen sich aus Lattenrostelementen zusammen; bei den Dächern über den Zugängen und in den Höfen ruhen die die Roste unterstützenden Balken auf Seilträgern, die zwischen die umgebenden Gebäude und zentralen Radialseile gespannt sind; bei dem Schattendach über der Moschee hängen die Balken an in einem orthogonalen Raster angeordneten Stahlrohrstützen.

Überdachung des Hauptsportstättenbereichs im Olympiapark, München

ausgeführter Entwurf 1968/72:
Gesamtentwurf Olympiapark: Architekten Behnisch & Partner – Günter Behnisch, Fritz Auer, Winfried Büxel, Erhard Tränkner und Karlheinz Weber –, Jürgen Joedicke, Stuttgart und München. 1967
Entwurf, Ausführungsplanung und künstlerische Oberleitung Hauptsportstättenüberdachung: Architekten und Ingenieure Behnisch & Partner, Frei Otto, Leonhardt und Andrä, Stuttgart und München, 1968–72
Entwicklungstechnische Beratung: Atelier Warmbronn – Frei Otto und Ewald Bubner
Meßmodelle: Institut für leichte Flächentragwerke – Frei Otto mit Berthold Burkhardt, Dieter Godel, Rolf Wiborg Groehler, Ulrich Hangleiter, Jürgen Hennicke, Christian Hesse, Matthias Kreuz, Friedemann Kugel, Fritz Lausberger, Franz Mohr, Franz Stockert, Hans-Peter Winter und Günther Zwick
Statisch-konstruktive Bearbeitung: Leonhardt und Andrä – Projektleitung Jörg Schlaich
Vermessung, mathematische Berechnung: Institut für Anwendungen der Geodäsie im Bauwesen an der Universität Stuttgart – Klaus Linkwitz mit Hans-Dieter Preuss; Institut für Statik und Dynamik der Luft- und Raumfahrtkonstruktionen an der Universität Stuttgart – John H. Argyris mit Th. Angelopoulos
Bauphysikalische und materialtechnische Beratung: Wilhelm Schaupp, München
Ausführung: Arbeitsgemeinschaft Stahlbau Dach (August Klönne GmbH, Dortmund; Friedrich Krupp GmbH, Krupp Industrie- und Stahlbau, Rheinhausen; Rheinstahl AG, Stahlbau und Fördertechnik, Dortmund; Steffens & Nölle GmbH, Berlin; Vereinigte Österreichische Eisen- und Stahlwerke AG, Linz; Waagner-Biró AG, Wien/Graz); Arbeitsgemeinschaft Olympia Lichtdach (Rheinhold & Mahla GmbH Mannheim; Schöninger GmbH, München).
Auftraggeber: Olympia-Baugesellschaft München.
Material/Konstruktion: Vorgespannte Seilnetzkonstruktion. Eindeckung mit Acrylglasplatten. Schwimm- und Sporthalle mit wärmedämmender Unterdecke. Überdachte Gesamtfläche 74 800 m^2 (Stadion 34 500 m^2, Sporthalle 21 750 m^2, Schwimmhalle 11 900 m^2 und Zwischenteil 6 000 m^2).

Sportzentrum Kuwait

unausgeführter Entwurf, 1969:
Kenzo Tange & URTEC, Tokio; Frei Otto
Material/Konstruktion: Sportanlage mit großem Stadion, Sporthalle und Schwimmstadion, vorgesehen für die wegen des israelisch-arabischen Konflikts abgesagten panarabischen Spiele 1974. Großes Stadion und Schwimmstadion durch Schattendächer geschützt, Sporthalle geschlossen und vollklimatisiert. Durch Druckbogen stabilisierte Seilnetze. Spannweite der Bogen 240, 150 und 120 m, überdeckte Grundflächen 23 000, 14 500 und 7 000 m^2.

Fußgängerbrücke in Berlin-Wilmersdorf

unausgeführter Entwurf 1969:
Atelier Warmbronn – Frei Otto und Ewald Bubner mit Bernd Oleiko und Einar Thorsteinn. 1969
Auftraggeber: Stadt Berlin, interner Wettbewerb zwischen sieben Architekten

1968–1969

1969–1972

Material/Konstruktion: Fußgängerüberweg über eine innerstädtische Hauptverkehrsstraße als dreidimensional vorgespannte Seilkonstruktion zwischen zwei V-förmig abgewinkelten Stützenpaaren. Länge 98,40 m, Spannweite zwischen den beiden Stützenpaaren 50,80 m.

Großschirme auf der Bundesgartenschau 1971, Köln
ausgeführter Entwurf 1969/70:
Atelier Warmbronn – Frei Otto und Ewald Bubner mit Bodo Rasch jun.
Auftraggeber: Stadt Köln.
Material/Konstruktion: Beweglicher Wetterschutz für etwa 800 Sitzplätze und eine Tanzfläche. Am Fuß eingespannte Stahlgestelle aus feuerverzinkten Hohlprofilen mit daruntergespannten Membranen aus PVC-beschichtetem Polyestergewebe. Die vierteiligen, ineinanderfahrbaren Schirmspeichen werden mit einem im Schirmmast befindlichen Hubrohr, das über eine Spindel von einem im Mastfuß angebrachten Motor angetrieben wird, bewegt. Die Membran ist in Form eines Rotationskatenoids zugeschnitten und an insgesamt 36 Punkten aufgehängt. Im gefalteten Zustand verhindert ein Schließschirm das Aufbauschen der lose hängenden Membran im Wind. Überdachte Fläche je Schirm etwa 220 m².

Dach für das Olympiastadion in Berlin
unausgeführter Entwurf 1970:
Frei Otto, Bernd Oleiko mit Büro Rolf Gutbrod
Auftraggeber: Interner Wettbewerb der Stadt Berlin
Material/Konstruktion: Ein Schwergewichtshängedach wird von zwei Stahlrohrmasten, die nach Maßgabe der Wettbewerbsbedingungen außerhalb des Stadions verankert sind, getragen. Quer dazu verlaufen die Gratseile mit Stahlrohrpfetten und Betonlitzen. Die Eindeckung erfolgt mit transparenten Acrylglasplatten. Überdachte Fläche 13 140 m², Länge 250 m, Breite 72 m, maximale Dachhöhe 40 m.

Multimedia-Großraum (Hoechst-Stadion)
unausgeführter Entwurf 1970:
Institut für leichte Flächentragwerke – Frei Otto mit Berthold Burkhardt, Mike Eekhout, Richard Plate und Bodo Rasch jun.
Auftraggeber: Farbwerke Hoechst AG, Frankfurt/Main
Material/Konstruktion: Im Winter heizbarer Mehrzweckgroßraum für Sportveranstaltungen, Ausstellungen usw. unter einem beweglichen Dach. Die Randzone ist eine vielfältig nutzbare Terrassenlandschaft, über der bei entsprechenden Veranstaltungen Tribünen ausgefahren werden. Die Stützkonstruktion besteht aus zwei im Fußpunkt einen Winkel von 90° bildenden und mit Seilen abgespannten Masten. An den Abspannseilen des größeren, über den Nutzraum geneigten Mastes laufen programmgesteuerte Wagen, die die Dachmembran tragen und zentral zur Mastspitze hin raffen. Überdachte Fläche 60 000 m², Durchmesser 300 m, Länge des Hauptmastes 180 m.

Stadt in der Arktis
unausgeführter Entwurf 1970/71:
Atelier Warmbronn – Frei Otto und Ewald Bubner mit Wolf Bienhaus, Bernd Oleiko und Einar Thorsteinn; Kenzo Tange & URTEC mit Koji Kamiya
Auftraggeber: Farbwerke Hoechst AG, Frankfurt/Main
Material/Konstruktion: Wohnstadt mit 15 000 bis 45 000 Einwohnern unter einer durch inneren Überdruck stabilisierten pneumatischen Rundkuppel aus zwei Lagen durchsichtig beschichteten Gittergewebes und einem im Zwischenraum angeordneten Seilnetz aus Polyesterfasern (Trevira-hochfest). Auf der Südseite wurden als Schutz gegen die arktische Sommersonne drehbare Schattensegel und als Lichtspender im Winter eine an einer Schiene laufende künstliche Sonne vorgesehen. Spannweite 2 000 m, Kuppelradius 2 200 m, Durchmesser der Tragseile 270 mm.

Dach über dem Allwetterbad in Regensburg-West
ausgeführter Entwurf 1970/72:
Planungsgruppe Schmatz, Schmid, Mehr und Eckel, Regensburg
Beratung Atelier Warmbronn – Frei Otto und Ewald Bubner

Auftraggeber: Sportamt der Stadt Regensburg
Material/Konstruktion: Beweglicher Wetterschutz über dem Schwimmbecken aus PVC-beschichtetem Polyestergewebe. Die Membran wird zentral an einem über das Becken geneigten Mast gerafft. Der Mast ist nach hinten mit zwei Seilen und über dem Becken mit 17 Seilen, die zugleich Fahrseile für die Membran sind, abgespannt. Die Fahrzeit beträgt 15 Minuten. Überdachte Fläche 2300 m², Länge 70 m, Breite 40 m, Länge des Mastes 37 m.

Schatten in der Wüste
unausgeführter Entwurf 1972:
Atelier Warmbronn – Frei Otto und Ewald Bubner mit Andrea Bienhaus, Wolf Bienhaus, Denis Hadjidimos und Alf v. Lieven; Rolf Gutbrod, Berlin, mit Hermann Kendel
Auftraggeber: Farbwerke Hoechst AG, Frankfurt/Main
Material/Konstruktion: Für die landwirtschaftlich genutzten Flächen addierbare Schattennetze zwischen 6 bis 12 m hohen Pfosten aus Trevira-hochfest; für die Wohnanlagen frei konzipierte, z. T. geschlossene Netzkonstruktionen.

Kulturzentrum mit Markt in Abidjan, Elfenbeinküste
unausgeführter Entwurf 1972/73:
Rolf Gutbrod, Berlin, mit Martin Gentges, Hermann Kendel und Bernd Riede; Atelier Warmbronn – Frei Otto und Ewald Bubner mit Matthias Banz, Jean Goedert und Alf v. Lieven
Auftraggeber: Regierung Elfenbeinküste
Material/Konstruktion: Kulturelle Einrichtungen – Theater, Museen für einheimische und europäische Kunst –, Läden und einem Restaurant unter einer Großhülle für Sonnen- und Regenschutz als Stahlseilnetzkonstruktion mit luftdurchlässiger Aluminiumverschalung; Innenhülle über dem Theater als wandelbares Membrandach aus transparentem, PVC-beschichtetem Polyestergewebe. Überdachte Fläche 10 760 m², größte Höhe 33,50 m.

Dach der Mehrzweckhalle auf der Bundesgartenschau 1975, Mannheim
ausgeführter Entwurf 1973/74:
Carlfried Mutschler + Partner, Mannheim – Carlfried Mutschler, Joachim Langner und Dieter Wessa mit Wolfgang Langner; Atelier Warmbronn – Frei Otto und Ewald Bubner mit Matthias Banz, Jean Goedert, Alf v. Lieven und Georgios Papakostas
Auftraggeber: Bundesgartenschau Mannheim GmbH
Material/Konstruktion: Lichtdurchlässiger, räumlich an die verschiedenen Aktivitätsbereiche angepaßter Wetterschutz als räumlich gekrümmtes Stabtragwerk aus kanadischer Hemlock-Pine mit im orthogonalen Zustand gleichmäßiger Maschenweite; je nach Spannweite ist der Rost ein- oder zweilagig. Dachhaut aus PVC-beschichtetem Polyestergewebe. Überdachte Fläche 7400 m², größte Spannweite 85 m, größte Höhe 20 m.

Dach über der Bühne des Freilichttheaters in Scarborough, England
unausgeführter Entwurf, 1974:
Frei Otto und Ewald Bubner mit Matthias Banz, Jean Goedert und Georgios Papakostas
Auftraggeber: Trident Television
Material/Konstruktion: Schnell demontierbares transparentes Zeltdach aus PVC-beschichtetem Gittergewebe über einer verspannten Druckstabkonstruktion aus Holz. Größte Länge 60 m, größte Breite 22 m, größte Höhe der Dachhaut 17 m.

Thermen in Baden-Baden
unausgeführter Entwurf, 1974:
Rolf Gutbrod, Berlin, mit Lutz Buhe, Martin Gentges, Hermann Kendel und Bernd Riede: Atelier Warmbronn – Frei Otto und Ewald Bubner mit Matthias Banz, Jean Goedert und Georgios Papakostas
Auftraggeber (Wettbewerbsauslober): Stadt Baden-Baden; Land Baden-Württemberg; Neue Heimat Baden-Württemberg
Material/Konstruktion: Mehrgeschossige Badelandschaft mit vielfältigen Spiel- und Freizeitmöglichkeiten als Leichtbaukonstruktion, die durch partielle Beweglichkeit an die Sonnen- und Belüftungsverhältnisse angepaßt werden kann. Länge ca. 170 m, max. Höhe ca. 20 m.

1972–1974

1974–1980

Competition for Accommodation Pilgrim in Mekka »The Pilgrimage«
unausgeführter Entwurf 1974:
Frei Otto, Warmbronn, mit Ewald Bubner, Sami Angawi, Francisco Baroni, Bodo Rasch, Geoffrey Wright und Matthias Banz, Fritz Dressler, Jean Goedert, Dennis Hector, Munir Jundi, Ruth Koch, Sylvia Nestler, Georgios Papakostas, Keizo Sataka, Ilse Schmall
Auftraggeber: Wettbewerbseinladung durch die Regierung von Saudi Arabien
Material/Konstruktion: Geplant waren schattenspendende Netze für Pilgerstraßen und -plätze, überdachte Bergterrassen, Unterkünfte, eine Moschee, eine Fußgängerbrücke aus Stabwerk und Pneus als Wasserbehälter.

Wandelbare Wetterschutzschirme für die Konzerttournee der Rock-Gruppe Pink Floyd
ausgeführter Entwurf 1975:
Frei Otto, Geoffrey Wright, Nicholas Goldsmith, Heinz Doster und Büro Happold, Bath (England).
Auftraggeber: Pink Floyd Music Ltd.
Material/Konstruktion: Zehn Schirmkonstruktionen aus Baumwollmischgewebe als Regenschutzdächer, die zusammengefaltet im Boden versenkt und daher unsichtbar sind. Bühnenhöhe 2,50 m, überdachte Fläche 128 m^2, Schirmhöhe variabel, max. 4,40 m, Schirmdurchmesser 4,50 m, Abmessung der zusammengefahrenen Schirme 6,50 × 5,50 × 2,50 m.

Regierungszentrum in Rijad, Saudi Arabien
unausgeführter Entwurf 1977:
Büro Rolf Gutbrod, Hermann Kendel; – Frei Otto Atelier Warmbronn und Johannes Fritz
Material/Konstruktion: Das Regierungszentrum soll drei Gitterschalen als Überdachungen und weitere drei Gitterschalen als Stützkonstruktionen für den Fußboden eines großen Saales erhalten. Die Gitterschalen mit Durchmessern von 22, 60 und 90 m haben Sechseckmaschen aus Stahlrohren, die verglast oder mit einer perforierten, lichtdurchlässigen Membranhaut eingedeckt sind und teilweise durch addierte, außenliegende Schirme beschattet werden. Einige der Gitterschalen stehen auf sogenannten Baumstützen, die ebenfalls aus Stahlrohren hergestellt werden. Sechs Empfangssäle mit 63–380 m^2 erhalten Seilnetzdächer mit Holzausfachungen.

Mehrzweckhalle in Jeddah, Saudi Arabien
ausgeführter Entwurf 1978–81:
Rolf Gutbrod, Wolfgang Henning, Hermann Kendel, Ulrich Jerrentrup, Günter Schnell mit Frei Otto, Johannes Fritz, Nicholas Goldsmith.
Auftraggeber: King Abdul Aziz University in Jeddah
Material/Konstruktion: Die große Sporthalle ist von einem tragenden Stahlseilnetz (Maschenweite 50 cm, Seildicke 12 mm, max. freie Spannweite 100 m) an acht Stahlrohrmasten überspannt. Außen ist das Netz von einem PVC-beschichteten Polyesterschwergewebe, innen durch eine leichte Membrane verdeckt. Überdachte Fläche 7500 m^2, maximale Höhe 30 m.

Tribünenüberdachung für das Stadion in Böblingen
unausgeführter Entwurf 1978:
Frei Otto, Johannes Fritz, Heinz Doster mit Özbeck Arin, Sindelfingen
Auftraggeber: Eingeladener Wettbewerb der Stadt Böblingen
Material/Konstruktion: Mehrere gleichartige verzweigte Baumstützen aus geschweißtem Stahlrohr (50 m Spannweite) tragen hölzerne Gitterschalen. Die Stützen sind hinter der Tribüne in getrennten Druck- und Zugfundamenten verankert. Eindeckung mit Draht- oder Acrylglas. Überdachte Fläche ca. 3600 m^2, Breite der einzelnen Gitterschalen ca. 50 m.

Volière für den Tierpark Hellabrunn in München
ausgeführter Entwurf 1979/80:
Jörg Gribl, München, mit Frei Otto, Johannes Fritz, Heinz Doster
Material/Konstruktion: An zehn Stahlrohrmasten mit einem Durchmesser von max. 56 cm ist ein Netz aus Welldrahtgitter (V 2A-Stahl) befestigt. Ein filigranes Netz aus quadratischen Maschen mit einer Weite von 60 mm ist aus einem Ring von Stahlplatten entstanden, zwischen die die Drähte eingeklemmt sind. Überdachte Fläche 4600 m^2, maximale Masthöhe 18 m.

»Ökohäuser« für die Internationale Bauausstellung Berlin 1987
(bislang noch) unausgeführter Entwurf und Studie 1980/1981:
Frei Otto, Johannes Fritz, Heinz Doster mit Büro Rolf Gutbrod, Berlin, Hermann Kendel, Wolfgang Henning, Riede; Statik: Büro Happold, Bath (England).
Auftraggeber: Internationale Bauausstellung Berlin 1987
Material/Konstruktion: Die Baugrundstücke werden versetzt gestaffelt bebaut und über einem vertikalen Kern erschlossen. Eine doppelschalige Betonkonstruktion wird von Stützen getragen, an jeder Stelle können ein- bis zweigeschossige Wohneinheiten errichtet werden. Überall passive und aktive Sonnenenergienutzung, 30% der Etagengrundstücke sind als Grünflächen gedacht, 10% als Innen-, weitere 10% als Außengärten und 10% als Kommunikationsgärten. Grundstücksfläche ca. 6000 m², Geschoßfläche ca. 9000 m², bebaute Grundstücksfläche ca. 2200 m², begrünte Gebäudeoberfläche ca. 2200 m². Innere Kommunikationsfläche etwa 800 m², Anzahl der Wohneinheiten 50 bei einer Bewohnerzahl von ca. 250 Menschen. Grundstückspreis pro Geschoß 1980/81: 700–900 DM pro/m².

Stadt in Kanada 58° North, Alberta
unausgeführter Entwurf 1980/81
Frei Otto mit Arni Fullerton, Edmonton, Kanada; Büro Happold, England
Auftraggeber: Regierung von Alberta
Material/Konstruktion: Für eine Stadt mit max. 40000 Einwohnern wurden zwei Klimahüllenvarianten entworfen: eine luftgetragene Halle aus einem Seilnetz mit einer transparenten Membraneindeckung und transparent eingedeckte Seilnetzzelte (max. 200 × 200 m) an Baumstützen.

Bergzelte für Mekka »Mountain tent«
ausgeführte (Typen)-Entwürfe (1974, Pilgrimage) 1981:
Frei Otto mit Sami Angawi, Bodo Rasch jun., Stuttgart und Jeddah
Auftraggeber: Hajj Research Centre der King Abdul Aziz University in Jeddah, Saudi-Arabien.
Material/Konstruktion: Zur Unterbringung der Pilger in Muna wurden erstmals fünf Typen eines Zeltes errichtet, dessen Form auf dem traditionellen Hadschzelt beruht. Auf einer Grundfläche von 4 × 4 m entsteht ein Rahmenzelt, das selbsttragend ist und mehrere Zwischenebenen hat. Ein Zentralmast aus dünnen Aluminiumrohren mit ausziehbaren Beinen, Deckengeschosse aus Sperrholzplatten, Seitenwände werden ins Gestänge gehängt. Drei verschiedene Wandarten sind möglich: geschlossen, mit Tür und mit Fenster.

Diplomatic Club bei Rijad, Saudi-Arabien
ausgeführter Entwurf 1982/85:
Omrania mit Frei Otto, Johannes Fritz, Heinz Doster, A. Hartkorn, C. Lorenz, Bettina Otto
Auftraggeber: Königreich Saudi-Arabien
Material/Konstruktion: Auf einem Felsplateau im Wadi Hanifa entsteht derzeit ein Gebäudekomplex mit Clubräumen, Hotel, Restaurant und Freizeiteinrichtungen. An dem mit Rijad-stones verkleideten Mauerring aus Beton vier Außenzelte als Stahlseilnetzkonstruktionen mit Holzeindeckung und einer abgedeckten Teflonmembrane. Das Spitzzelt über dem Brunnen ist eine Edelstahl-Holzkonstruktion mit farbiger Glaseindeckung.

Dächer für die Hooke Park Forest School, Dorset, England
(bislang noch) unausgeführter Entwurf 1985:
Richard Burton, Ahrends, Koralek mit Frei Otto, Johannes Fritz, M. Heller, Christine Otto.
Material/Konstruktion: Drei Eindeckungen sind vorgesehen: 1. Ein Rundzelt für den Gemeinschaftsraum mit 30 m Durchmesser und max. Höhe von 18 m, wobei 15–25 cm starke Fichtenrundstämme radial am Mittelmast aufgehängt werden, die wie Radialseile auf Zug beansprucht werden; 2. Ein Dach für die Lehranstalt, das von einer Holzgitterschalenkonstruktion überdeckt wird (Länge 60 m, Breite 18 m), die hier mit PVC-beschichtetem Polyestergewebe überspannt und mit Grassoden bedeckt sein soll. 3. Hängende Giebeldächer für den mehrgeschossigen Gebäudetrakt der Studentenwohnungen. Der Firstbalken ist durch ein Gratseil ersetzt (Länge ca. 60 m, Breite ca. 12 m), die Sparren sind daran wie zugbeanspruchte Seile parallel aufgehängt.

Zitierte Literatur

1) Frei Otto, Das hängende Dach. Gestalt und Struktur. Westberlin 1954.
2) Zugbeanspruchte Konstruktionen. Gestalt, Struktur und Berechnung von Bauten aus Seilen, Netzen und Membranen. Hrsg. Frei Otto mit Berechnungen von Rudolf Trostel und Friedrich-Karl Schleyer. 2 Bde., 1962/1966.
3) Frei Otto u. a., Natürliche Konstruktionen. Formen und Konstruktionen in Natur und Technik und Prozesse ihrer Entstehung. Stuttgart 1982.
4) Frei Otto. Schriften und Reden 1951–1983. Hrsg. von Berthold Burkhardt. Schriften des Deutschen Architekturmuseums zur Architekturgeschichte und Architekturtheorie. Braunschweig/Wiesbaden 1984.
5) Conrad Roland, Frei Otto – Spannweiten. Ideen und Versuche zum Leichtbau. Berlin/Frankfurt M./Wien 1965.
6) Ludwig Glaeser, The work of Frei Otto. The Museum of Modern Art, New York 1972.
7) Philip Drew, Frei Otto. Form und Konstruktion. Stuttgart 1976.
8) Heinrich Klotz, Architektur in der Bundesrepublik. Gespräche mit Günter Behnisch, Wolfgang Döring, Helmut Hentrich, Hans Kammerer, Frei Otto, Oswald M. Ungers. Frankfurt M./Berlin/Wien 1977.

Sekundärliteratur

9) Gaston Bachelard, Poetik des Raumes. München 1975.
10) Otto Bartning, Hrsg., Darmstädter Gespräch 1951 »Mensch und Raum«. Darmstadt 1952.
11) Otto Friedrich Bollnow, Neue Geborgenheit. Das Problem einer Überwindung des Existentialismus. Stuttgart/Köln 1955.
12) Ulrich Conrads, Hans. G. Sperlich, Phantastische Architektur. Stuttgart 1983.
13) EXPO'67 Montreal – Deutscher Pavillon. Dokumentation über das Bauwerk. Düsseldorf 1967.
14) R. Buckminster Fuller, Bedienungsanleitung für das Raumschiff Erde. Hrsg. Joachim Krausse. Reinbek 1973.
15) Jürgen Joedicke, Christian Plath, Die Weißenhofsiedlung. Stuttgart 1968.
16) Jürgen Joedicke, Das andere bauen. Gedanken und Zeichnungen von Hugo Häring. Stuttgart 1982.
17) Gert Kalow, Hrsg., Die Kunst zu Hause zu sein. München 1965.
18) Alexander Mitscherlich, Die Unwirtlichkeit unserer Städte. Anstiftung zum Unfrieden. Frankfurt/M. 1965.
19) Herbert Plügge, Wohlbefinden und Mißbefinden. Beiträge zu einer medizinischen Anthropologie. Tübingen 1962.
20) Gottfried Semper, Der Stil in den technischen und tektonischen Künsten, oder praktische Ästhetik. Ein Handbuch für Techniker, Künstler und Kunstfreunde. (2 Bde.), Frankfurt u. München 1860/63.
21) Marin Wagner, Das wachsende Haus. Ein Beitrag zur Lösung der städtischen Wohnungsfrage. Berlin 1932.
22) Martin Wagner, Potemkin in Berlin. Zehn offene Briefe, die im Jahre 1956 verfaßt worden sind. Berlin 1957.

Zeitschriften und Periodika

23) Mitteilungen der Entwicklungsstätte für den Leichtbau (EL-Mitteilungen) Nr. 1–9, Berlin 1958–1963.
24) Mitteilungen des Instituts für leichte Flächentragwerke (IL-Mitteilungen) Nr. 1–36 (wird fortgesetzt), Stuttgart 1969ff.
25) Architecture d'aujourd'hui. Revue internationale d'architecture contemporaine. Paris.
26) Arcus. Zeitschrift für Architektur und Naturwissenschaft. München.
27) Baukunst und Werkform. Eine Folge von Beiträgen zum Bauen. Heidelberg. (Jahrgänge ab 1963 erscheinen unter: Deutsche Bauzeitung. Fachzeitschrift für Architektur und Bautechnik).
28) Der Baumeister. Zeitschrift für Baukultur und Bautechnik. Berlin/München.
29) Die Bauwelt. Zentralorgan des gesamten Baumarktes... Zeitschrift für das gesamte Bauwesen. Berlin. (Jahrgänge 1946–1950 erschienen unter: Der Bauhelfer.)

Ich möchte an dieser Stelle all jenen danken, die die Abfassung dieses Buches mit Rat und Tat unterstützt haben: Den Mitarbeitern des Instituts für leichte Flächentragwerke, Stuttgart, besonders Frau Ilse Schmall und Herrn Professor Frei Otto; dem Quadriga Verlag und seinem Redakteur Henning Rogge; meinen Freunden Elisabeth Moortgat, Ina Schwebes und Gerhard Riecke sowie Herrn Günter Kühne und last not least Johann Sauer und Else Wilhelm.

Abbildungsnachweise

Albrecht Brugger, Stuttgart   S. 140
(freigegeben vom Reg.-Präsidium Stuttgart Nr. 2/39806)

Raymond Badjou, Bruxelles   S. 70 u. l.

Thémis Constantinidis, Paris   S. 24 u.

Dalwati P. M.   S. 93 u.

Dépôt de P. G. A.   S. 133 o. m.

Fritz Dressler, Warmbronn   S. 29 u., 30, 32

Expo Pressefoto Montreal   S. 74

Generalkonsulat Montreal   S. 72

Maria Haupt, Berlin   S. 146 o. l.

Munir Jundi, Stuttgart   S. 124 u. r.

Lutz Kleinhans, Frankfurt   S. 35

Gisbert Pasch, Berlin   S. 52

Bodo Rasch jun.   S. 128 o.

Fee Schlapper, Baden-Baden   S. 46 u. l.

aus: Ernst Haeckel, Die Natur als Künstlerin   S. 86

alle anderen:
Institut für leichte Flächentragwerke, Stuttgart